생각의 힘을 키우는 하브루타 질문 수업

우리 아이 잠재력을 믿어요

질문으로 성장하는 아이

배수경 지음

박영story

프롤로그

선생님이 저의 첫 제자가 되는 거예요.

"비둘기똥 개똥, 끙~"

신나게 노래를 부르고 있는 아이들에게 물었다.

"이게 무슨 노래예요?"
"선생님, 똥노래 학원에 들어오실래요?"

초등학교 4학년 교실의 쉬는 시간에 펼쳐지는 똥노래는 교실 가득 울려 퍼진다. 흥미로워하며 물어보았을 뿐인데, 아이들은 신나게 똥노래 이야기를 풀어 낸다.

"제가 유튜브에서 들었는데 너무 재미있어서 노래 가사를 바꾸었어요. 배우실래요?"
"네, 선생님도 알려주세요."

초롱했던 아이들의 눈망울을 다른 업무에 밀려 잊고 있을 즈음, 진지한 모습으로 우리 반 친구가 다가왔다.

"선생님, 노래 가사 다 외우셨어요?"
"아! 깜박했어요."
"내일 숙제 점검합니다. 꼭 외워 오셔야 해요."

멜로디의 높낮이부터 노래 가사까지 꼼꼼히 확인해 주는 아이들 앞에서 나도 모르게 엄마 미소가 나왔나 보다. 그 이후로 교실 속에서 다양한 학원이 생기기 시작했다.

캐릭터 그리기 학원, 탕후루 노래 학원, 남사친 만드는 학원 등등 기상천외한 아이들의 학원에 또 한 번 웃음이 번졌다. 다양한 학원을 홍보하기 위해 쉬는 시간에 학생을 모집하는가 하면, 사물함 위에 큼지막하게 학원 홍보물을 붙이기도 했다.

"선생님, 제가 요즘 바빠요."

"왜 그렇게 바빠요?"

"제가 학교 끝나고 학원 다니는데, 요즘은 쉬는 시간에도 학원이 있어요. 똥노래 학원이랑 캐릭터 그리기 학원 등록했거든요. 교실 학원샘이 무서워요. 매일 확인해요."

쉬는 시간 놀이는 유행 기간이 짧기에, 또 다른 놀이가 그 자리를 차지하기 전까지 한동안 쉬는 시간에는 교실이 미니 학원들로 북적했다.

"선생님이 저의 첫 제자가 되는 거예요."

해맑은 눈으로 말하던 아이의 눈빛을 잊을 수가 없다. 진지하게 다가와 노래 가사를 알려주고 내가 실수를 해도 넘어가는, 너그러움을 장착한 아이들 모습이 신기하기도 했다.

"괜찮아요. '아름다운 실수' 배웠잖아요. 여기까지 외우면 내일 다른 가사 알려줄게요."

"고마워요. 선생님이 잘 기억을 못했는데 다시 해 보라고 얘기해 주니 고마워요."

"내일은 좀 무서워질지도 몰라요."

쥐락펴락 학생을 대하는 똥노래 학원 원장님의 모습은 늘 웃음을 유발한다.

"선생님, 우리 학원에 학생이 별로 없어요. 어떻게 하죠?"

사뭇 진지한 모습으로 고민을 이야기하는 친구도 있었다. 그럼 옆에 있던 친구는 고민해결사가 되어 말한다.

"우리처럼 홍보를 해야지. '똥노래 학원으로 오세요.' 이렇게 말이야. 우리는 수료증도 줄거야."

선의의 경쟁을 하는 아이들의 모습에서 작은 사회를 본다.

첫 시작은 작은 관심이었다. 아이들의 놀이를 들여다보며 던진 작은 질문은 아이들의 재미와 흥미를 낚아서 끌어올렸다. 하나의 놀이는 또 다른 놀이를 불러왔다. 아이들의 흥미는 자주 옮겨 다녀 또 새로운 놀이가 그 자리를 차지했지만, 그 순간만큼은 재치와 아이디어가 넘쳤다.

내가 아이들의 제자가 되는 순간, 아이들은 신나게 친구를 가르치며, 선생님을 가르치며 스스로 자라고 있었다.

나에게 하브루타는 아이들이 자라는 모습을 지켜보는 아주 중요한 장치이다. 독서토론의 한 방법이나 수업기술로서의 접근이 아니라, 쉬는 시간 아이들의 놀이에 관심을 기울이는 것부터 하브루타의 시작이다. 학생들의 흥미에 관심을 기울이고 그와 관련된 질문을 던지는 것부터 시작이다.

그 관심이 질문으로 이어진다. 그 질문은 놀이로 이어진다. 오늘도 나는 교실 아이들 덕분에 자란다.

'고마워. 나의 스승이 되어줘서.'

추천사

배수경 작가님의 글을 읽으면 언제나 생텍쥐페리의 『어린 왕자』가 떠오릅니다. 글은 참 쉬운 언어로 쓰였지만, 그 안에는 마음을 울리는 묵직한 힘이 담겨 있습니다. 그래서 매번 작가님의 글을 기다리게 되고, 늘 기대하게 됩니다.

제가 이 책을 자신 있게 추천하는 이유는, 이 책이 단지 이론적인 글이 아니라 작가님이 직접 아이를 키우며 삶의 현장에서 검증해 낸 내용이기 때문입니다. 하여, 그 어떤 책보다도 믿고, 신뢰하며 읽을 수 있습니다.

저는 오랫동안 작가님을 곁에서 지켜보았습니다. 한 사람의 성도로서, 한 학급의 선생님으로서, 그리고 진심으로 아이를 사랑하고 고민하는 부모로서의 모습을 가까이에서 보며 감탄한 적이 많습니다. 그 누구보다 성실한 신앙인, 그리고 성숙한 부모라는 확신이 있습니다.

이 책은 하브루타 방식의 정수를 담고 있습니다. 전작이 하브루타의 개념과 이론을 설명하는 책이었다면, 이번 책은 실천의 방향과 구체적인 방법을 제시하고 있습니다. 특히 '놀면서 생각을 키운다'는 관점은, 주입식 교육에 익숙한 한국 아이들에게 봄바람처럼 신선한 교육의 대안을 제시합니다.

이 책의 핵심 키워드는 '관심', '경청', '반영', '잠재력'입니다. 이 네 단어는 모두 아이에 대한 깊은 사랑에서 출발한 단어들입니다. 내 아이에게 집중하고, 진심으로 귀 기울이고, 아이의 말과 행동을 반영해 줄 때, 우리는 비로소 아이의 진짜 잠재력을 발견하게 됩니다.

아이의 교육과 미래를 위해 오랫동안 고민해 온 학부모가 있다면, 저는 이 책을 진심을 담아 기쁘게 추천하고 싶습니다.

아이의 꿈과 가능성을 믿는 모든 부모님들께 이 책이 또 한 번의 희망과 따뜻한 용기가 되어줄 것이라 확신합니다.

박춘광(신동탄 지구촌 교회 담임목사, 『기름부으심』 저자)

추천사

교육의 여러 가지 목표 중 하나는 아이의 잠재력을 개발하는 것입니다. 아이의 잠재력은 타고나는 것이 아니라, 어른의 '관심'과 '경청', 그리고 '반영'의 과정을 통해 서서히 드러납니다. 저자는 하브루타 질문 놀이를 통해 이러한 성장의 여정을 구체적으로 안내하고 있습니다. 단순한 하브루타 교육 이론서가 아니라, 가정과 교실에서 누구나 실천할 수 있는 질문, 놀이와 실천 사례를 다양하게 담아냈습니다.

하브루타 교육의 핵심은 '질문'입니다. 좋은 질문은 아이들의 '관심'에서 시작됩니다. 아이가 무엇에 흥미를 느끼는지, 어떤 것을 좋아하는지, 관찰하는 것이 첫걸음입니다. 누구나 자신이 원하는 것을 이야기하거나 볼 때면 눈이 반짝입니다. 그래서 아이들의 '관심'을 따라가는 것이 중요합니다. 이어서, 아이의 이야기를 진심으로 듣는 '경청'이 필요합니다. 경청은 단순히 듣는 것이 아니라, 아이의 감정과 생각을 알아차리고 적절히 반응하는 것으로 마음의 문을 여는 열쇠입니다. 마지막으로, 아이의 말과 행동을 긍정적으로 '반영'해 주는 과정이 더해질 때, 아이는 편안한 베이스캠프를 넘어 문을 열고 세상에 도전하며, 내면의 '잠재력'을 마음껏 펼칠 수 있게 됩니다.

이 책은 하브루타 질문과 놀이를 교실과 일상 속에서 자연스럽게 적용할 수 있는 방법을 제시합니다. 부모와 교사가 아이에게 던지는 질문이, 아이의 비판적 사고력을 넓히고, 다른 사람과 협력하며, 학습자의 주도성을 길러준다는 것을 생생한 사례를 통해 보여줍니다.

학부모와 교사 모두에게 '설렘'을 주는 책입니다. 이 책을 통해 각 가정과 교실에서 '관심, 경청, 반영, 잠재력'의 키워드가 춤추기를 바랍니다. 아이와 함께 질문하고, 생각을 나누고, 작은 성공의 경험을 쌓을수록, 우리 아이들은 자신의 가능성을 발견하고 평생을 이끄는 힘을 얻게 될 것입니다. 아이들이 실패를 두려워하지 않고 도전하면서 자신의 잠재력을 끌어내도록 믿고, 기다려 주는 것도 어른들의 몫입니다.

이 책이 많은 가정과 교실에 따뜻한 변화의 시작이 되기를 진심으로 바랍니다.

이종헌(여울초등학교장)

추천사

하브루타 교육은 10년 넘게 공교육과 사회교육 그리고 가정교육 변화를 위해 힘써 왔습니다. 특히 '질문이 있는 교실', '친구가 스승이 되는 교실', '학생이 선생님이 되는 교실'이라는 가치와 교육적 의미에 많은 선생님이 관심을 가지고, 연수를 통해 배우고, 교실에 적용하면서 감사하게도 많은 연구물과 긍정적 결과들이 나오고 있습니다.

교실은 지식을 주입하는 곳이 아니라, 생각을 나누고 상대방의 생각을 경청하면서 배우는 '배움의 창의성 교육의 놀이터'가 되어야 합니다. 배움의 가장 기본은 질문하는 것입니다. 질문하고 생각하고 해결하는 과정이 유쾌하다면 배움이 즐겁지 않을 수가 없습니다.

책을 통해 다양한 분야와 일상의 주제들로 생각을 나누며 유쾌한 질문놀이로 풀어가는 선생님의 교육에, 즐겁게 동참하는 아이들의 모습에서 진정한 배움이 무엇인지, 교실의 모습을 망원경으로 가까이 보고 있는 느낌이 들었습니다.

이 책을 향한 교육 현장의 선생님과 학부모님의 관심이 기대되며, 이 책이 공교육과 가정교육에 도움이 되기를 기대합니다. 질문이 피어나는 유쾌한 교실을 눈앞에 펼쳐지듯 써주신 배수경 선생님께 진심으로 감사드립니다.

김금선 회장(한국 하브루타교육 연구협회, 하브루타 부모교육연구소)

추천사

"아이의 잠재력은 '질문'이라는 열쇠로 열린다."

이 책 『우리 아이 잠재력을 믿어요』는 아이들 마음 깊숙한 곳에 숨어 있는 가능성을 발견하게 해 주는 소중한 안내서입니다. 저자는 '질문사냥'이라는 창을 통해 초등 아이들과 소통하고, '놀이'라는 문을 열어 함께 어울리며 자기주도적으로 배우는 법을 알려줍니다. 단지 공부를 잘하게 하겠다는 욕심이 아니라, 아이가 자라는 모든 순간을 배움의 기회로 바라보며, 일상의 장면에서 아이의 생각과 감정을 끌어내어 따스하게 비추는 손전등 같은 책입니다.

저자가 교실에서는 교사로, 집에서는 엄마로 살아가며 아이들과 함께 고민하고 성장한 생생한 경험과 수업들을 이 책에 담았습니다. 아이의 관심에서 출발한 질문법, 놀이처럼 즐거운 하브루타 활동들은 아이를 단순한 '학생'이 아닌 '존재적 가치'로 바라보는 따뜻한 시선을 전합니다. 아이와 눈을 맞추며 웃고, 생각하고, 대화하고, 질문하고, 토론하며 자라나는 수많은 이야기가 이 책 속에 살아 숨 쉽니다.

이 책은 아이가 평생 간직할 '생각하는 힘'을 선물합니다. 질문하고, 경청하고, 반영하고, 도전하는 힘. 그리고 그 모든 흐름을 '감사'로 완성하는 교육의 아름다움이 여기에 담겨 있습니다.

아이와 함께 성장하고 싶은 모든 부모님과 교사에게 이 책을 자신 있게 추천합니다. 『우리 아이 잠재력을 믿어요』는 아이의 가능성을 믿는 것에서 시작해, 함께 성장하는 기쁨으로 나아가는 따뜻한 길잡이가 될 것입니다.

임성실(한국 하브루타교육 연구협회 부회장)

추천사

학기 초, 튤립이 피는 교실을 상상해 보신 적 있으신가요?

저자는 튤립 구근 수경재배로 시작해, 학부모 공개수업 날 아이들의 사랑으로 활짝 피어난 꽃을 짠! 하고 보여주는 장면을 만들어 냅니다. 이처럼 저자의 교실은 특별한 순간들로 가득합니다. 무엇보다 아이의 가능성을 믿고 기다리는 교실, 그 따뜻한 풍경이 눈앞에 펼쳐집니다.

"질문 수업의 출발점은 학생이다."

아이의 관심사를 따라가다 보면 해답이 나온다는 저자의 교육 철학은, 교실에서 교사가 지녀야 할 본질을 다시 떠올리게 합니다.

'관심, 경청, 반영, 잠재력, 도전, 감사'는 저 또한 교실에서 가장 소중히 여기는 키워드입니다. 이 키워드들이 하브루타 수업과 만나면서 아이들은 자기 안에 이미 가지고 있던 힘을 서서히 밖으로 꺼냅니다. 그 과정은 진정한 교육의 장면으로 다가옵니다.

저자의 글 속에서 특히 인상 깊었던 장면은 '쉬는 시간 아이들의 아웃풋(output)'을 대하는 자세입니다.

아이들은 놀이 속에서 자신을 표현하고, 저자는 그 장면을 놓치지 않고 질문을 던집니다. 그리하여 평범해 보이는 일상은 특별한 배움의 장이 되고, 놀이는 학습의 씨앗이 됩니다. 쉬는 시간 만든 놀이가 수업의 발표로 이어지고, 수업의 관심사가 또다시 놀이로 확장됩니다. 이처럼 배움은 교실 구석구석에 자연스레 스며듭니다.

"매일 마주하는 일상이 배움의 시작이다."

저자가 얼마나 아이들의 일상과 시간을 소중히 여기는지를 보여주는 문장입니다. 아이들의 세계에는 사소한 것이 없습니다. 매일, 매 순간이 중요하며, 그 순간의 축적이 바로 아이의 잠재력을 발휘하는 원동력이 됩니다.

이 책은 저자가 아이들과 함께 호흡하며 길어낸 살아 있는 교육 철학의 기록입니다.

아이를 향한 질문, 경청, 따뜻한 믿음 속에서 교사와 아이가 함께 성장하는 교실을 만나게 될 것입니다.

김진수(초등교사, 『초등 집중력을 키우는 동시 쓰기의 힘』 저자)

추천사

책장을 여는 순간, 교실 안에 웃음소리와 함께 질문이 피어오릅니다. 호기심 가득한 눈빛은 끊임없이 물음표를 던지며 아이들을 배움의 한가운데로 이끌고, 생생한 장면은 마치 참관 수업을 보는 듯한 즐거움을 선사합니다.

하브루타 전문가 배수경 작가의 두 번째 책은 가정이 아닌 교실에서 아이들을 변화시키는 감동을 전하고 있습니다. 부모로서 실천하셨던 하브루타 교육은 이번에는 학교 현장에서 '관심'과 '경청'이라는 교육의 본질로 깊이 스며들어, 아이들을 탐구의 세계로 안내합니다.

다양한 질문이 오가는 교실, 살아 있는 대화 속에서 우리는 '진짜 좋은 교육이란 무엇인가'라는 본질적인 물음을 다시 마주하게 됩니다. 아이들의 잠재력을 깨우는 수업 기술, 학생을 성장시키는 따뜻한 눈빛과 경청의 자세, 그리고 교실에 뿌리내린 교육 철학이 책 전반에 걸쳐 독자의 마음을 편안하게 어루만집니다.

어린 아이가 훌륭한 교사를 만나 온전한 한 사람으로 성장하는 일은 인생에서 가장 큰 행운 중 하나입니다. 저의 어린 시절에는 경험하지 못했던 '하브루타' 수업 안에서, 선생님과 함께 호흡하며 배움의 세계에 몰입했던 학생들을 바라보며 깊은 부러움을 느낍니다.더 좋은 수업을 갈망하는 교사들, 아이들의 성장을 소망하는 부모님, 교육의 답을 찾고자 하는 모든 분들께 이 책을 진심으로 권합니다.

배정화(중등교사, 『교사의 책쓰기』, 『오늘도 교사로 걷는 당신에게』,
『나는 혁신학교 교사입니다』 저자)

목차

관심 1부 질문보다 재미

경청 2부 뭐 하고 놀지? 질문이 놀이라고?

반영 3부 하브루타로 온책읽기

잠재력과 도전 4부 살아있는 하브루타 수업

감사

5부 삶으로 연결하는 하브루타

PART 01

관심

질문보다 재미

1

질문을 잘하고 싶어요.

우리가 할 수 있기 전에 배워야 하는 일들을 우리는 하면서 배운다.

-아리스토텔레스

지루한 수업이 이어진다. 수업은 진행되고 있지만 심심하다. 딱풀이 눈에 들어온다. 노란 뚜껑을 열고, 끈적끈적한 딱풀을 이리저리 매만지며 거미줄을 만들어 본다. 딱풀 거미줄 만들기는 지루함을 피하기 위한 작은 일탈이다. 수업 시간에 책 모서리에 그려진 그림이 많을수록 상상의 나래를 많이 펼쳤던 시간임이 분명하다. 재미를 좇는 아이들은 쉬는 시간에도 재미있는 놀이를 구상한다. 인기 있는 놀잇감을 먼저 차지하기 위해 토너먼트 경기 대진표를 척척 만들어 낸다. 어디 이뿐인가? 매일 까만 마스크를 쓰고 등교하던 친구가 어느 날 흰 마스크를 쓰고 등교했다. 그런데 그 마스크가 인상적이었다. 흰색 마스크에 빗금을 긋고, 검은색 매직으로 큼지막하게 '검은색 마스크'라고 적혀 있는 것이 아닌가?

"오늘 세상에서 하나밖에 없는 마스크를 쓰고 등교했네요. 어떻게 이런 생각을 했어요?"

"매일 검은색 마스크를 쓰다가 흰 마스크 쓰니까 어색해요. 뽀로로가 안경 벗은 것처럼요. 그래서 만들었어요. 어때요?"

친구의 재미있는 궁리에 같이 웃으며 하루를 시작한다.

교실에서 아이들은 끊임없이 재미를 찾아서 움직인다. 지루함과 심심함은 때로는 창의적인 놀 궁리로 이어진다. 친구들의 반응에 쾌감을 느끼고, 스스로 선택한 활동이기에 그 자체로 의미를 부여하며 즐거움을 느끼는 시간이 바로 놀이시간이다. 물론, 수업 시간의 작은 일탈을 격려하고자 하는 것은 아니다. 다만, 심심함과 지루함이 아이들을 자라게 만드는 바로 그 '아이러니'를 응원한다.

그동안의 수업은 잘 만들어진 수업 속으로 아이들을 초대하는 것이었다. 잘 준비된 수업이 아이들을 배움 목표로 이끌어갈 수 있기 때문이다. 하지만, 진정한 교육이란 아이들이 이미 가지고 있는 것을 밖으로 끌어낼 수 있도록 도와주는 것이다. 이것이 바로 함께 고민해야 하는 올바른 교육의 방향이다.

하브루타 수업을 잘하기 위해, 질문 수업을 잘하기 위해 다양한 수업 장면을 살펴보고, 교실 속 아이들과 적용해 보는 시간을 보냈다. 하지만 지나온 시행착오의 시간은 질문보다 앞서는 것이 놀이임을 명백히 알려주었다. 하브루타, 독서토론, 배움 중심 수업의 흐름을 따라가다 보면 그 종착점이 질문으로 귀결되는 것을 알 수 있다. 적극적으로 토론에 참여하는 것은 학습자 본인이며, 학습자 중심의 수업을 이끌어 가기 위해서는 학생들의 관심과 흥미를 유도해서 학생들에게서 질문이 나와야 한다.

"결국 좋은 질문을 만들어야 할 것 같은데, 그 비법을 알려 주세요."

"질문 만드는 게 어려워요. 어떻게 질문을 만들어요?"

"하브루타 하며 짝대화를 나누는 건 좋은데, 저는 다음 대화로 이끌어가는 게 어려워요. 어떤 질문이 좋은 질문인가요?"

"질문에도 수준이 있나요?"

"좀 더 쉽게 질문을 만드는 방법을 알려 주세요."

이 질문에 대한 나만의 해답을 찾아서 이 책에 실었다. 아이들의 관심사를 따라가다 보면 그 해답이 나온다. 질문 수업의 출발점은 학생이다. 학생들의 관심사, 놀이에서 시작되어야 한다. 아이들과 뒹굴어 보고, 아이들의 놀이에 함께 놀아 본 후에 자연스럽게 질문을 찾게 될 것이다.

'도대체 이게 왜 재미있는 거야? 뭐 하고 놀지? 아이들이 좋아하는 건 뭐지?'

바로 여기에서 출발한다. 아이들의 놀이를 지켜본 적이 있는가? 아이들의 놀이 열차에 올라타 본 적이 있는가? 어린 시절, 늦은 시간까지 놀이터에서 놀았던 그 시절, 나에게 가장 중요했던 것이 무엇인지 기억하는가? 놀이의 승패는 초등학생들에게는 목숨과도 같은 중요한 사항이다. 나 역시, 초등학교 시절의 일기장을 펼쳐 보면 제일 첫 장이 이렇게 시작한다.

1994년 어느 날의 일기

- 오늘 친구들과 고무줄 놀이를 했다. 난 고무줄을 건드리지 않았는데 건드렸다고 했다. 너무 억울하다. 난 안 죽었는데 자꾸 죽었다고 해서 화가 났다.
- 오늘 남자 아이들이 고무줄을 끊고 도망갔다. 화가 났다.
- 오늘 친구들과 롯데 땅을 했다. ○○이가 금을 밟았는데, 안 밟았다고 끝까지 우겼다.

놀이의 승패가 목숨보다도 중요한 그 시절 아이들의 마음을 헤아리면 좀 더 학생들과 가까워진다. 또 하나의 중요한 점은 놀이의 승패를 가르던 그 과정도 그날 밤 잠자리에 들며 모두 잊어버리고 또 새롭게 내일의 놀이가 시작된다는 것이다. 유행처럼 짧게 왔다가는 놀이의 흥미도는 오래가지 못한다. 아이들은 끊임없이 새로운 놀이를 찾아 헤맨다. 그렇게 찾아 헤매는 그 모든 과정이 바로 질문의 시작이다.

"아~ 심심해. 뭐 재미있는 거 없을까?"

휴대폰에 갇힌 아이들, 심심하면 휴대폰을 켠다. 아무 생각 없이 쇼츠 화면에 묶여 있다. 비단 아이들만의 모습인가? 길을 걸을 때도, 운전 중 잠시 잠깐 신호에 걸렸을 때에도 사람들의 시선은 휴대폰에 고정되어 있다. 지루하고 심심하던 그 시절이 사라지고 있다. 심심할 틈이 없다. 하루일과가 빽빽하게 채워져 있다. 놀 궁리를 할 시간이 없다. 휴대폰만 열면 흥미로운 이야기가 가득하다. 내가 찾아보는 놀이라면 그나마 괜찮을텐데 알고리즘의 추천에 영락없이 이끌려 시간이 사라지고 만다. 『모모』의 회색 신사*는 바로 오늘날의 휴대폰이다.

* 미하엘 엔데 (Michael Ende)의 소설 『모모 (Momo)』의 악당이다. 시간 저장 은행에서 일하면서 사람들

하브루타를 알고 싶다면,
다양한 질문 기법을 알고 싶다면,
먼저 놀아야 한다.
심심한 하루, 무엇을 하며 재미나게 놀지 생각해 보기 바란다.
바로 거기에서 질문 수업이 시작된다.

밖에서 안으로 넣어주는 input
안에서 밖으로 끌어내는 output

교육은 어떤 모습이어야 할까? 교육과정의 흐름대로 학생들에게 알맞은 학습 내용을 넣어주는 input의 중요성은 두말할 필요 없이 중요하다. 이와 함께 고민해 보아야 할 것은 학생들이 이미 가지고 있는 것을 밖으로 표현할 수 있도록 도와주는 output이다. 나는 이 output의 현장을 쉬는 시간에 자주 목격한다.

똥노래 학원에서 시작된 학원 놀이는 하루가 갈수록 진화했다. 〈아픈 건 딱 질색이야 학원〉부터 〈남친 여친 잘 사귀는 학원〉까지 기상천외한 학원 홍보지가 우리 반 친구들 사물함에 붙었다. 쉬는 시간에는 서로 앞장서서 학원 홍보에 열을 올렸다.

"선생님, 저 교실학원 3개나 등록했어요."
"학교, 학원, 교실학원까지 너무 열심히 하는 거 아니에요?"
"재미있어요."

물론, 학습에 대한 부담이 상대적으로 적은 초등학교 중학년 교실에서나 볼 수 있을 법한 모습이기는 하지만, 쉬는 시간 학생들의 놀이를 지켜보며 이것이 바로 살아있는 모습이라는 것을 실감한다. 눈빛에서 생동감이 넘친다. 방금 전 사회 시간에 보여준 축 처진 눈이 휘둥그레지며, 기발한 아이디어를 뿜어낸다. 학원 수료증부터 레벨테스트까지 아이들의 실제 학원 모습을 옮겨 놓은 듯한 역할 놀이시간에 아이들은 살아난다.

의 시간을 훔치는 존재들이다. 사람들에게 시간을 아껴야 한다고 한다고 설득하며 사람들의 시간을 빼앗아 그들의 삶을 바쁘고 막막하게 만든다.

다시 고민이 시작된다. 이토록 흥미진진한 놀이가 이어질 수 있는 이유는 무엇인가? 똥노래에서 시작된 흥미로운 놀이, 그림그리기에서 시작된 흥미로운 놀이는 요즘 아이들 각자의 관심사가 무엇인지 알려준다. 즐거움, 그리기, 안전, 이성친구, 악기 연주 등등 아이들의 관심사를 만나볼 수 있는 최적의 시간이 바로 쉬는 시간이다.

'무슨 학원이에요?' 이 작은 질문은 아이들의 입을 가득 채운다. 살아 있는 놀이 시간으로 초대한다. 얼마나 많은 수강생이 모였는지, 이 학원이 며칠이나 운영될지, 이 학원 놀이는 얼마나 유행하고 끝이 날지 그 유효기간을 알 수 없다. 다만, 아이들이 또 새로운 놀이를 만들어내며 재미있게 놀고 있다는 것은 분명하다.

input을 하기 위해 가장 중요한 것은 지금 아이들이 가지고 있는 것이 무엇인지 바라보는 시선이다. 아이들의 관심사에 맞게 흥미를 돋울 수 있는 아이템을 발견하는 것, 그것이 우선이다. 그러기 위해서는 아이의 마음으로 돌아가서 아이와 함께 뒹굴고 놀아야 한다. 11살의 나로 돌아가야 한다.

그리고 어른이 되어 돌아온 11살의 내가, 11살 친구들에게 꼭 알려주고 싶은 것을 아이들의 눈에서 관찰해야 한다. 그것이 시작이다.

"이 재미있는 학원 놀이를 모둠 수업으로 해 볼게요. 모둠별로 인물 학원을 열어 주세요. 알려주고 싶은 인물을 조사하고 그 인물을 알려주는 학원을 만드는 거예요."

4학년 사회 수업과 연계해서 인물 학원을 열었다. 물론, 스스로 신장개업했던 각종 기발한 학원보다는 흥미가 떨어지기는 했다. 공부가 재미있는 학생이 몇이나 있으랴? 놀이와 수업의 그 차이를 기가 막히게 알아차리는 학생들이다. 하지만, 세종대왕, 유관순, 안중근 등등 우리 지역의 역사적 인물을 조사하고 그 인물에 대해서 모둠 친구들에게 이야기해 보는 시간으로 이어질 수 있었다. 내친김에 몇몇의 친구들은 PPT 자료로 만들어서 발표를 했다.

"선생님, 저 어젯밤에 이거 준비하느라 얼마 못 잤어요."

밤늦도록 해야 하는 과제로 내준 것이 아닌데, 늦은 시간까지 숙제를 하느라 잠을 못 이루었다니 마음이 무거워진다.

"근데, 재미있었어요. 중간에 다 날아가서 다시 만들었는데, 두 번째 만드니까 금방 만들어지더라구요."

모든 아이들이 교실에서 배우고 느끼는 것이 동일하지 않다. 하지만 앞서 나가는 친구의 발표가 새로운 친구의 동력으로 작용하며 다음 시간에는 발표자가 한 명 더 늘기도 한다. 어떤 친구는 그 대단함에 눌려 시도조차 하지 않는 경우도 있었다. 하지만, 부모님의 도움을 받아서 스스로 해 봤던 경험은 평생 남아있을 것이다.

시켜서 하는 것이 아니라, 스스로 해 보는 힘은 '재미'에서 시작된다.

2

선생님, 똥노래 배워요. (하브루타 마중물: 놀이)

"선생님, 이 노래 들어보셨어요?"

"어떤 노래요?"

"불러 볼게요. 비둘기똥, 개똥, 비둘기똥 개똥, 음~, 여보세요, 대통령님 해결책이 필요해요. 온세상에 똥이 가득 냄새가 나...."

"처음 들어 보는데요? 선생님도 알려 주세요."

"네, 그럼 선생님이 저의 첫 제자가 되는 거예요."

이렇게 아이들과 똥노래 학원이 시작되었다. 아이들이 재미있게 노래를 부르고 있기에 관심을 보였고, 가르쳐 달라고 이야기했을 뿐인데 아이들은 똥노래 학원 수료증과 똥노래 레벨테스트를 하며 쉬는 시간이 활기를 찾기 시작했다. 똥노래 학원은 칼림바 학원으로, 캐릭터 그리기 학원으로 이어졌다. 아이들의 놀이는 무궁무진하다. 쉬는 시간에 보드 게임을 가지고 놀던 아이들이 삼삼오오 모여 기상천외한 학원을 만들어 내기 시작한다. 최근에 만들어진 학원은 마라탕 노래 학원이다. 주로 노래를 배우거나, 그림, 악기 등을 배우는 학원이지만, 이 놀이는 아이들이 주도한다. 스스로 학원 문을 연 친구들은 쉬는 시간에 학원 홍보에 나선다.

"똥! 똥! 똥! 저희 학원으로 오세요."

"선생님, 똥노래 학원이 너무 시끄러워서 저희 칼림바 학원 소리가 안 들려요."

"선생님, 저희 학원 스케줄 보여 드릴게요. 저는 2, 3교시 쉬는 시간에만 운영해요."

"선생님, 저 오늘 레벨 테스트가 있어요."

아이들의 쉬는 시간 노랫소리에 작은 관심을 기울였을 뿐인데, 우리 반 쉬는 시간은 학원들이 장사진을 이룬다. 생동감 넘치는 교실의 모습을 보며 오늘도 나는 신나게 놀 궁리를 한다. 내가 경험하는 하브루타는 독서토론의 하나, 질문수업의 하나가 아니었다. 살아있는 교실 속 아이들의 대화의 현장이었다.

유대인들이 오랜 세월 변치 않고 지켜온 하브루타 역시 삶의 현장이었다. 정처 없이 떠돌이 생활을 하며 그들의 가치관을 지켜올 수 있었던 힘은 무엇이었을까? 바로 자녀들과 하브루타로 이야기를 나누며 생각을 일깨워주는 시간이었을 것이다. 토라*를 가르쳐 줄 스승이 절대적으로 부족했던 그때, 학생 스스로 짝을 이루어 서로 가르치도록 한 것에서 시작된 하브루타는 서로의 생각을 일깨워주는 유대인의 교육방식으로 자리 잡았다. 유대인을 모델링하며 하브루타를 가정에 적용했던 지난 시간은 가정의 회복을 경험하게 했다. 이 경험은 생동감 넘치는 교실의 모습을 꿈꾸며 교실 속 하브루타를 적용하도록 이끌었다. 그림동화, 프리즘 카드, 재미있는 영상, 명화 등 다양한 동기유발 자료들로 아이들의 마음을 끌기 위해 노력했다. 하지만 쉬는 시간의 모습을 지켜보며 아이들의 놀이만큼 재미있는 하브루타도 없다는 것을 발견하게 되었다.

교실에서 하브루타를 적용하기 위해 가장 중요한 키워드는 단연 '관심, 경청, 반영, 꼬리 질문'이다. 하베르(짝)의 이야기에 귀 기울이며 **관심**을 가지고 **경청**하는 시간이 선행되어야 한다. 그 후에 친구 말에 맞장구쳐주는 **반영**이라는 키워드를 지도한다. 마지막은 친구 이야기에 **꼬리 질문**을 남기며 대화를 이어 가도록 안내한다. 이 키워드들로 하브루타 첫 시간에 아이들을 열심히 지도했다. 하지만 쉬는 시간 모습을 살펴보면 특별히 가르쳐 주지 않아도 아이들 사이에서 '관심, 경청, 반영, 꼬리 질문'이 역동적으로 살아 움직이는 것을 볼 수 있다. 아이들은 놀이를 통해서 자란다. 놀이를 하며 규칙을 만들어 나간다. 재미있게 놀기 위해 친구 말에 귀 기울인다. 놀이에 함께 참여하기 위해 주변을 살핀다. 자연스럽게 꼬리 질문까지 이어진다.

"여기에 눈 그릴 때, 동그라미를 이렇게 하는 게 좋아?"
"난 칼림바가 너무 어렵던데 넌 언제 이렇게 연습했어?"
"여기 노래 가사를 다른 걸로 바꿔도 돼?"

---

* 히브리 성경에서 말하는 토라는 유대교의 가장 핵심적인 경전이다. 기본적으로 모세오경(창세기, 출애굽기, 레위기, 민수기, 신명)을 가리키고, 이 다섯권을 묶어 토라라고 한다.

아이들은 놀이에서 놀이로 자연스럽게 이어지며 자기만의 색을 표현하고 있었다.

사실 쉬는 시간조차 학원 놀이를 하는 것이 좀 안타까워 보이기도 했다. 하지만 방과 후에 이어지는 학원 스케줄을 놀이로 승화하는 그 모습을 지켜보며 '호모 루덴스(인간 유희)'를 추구하는 인간의 면모를 발견하게 된다. 네덜란드 문화 사학자 요한 하위징아(Jhon Huizinga)는 저서 『호모 루덴스』에서 "놀이는 문화의 한 요소가 아니라 문화 그 자체가 놀이의 성격을 가지고 있다."고 역설했다. 이 문장이 바로 교실 속 우리 반 친구들의 모습을 그대로 대변하기도 한다.

시골 마당에서 펌프질을 하며 물을 끌어 올리던 그때를 기억한다. 겨우 한 바가지의 물을 넣었을 뿐인데, 말라 있던 펌프에서 콸콸 물이 쏟아지는 그 모습을 잊을 수 없다. 마중물, 우리 아이들에게 하브루타를 향해 나아가는 마중물은 바로 놀이이다. 콸콸 쏟아지는 아이들만의 창의력을 받아 내기 위한 딱 한 바가지의 물은 아이들의 놀이에 '관심'을 기울이는 것이다.

같이 놀면서 하브루타를 만나 보자.

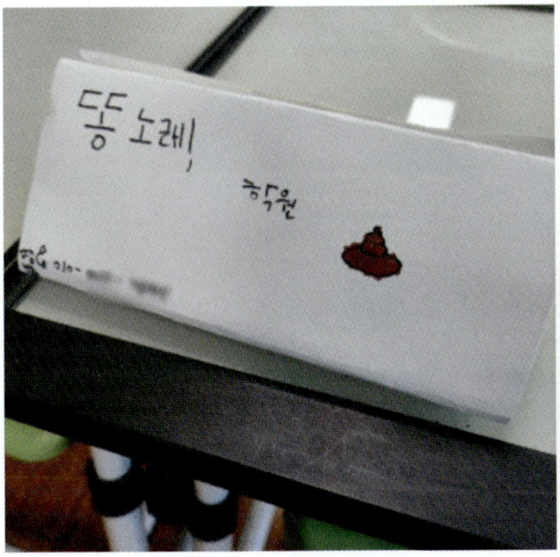

난 아픈건 딱
질색이니까 학원
100점시 인형
이나 간식
010-
전화번호

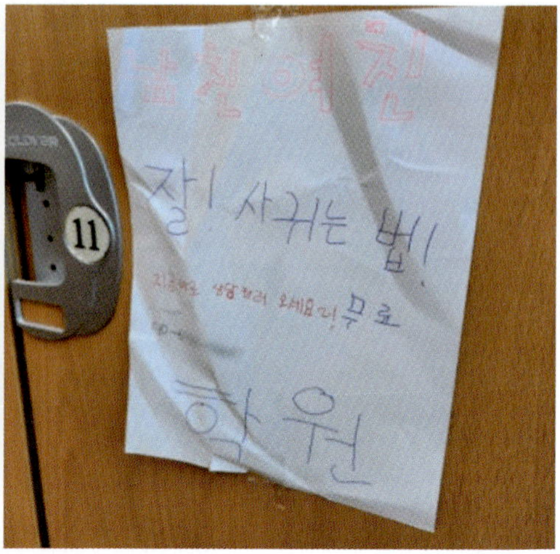
잘! 사귀는 법!
무료
학원

똥노래 학원

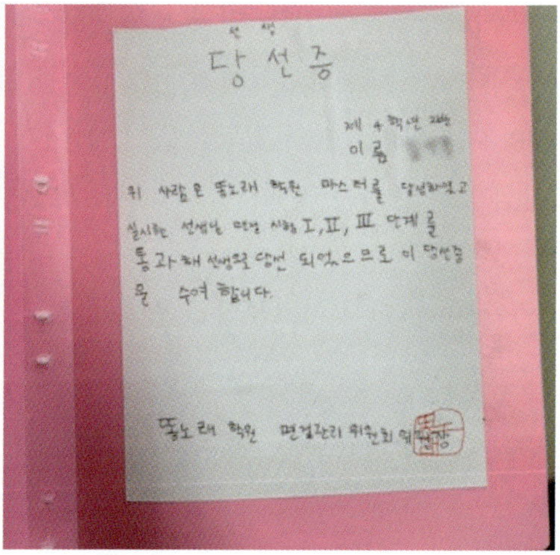
당선증
이름
또노래 학원

3

놀 궁리, 야무지게 놀아 볼까요?

아이들을 바라보며 놀면서 배우는 시간을 꿈꾸어 본다. 이왕 놀 거라면 야무지게 놀아 볼까? 나는 학교 근처에 있는 생태 공원 덕분에 아이들과 야외수업을 나갈 기회가 주어지는 감사한 교육환경에서 근무하고 있다.

"2주 후에 야외수업을 할 거예요. 이왕 놀거라면 야무지게 놀아 볼까요?"

"네, 좋아요."

"모둠별로 어떤 놀이를 하면 좋을지 이야기 나누어 보세요. 가장 중요한 네 가지가 있어요. 바로 놀이 규칙, 준비물, 안전 및 질서, 환경보호입니다."

모둠 친구들과 놀 궁리를 하는 모습은 사뭇 진지하면서도 흥분이 가득했다.

스스로 준비하는 놀이수업

1. 놀이 자료 찾아보기
2. 모둠 친구들과 놀이 협의하기
3. 놀이 규칙, 준비물, 안전 및 질서, 환경 보호 영역으로 나누어서 기록하기
4. 전체 놀이 순서 정하기
5. 모둠별 놀이 직접 설명하고 안내하기

이 간단한 놀이수업은 아이들의 눈빛을 살아나게 한다. 이렇게 정해진 우리 반 놀이는 보물찾기, 이름표 떼기, 달리기, 경찰과 도둑, 좀비 바이러스, 축구였다. 쉬는 시간

이 되었는데도 모둠별로 준비하느라고 정신이 없다. 야외 수업 날, 친구들 앞에서 직접 준비한 놀이를 설명하는 시간이 주어진다. 평소 수줍음이 많은 친구라도 놀이를 위한 설명은 큰 목소리로 할 수 있다. 이렇게 설명해 본 경험은 수업 중에 이야기에 집중하지 않는 친구들을 나무라는 영역으로까지 확장된다.

"내가 이미 다 설명했는데 왜 자꾸 질문하는 거야?"

퉁명스러운 목소리로 얘기하는 친구가 나에게 하소연을 한다.

"선생님, 정말 여러 번 이야기해도 같은 이야기를 계속해요. 선생님도 많이 힘드시죠?"

스스로 준비해 보는 경험, 친구들 앞에서 설명해 보는 경험, 나 역시 다른 친구의 놀이에 참여하며 신나게 놀아보는 경험, 무엇보다 이 놀이수업에서 가장 좋은 것은 '주도성'이다.

스스로 경험해 본 것만이 남는다. 1년을 되돌아보며, 후배들에게 꼭 추천해 주고 싶은 활동이 무엇인지 조사를 하면 꼭 1위로 나오는 것이 스스로 준비한 놀이 시간이다.

"보물찾기 지령 만드는 것 재미있었거든요. 후배들도 꼭 놀이수업 해요."
"직접 하니까 더 재미있었어요. 모둠 친구랑도 같이 준비하니까 신나요."
"이름표 카드 우리 반 것 다 적었는데, 친구들이 제가 쓴 이름표 가지고 있으니까 뭔가 뿌듯했어요."

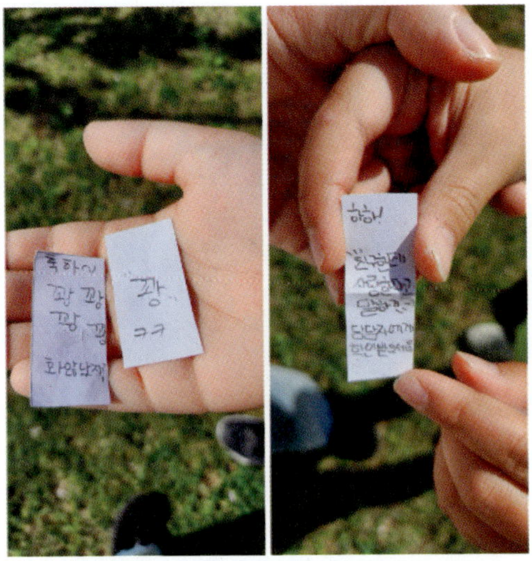

매년 놀이수업을 구성해 보니, 아이들이 사비를 털어서 간식을 사오기도 하고 놀이가 점점 과열되기도 했다. 간식을 제외한 놀이로 규칙을 두었더니, 보물찾기 지령이 더욱 재미있어졌다. '외계어로 30초 말하기, 지금부터 침묵, 꽝, 친구들에게 사랑한다고 말하기'. 재미있는 아이디어로 가득 찬 시간이었다.

국어수업(4-1 가, 4. 일에 대한 의견)과 연계해서 사실과 의견을 담아 신문 기사를 적어보는 활동으로 이어졌다. 모둠별로 준비했던 여울공원 야외 놀이수업은 글쓰기 수업 소재로 안성맞춤이었다. 언제, 어디서, 무엇을, 어떻게, 왜 하게 되었는지 자동적으로 육하원칙에 맞게 글을 쓰고 있는 모습을 보여 주었다. 준비과정과 놀이수업 후 어떤 생각이 들었는지 의견을 쓰는 것도 손쉽게 쓸 수 있었다. 직접 경험한 일이기에 사실을 적는 것이 더 수월해졌으며, 의견을 적을 때에는 직접 경험한 일에 대한 생각을 적기에 단숨에 신문 기사가 완료되었다. 직접 경험한 것만이 남는다. 사실과 의견을 구별하는 것을 교실에서 열 번 가르치는 것보다 단 한 번이라도 직접 경험해 본 것만이 남는다.

야무지게 놀아 본 이 경험은 아이들의 집중력을 향상 시킨다. 놀이 규칙의 중요성을 배운다. 스스로 해 본 경험을 남긴다. 재미있게 놀았으니 자연스럽게 학습으로 이어진다. 공부와 놀이가 별개의 것이 아니라, 하나로 이어진다는 것을 경험했기를 선생님으로서 바란다.

혹 그렇지 않을지라도 친구들과 직접 이야기하며 놀이를 만들어 본 경험, 친구 이야기에 귀 기울인 경험, 어렵지만 직접 준비물을 준비해 보면서 주도성이 자라났기를 바란다.

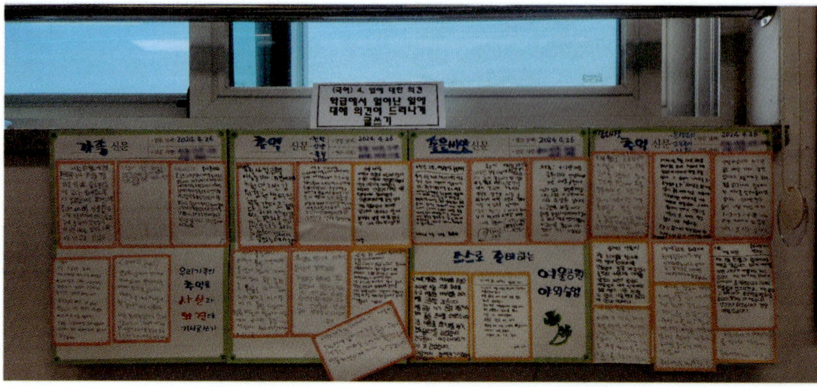

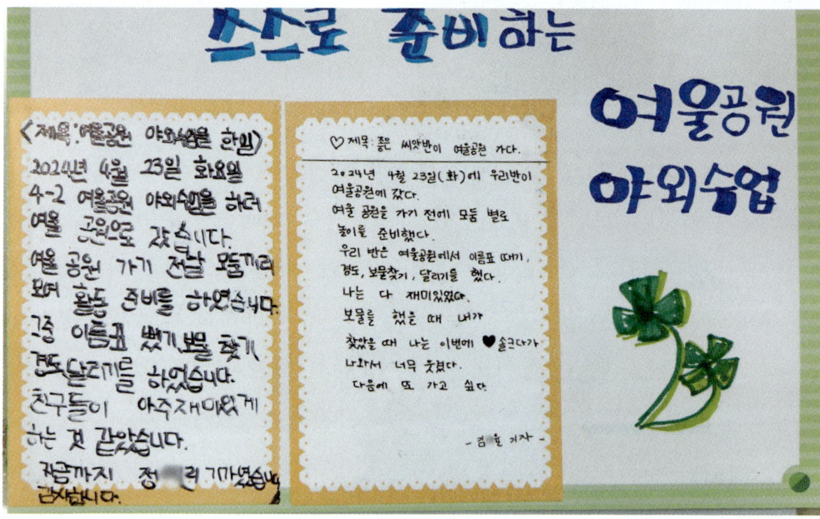
스스로 준비하는
여울공원
야외수업

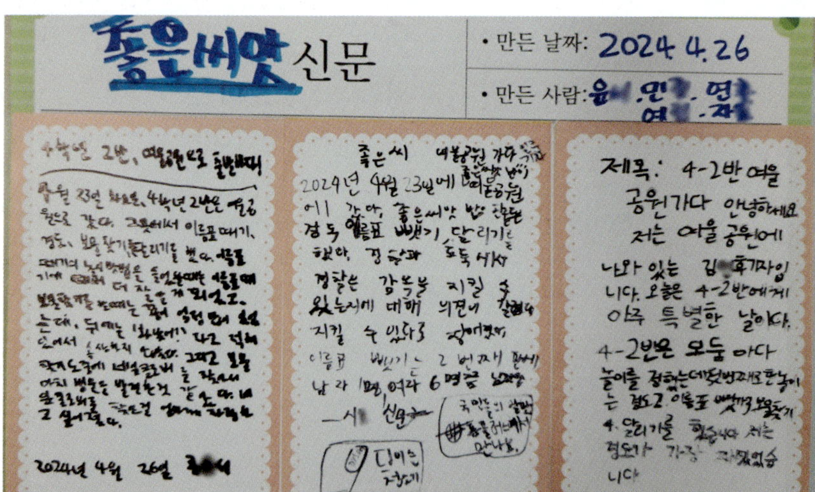
좋은씨앗 신문
• 만든 날짜: 2024. 4.26
• 만든 사람:

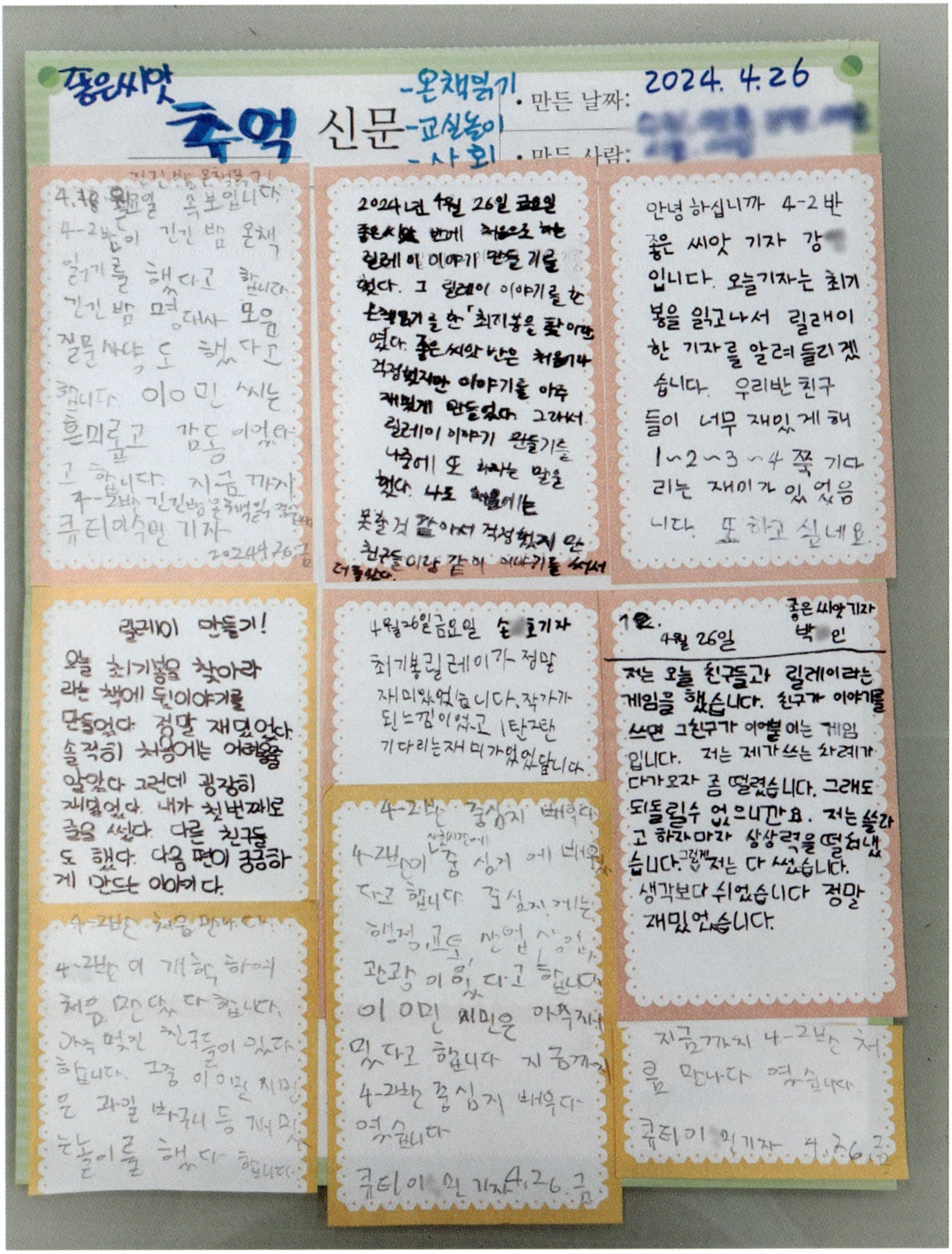

좋은씨앗 추억 신문 -온책읽기 -교실놀이 -사회

• 만든 날짜: 2024. 4.26

• 만든 사람:

4.18 월요일 속보입니다. 4-2반이 긴긴 밤 온책읽기를 했다고 합니다. 긴긴 밤 명대사 모음 질문 만들기도 했다고 합니다. 이○민 씨는 흥미롭고 감동이었다고 합니다. 지금까지 4-2반 긴긴밤 온책읽기 였습니다. 큐티이○원 기자 2024.4.26.금

2024년 4월 26일 금요일 좋은씨앗 반에서 처음으로 하는 릴레이 이야기 만들기를 했다. 그 릴레이 이야기를 한 온책읽기를 한 「최기봉을 찾아라」 였다. 좋은 씨앗 반은 처음에 걱정했지만 이야기를 아주 재밌게 만들었다. 그래서 릴레이 이야기 만들기를 나중에 또 하자는 말을 했다. 나도 처음에는 못할 것 같아서 걱정했지만 친구들이랑 같이 이야기를 써서 더 좋았다.

안녕하십니까 4-2반 좋은 씨앗 기자 강○○ 입니다. 오늘 기자는 최기봉을 읽고나서 릴레이 한 기자를 알려드리겠습니다. 우리반 친구들이 너무 재밌게 해 1~2~3~4쪽 기다리는 재미가 있었습니다. 또 하고 싶네요.

릴레이 만들기! 오늘 최기봉을 찾아라 라는 책에 뒷이야기를 만들었다. 정말 재밌었다. 솔직히 처음에는 어려울 줄 알았다. 그런데 굉장히 재밌었다. 내가 첫번째로 글을 썼다. 다른 친구들도 했다. 다음 편이 궁금하게 만드는 이야기다.

4월 26일 금요일 손○호 기자 최기봉 릴레이가 정말 재미있었습니다. 작가가 된 느낌이었고 1탄 2탄 기다리는 재미가 있었습니다.

4월 26일 좋은 씨앗 기자 박○인 저는 오늘 친구들과 릴레이라는 게임을 했습니다. 친구가 이야기를 쓰면 그 친구가 이어붙이는 게임입니다. 저는 제가 쓰는 차례가 다가오자 좀 떨렸습니다. 그래도 되돌릴 수 없으니까요. 저는 쓸라고 하자마자 상상력을 떨쳐냈습니다. 그렇게 저는 다 썼습니다. 생각보다 쉬웠습니다 정말 재밌었습니다.

4-2반 처음 만나다. 4-2반이 개학하여 처음 만났다 합니다. 아주 멋진 친구들이 있다 합니다. 그중 이○민 씨랑은 과일 바구니 등 재미있는 놀이를 했다 합니다.

4-2반 중심지 배우다 4-2반이 사회시간에 중심지에 배웠다고 합니다. 중심지에는 행정, 교통, 산업, 상업, 관광이 있다고 합니다. 이○민 씨는 아주 재밌다고 합니다. 지금까지 4-2반 중심지 배우다 였습니다. 큐티이○원 기자 4.26.금

지금까지 4-2반 처음 만나다 였습니다. 큐티이○원 기자 4.26.금

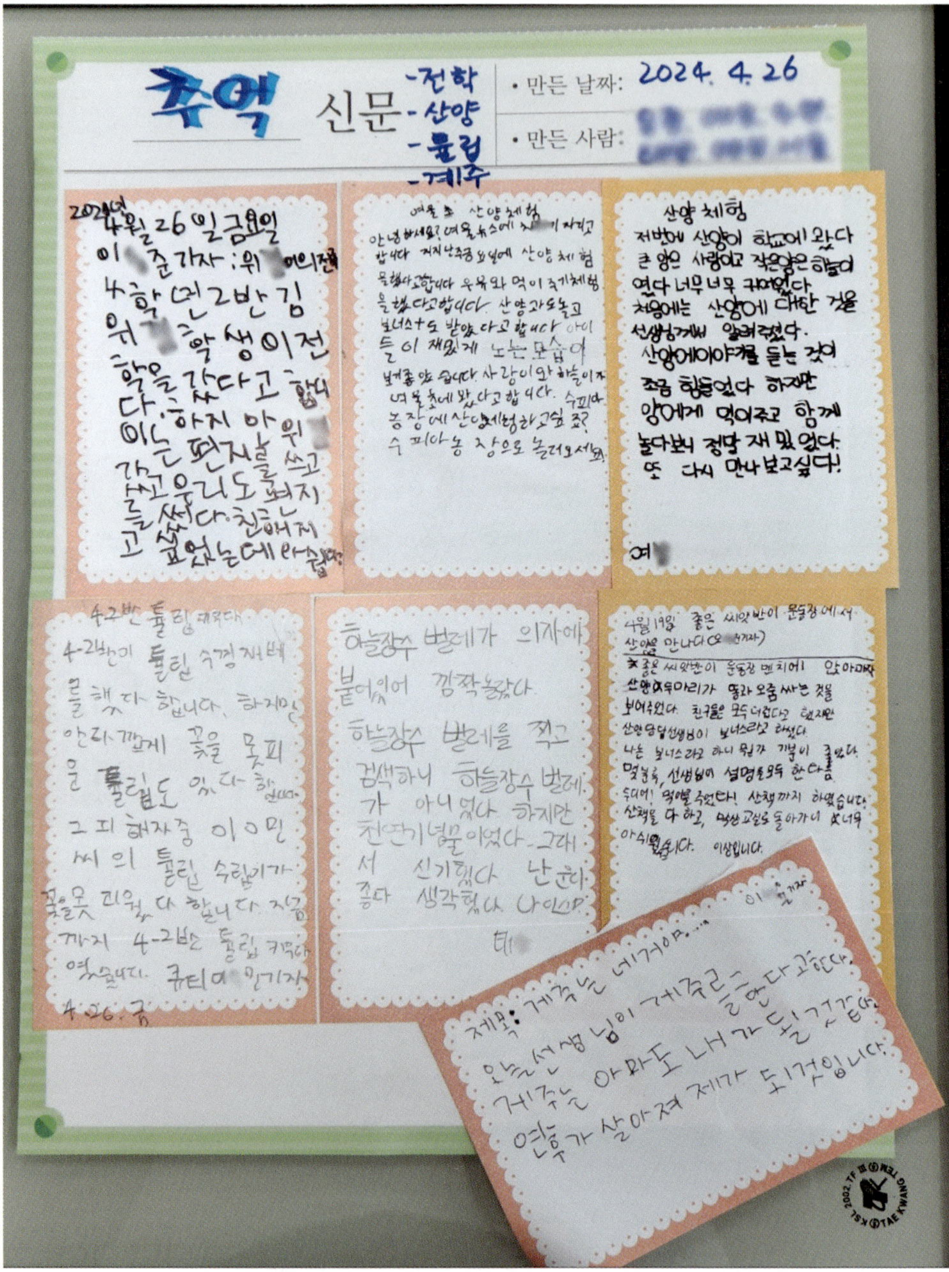
추억 신문
-전학 -산양 -튤립 -계주
• 만든 날짜: 2024. 4. 26
• 만든 사람:
산양 체험

4

이번에는 제가 할래요. 장기자랑!

'학기 초'. 학급 경영을 위해서 공들이는 시간이다. 우리 반에는 도전 피자와 학급 온도계가 있다. 학급 온도를 열심히 올리면 피자 한 조각이 주어진다. 피자 12조각을 모두 모으면 한 시간의 꿀맛 같은 자유시간이 보상으로 주어진다. 학급 전체의 협동심을 키울 수 있는 우리 반 규칙이다. 이와 더불어 진행되는 것은 개인 쿠폰이다. 숙제, 독서록, 생각바구니 등의 과제를 성실히 제출하는 모든 친구에게 주어지는 개인 보상이다. 해마다 기상천외한 쿠폰들이 새롭게 만들어지는데 가장 기억에 남는 쿠폰은 단연코 올해이다. 보통 친구들이 이야기하는 쿠폰은 '짝 바꾸기, 급식 먼저 먹기, 숙제 면제권, 청소 면제권' 등이다. 그런데 올해 활발한 친구들이 가득 모인 화기애애한 4학년 친구들의 아이디어는 더욱 특별했다.

"장기자랑 쿠폰 만들고 싶어요."
"온종일 발표권 만들고 싶어요."
"미덕 뽑기 쿠폰 만들어요."
"놀이 정하기 왕 쿠폰 만들어요."

그렇게 만들어진 것이 바로 장기자랑 쿠폰이다. 이 쿠폰은 수업이 한참 진행중인 그 시간, 학생들의 입장에서는 졸음이 밀려오는 그 시간 사용할 수 있는 쿠폰이다.

"선생님, 장기자랑 쿠폰 쓸게요."

"와!!! 고마워!!"

졸린 친구들도 깨우고, 본인의 장기를 마음껏 펼칠 수 있기에 모두가 환영하는 시간이다. 줄넘기부터 그림 그리기, 노래 부르기, 꽁트 등 다양한 장기자랑이 매일 펼쳐졌다. 장기자랑 쿠폰 역시, 수업을 피하기 위한 학생들의 과열로 1일 1회로 제한을 두었다. 장기자랑으로 인해 진도를 늦출수는 없지 않은가?

"한 번 더! 한 번 더! "

그 어떤 장기자랑을 선보이더라도 폭발적인 반응을 불러오는 시간이다. 졸린 수업 시간에 대한 모두의 공감이 쏘아 올린 작은 공이었다. 장기자랑 종목이 '줄넘기 100번 하기'였던 날, 누구 하나 "에이, 그정도면 나도 하겠다."라고 하지 않는다.

"○○아, 오늘 500번 해 보는 건 어때? 넌 할 수 있어. 해 보자. 우리가 같이 응원할게."

수업 시간을 끌어 보고자 하는 장기자랑 쿠폰과 반 친구들의 마음이 하나가 된 시간이었다. 그 덕분에 줄넘기 장기자랑은 무려 200개까지 성공하였다.

"선생님, 저 오늘이 그동안 줄넘기 한 것 중에 가장 많이 한 거예요."

준비하는 사람도 구경하는 사람도 모두 즐거운 시간 장기자랑시간이었다.

쉬는 시간에 개구쟁이 5총사가 구석에서 모여서 궁리중이다. 무엇을 그리 열심히 준비하나 했더니 장기자랑 콩트를 준비중이었다. 소품도 만들고 대사도 만들며 제법 진지한 모습이다. 대부분의 콩트는 칼싸움과 총놀이로 귀결되는 신기한 콩트였지만, 보는 사람도 준비하는 사람도 즐거운 시간이었다.

이번엔 쉬는 시간에 내 옆에 와서 조용히 속삭인다.

"선생님... 근데요... 그림 그리는 것도 장기자랑 돼요?"
"그럼, 되지요. 실물화상기 앞에서 그림을 그리면 돼요."

우리 반에서 그림 그리기를 좋아하는 두 친구가 장기자랑 쿠폰으로 그림 실력을 마음껏 뽐내주었다. 쉬는 시간에 캐릭터 그리기 학원으로 이어지며 놀이가 계속되었다.

"선생님, ○○이가 정말 잘 가르쳐 줘요. 저 그림 실력이 좀 좋아진 것 같아요."

한참 지루한 사회수업을 이어 나가던 중 한 친구가 번쩍 손을 든다.

"선생님, 저 장기자랑 할래요."
"우와~ ○○아 고마워. 장기자랑 많이 해 줘. 우리를 살렸어."

장기자랑을 하는 친구도 같이 박수치는 친구도 모두 즐거운 장기자랑시간이다.

"얘들아, 오늘은 퀴즈를 맞추면 선물을 주는 거야. 내가 직접 그린 그림이야."
"우와~ 나! 나! 나 시켜 줘."

인사이드 아웃을 보고 온 친구 두명이 기쁨이, 슬픔이, 불안이 등 다양한 캐릭터를 직접 그리고 색칠하는 정성을 보여 주었다. 폭발적인 인기를 끌면서 장기자랑이 마무리 되었다. 쉬는 시간에 선물을 받지 못한 친구들이 다시 모여 든다.

"나도 그려 줘~"

장기자랑이 수업 시간을 침범하여 주객이 전도되면 안 되기에 다시 새로운 규칙이 만들어졌다.

"쿠폰 사용은 주 1회, 장기자랑은 하루에 한 팀만 가능"

올해처럼 적극적인 아이들을 만나는 것이 또 가능할까 싶을 정도로 에너지가 넘치는 아이들과 함께 하고 있다. 놀 궁리에 신난 친구들, 덕분에 신난 선생님.

〈장기자랑 시간에 친구들에게 선물한 그림〉

5

절 한번 해 주세요.

학기 중에 부모님과 함께 체험학습을 떠나는 친구들이 있다. 3~4일 정도 교실을 비우는 사이, 한 친구의 책상에 연습장이 놓여 있었다.

"○○이 자리, 절 한번 해 주세요."

매일 하나씩 메시지가 늘어나기 시작했다. 하트도 생기고, 작은 그림이 추가되었다. 이 역시 작은 놀이가 된 것이다. 친구의 빈자리를 채워주는 따스한 마음을 아이들에게 배운다.

"선생님, ○○이에게 인사해 주고 가야 해요."

유치원 때부터 친구였다고 한다. 방과 후에도 주말에도 매일 만나서 노는 친구이기에 그 애틋함이 더 큰 것이리라. 부모님께 따스함을 더욱 많이 선물 받은 친구이기도 할 터. 그 친구 덕분에 교실의 온도가 따스해졌다.

그 후 일주일씩 교실을 비우는 친구가 있으면 책상 위에 작은 종이가 함께 올려지기 시작했다. 오스트리아 빈으로 발레 대회에 가는 친구가 있었다. 일주일 가량의 긴 시간을 떠나기에 가기 전에 튤립 수경재배 물을 대신 갈아 달라고 부탁까지 하고 떠났다. 친구의 빈자리에 놓인 종이에는 작은 마음들이 쌓여 갔다.

"○○이 물은 제가 갈아 줬어요."

일주일 만에 교실에 온 친구를 환대하는 우리 반 사랑둥이들을 어찌 이뻐하지 않을 수 있을까? 빈자리 친구의 역할을 대신 도맡아 준 친구, 체험학습 다녀와서 준비물을 챙겨주는 친구 등 초등학교 4학년 교실은 따스하다.

6

세상은 재미있는 곳이란다.

『재미』/ 한상복 지음 / 위즈덤하우스

"세상은 재미있는 곳이란다."

우연히 SNS에서 보았던 이 문구가 오래도록 기억에 남았다. 재미라는 키워드가 마음에 들어서 『재미』라는 제목의 책을 집어 들었다. 이야기의 어디쯤이 문장이 나오는지 궁금하여 단숨에 읽어 내려갔다. 이 문장은 손녀에게 건네는 할머니의 따스한 한마디였다.

> 두려워할 필요가 없어. 남들은 남들대로, 나는 나대로 살아가면 되는 거야.
> 이 세상은 원래 재미있는 곳이란다. 우리는 남들한테 이기거나 지려고 태어난 게 아니야.
> 내 몫만큼 즐겁게 살려고 온 것이지.
>
> –『재미』, 한상복 지음, 65~66p

이기거나 지는 것이 전부인 것처럼 느껴지는 상황을 매일 마주한다. 이기고 지는 것보다 재미를 발견하기를 바라는, 손녀를 향한 할머니의 따스한 한마디를 교실 아이들에게도 전하고 싶었다. 각자 한 글자씩 정성스럽게 꾸미고 하나의 문장으로 완성해서 칠판에 붙였다. 그리고 매일 함께 큰 소리로 외쳤다. 수없이 펼쳐지는 이기고 지는 상황 속에서도 내 몫만큼의 재미를 발견하기를 바라는 마음이었다.

매일 하교 시간에 외치는 이 문장이 힘을 발휘하는 때가 왔다. 바로 반별 피구대항전이었다. 우리 반은 에너지가 넘치고 반 분위기를 즐겁게 만드는 친구들이 가득하다. 정말 하브루타에 적합한 친구들이 가득한 반이다. 입담과 재치가 넘치고 궁금한 것이 많아서 한 가지 주제로 이야기가 시작되면 꼬리 질문으로 이어지며 뫼비우스의 띠처럼 끝이 없다. 정신 차리지 않으면 한 시간이 후딱 지나버리기도 일쑤이다. 이런 우리 반 친구들이 아직 발현되지 않은 영역이 있으니 바로 피구이다. 마음은 잘하고 싶지만, 공을 무서워하는 탓에 다른 반과의 피구 경기에서 연속 패했다. 이번 피구대항전 역시 두 번의 쓴맛을 보고 아이들이 의기소침해 있었다.

하지만 그 누구보다 협동심이 강하고 단합이 잘되는 우리 반은 열심히 구호를 외치고 있었다.

"세상은 재미있는 곳이란다. 이기거나 지려고 태어난 게 아니야. 내 몫만큼 즐겁게 살려고 온 것이지."

구호 소리가 너무 길고 지루하게 느껴진 다른 반 친구는 "무슨 응원이 그렇게 길어."라면서 핀잔을 주었지만, 우리 반 친구들은 아랑곳 하지 않고 다시 신나게 한목소리로 외친다.

"세상은 재미있는 곳이란다. 이기거나 지려고 태어난 게 아니야. 내 몫만큼 즐겁게 살려고 온 것이지."

경기에 모두 진 우리 반 친구들을 다독였다. 그때 한 친구가 교과서에 있는 말 처럼 이야기를 했다.

"선생님, 제가 오늘 공을 피하는데 정말 무서웠어요. 그런데 "잘 피한다."라고 말하는 소리를 듣고 힘을 냈어요. 오늘 우리 반이 졌지만, 정말 재미있었어요. 실패는 성공의 어머니잖아요."

"맞아요. 실패는 성공의 어머니죠."

"선생님, 우리 다음 체육 시간에는 피구 훈련해요. 그리고 다시 5반이랑 붙어요."

경쟁심이 가득한 4학년 친구들이기에 경기에서 지면 눈물을 보이기 일쑤인데, 이번에는 잘 지나가는 모습이 대견해 보였다. 실패는 성공의 어머니라는 명언을 남긴 친구는 예전에 생각바구니에 이렇게 글을 남겼었다.

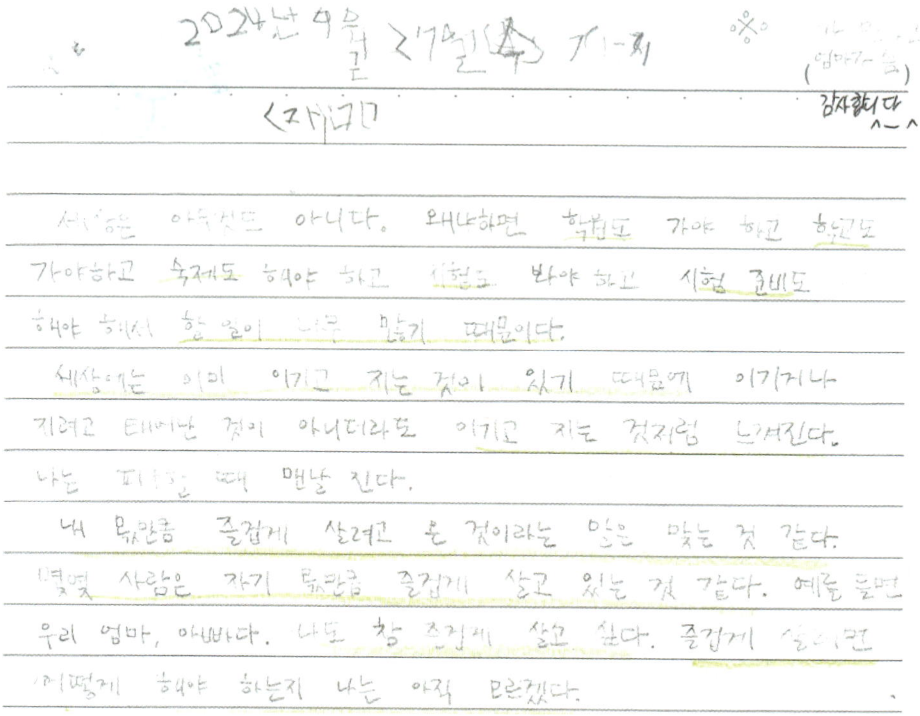

재미

세상은 아무것도 아니다. 왜냐하면 학원도 가야 하고 학교도 가야 하고 숙제도 해야 하고 시험도 봐야 하고 시험준비도 해야 해서 할 일이 너무 많기 때문이다. 세상에는 이미 이기고 지는 것이 있기 때문에 이기거나 지려고 태어난 것이 아니더라도 이기고 지는 것처럼 느껴진다. 나는 피구할 때 맨날 진다.
내 몫만큼 즐겁게 살려고 온 것이라는 말은 맞는 것 같다. 몇몇 사람은 자기 몫만큼 즐겁게 살고 있는 것 같다. 예를 들면, 우리 엄마, 아빠다. 나도 참 즐겁게 살고 싶다. 즐겁게 살려면 어떻게 해야 하는지 나는 아직 모르겠다.

'이기거나 지려고 태어난 것이 아니라고 해도 난 지면 속상하다'고 말하는 친구의 솔직함이 기억에 남았던 글이다. 이때 팔을 다쳐서 글쓰기 숙제를 할 수 없었던 친구는 엄마와 이야기를 나누었다. 어머님은 아이의 말을 그대로 옮겨 적었다고 하셨다. 친구의 진지한 글을 읽으며 한동안 멍하니 멈추었던 기억이 난다.

‘나도 참 즐겁게 살고 싶다. 즐겁게 살려면 어떻게 해야 하는지 나는 아직 모르겠다.’

친구의 글에 어떤 답글을 남겨주어야 할지 한참 고민했다.

경쟁에 너무 치우쳐 있는 초등학생들에게 조금은 가볍게, 즐거움을 찾는 시간이 되기를 바라는 마음으로 생각바구니 숙제를 냈었다. 나를 재미있게 하는 것들을 먼저 떠올리며 그 재미를 통해서 승패를 떠나서 즐거움을 발견하기를 바라는 다소 이상적인 수업이었을지 모르겠다. 근데 위 친구의 생각을 글로 만나면서 재미에 대한 깊이 있는 생각에 오래도록 머무를 수 있었다. 그리고 글에서 희망을 느꼈다.

‘몇몇 사람은 자기 몫만큼 즐겁게 살고 있는 것 같다. 예를 들면 우리 엄마, 아빠다.’

부모님께서 즐겁게 지내시는 모습을 지켜보고 자란 친구라면 당연히 ‘나만의 재미’를 찾아낼 수 있다는 확신이 들었다. 실제로 이 친구는 ‘럭키(Lucky)’라는 고유의 캐릭터를 만들었다. 모든 숙제를 제출할 때 늘 럭키가 등장하며 숙제 안내, 발표, 퀴즈 등을 도와준다. 이야기책을 만들 때도 어김없이 럭키가 등장해서 풍성한 이야기를 만들어 낸다. 이미 재미를 발견하고 실천하고 있는 친구에게서 재미를 발견하고자 하는 글이 나왔기에 격려의 댓글을 써 주었던 기억이 난다.

이 친구가 이런 말을 남기며 진 경기에서 깨달음을 발견하다니! 그 모습을 지켜보는 훈훈함이란 말로 다 표현할 수가 없다. 하루 한 뼘의 성장을 바로 곁에서 지켜보는 그 특권의 자리를 누릴 수 있어서 감사하다.

7

재치만점 교실놀이 (라이어 게임 만들기)

"세상은 재미있는 곳이란다. 이기거나 지려고 태어난 게 아니야 내 몫만큼 즐겁게 살려고 온 것이지."

매일 하교시간에 외치는 이 문장이 아이들에게 어떻게 스며들고 있는지 궁금했다. 그리고 아이들에게 '재미'란 무엇인지, 어떤 놀이로 남아있는지 생각바구니에 글로 담아 보기로 했다.

우리 반 친구들에게 재미를 주는 교실 놀이를 알아보고자 한 글쓰기 숙제였지만, 생각보다 더 흥미로운 반응이 나왔다. 글쓰기 숙제를 하기 전에 먼저 육각 보드판에 '나에게 재미란?'이라는 주제로 간단히 생각을 적어 보게 했다. 막연히 친구들과 노는 것을 선택할 것이라 생각했지만, 시험 100점, 영어 단어 외우기 등 학업과 관련된 재미도 발견되었다. 교실놀이와 체육활동이 단연 높게 나왔고, 가족과의 시간을 재미로 적기도 하였다. 다양한 생각들이 보드판에 적히고, 칠판에 붙여 보며 어떤 종류의 재미에 친구들이 빠져있는지 함께 살펴보았다.

생각바구니 주제 : 재미

"세상은 재미있는 곳이란다. 이기거나 지려고 태어난 게 아니야. 내 몫만큼 즐겁게 살려고 온 것이지."

-『재미』 한상복

1. 내가 추천하는 재미있는 놀이
2. 놀이 방법 및 추천 이유

미니

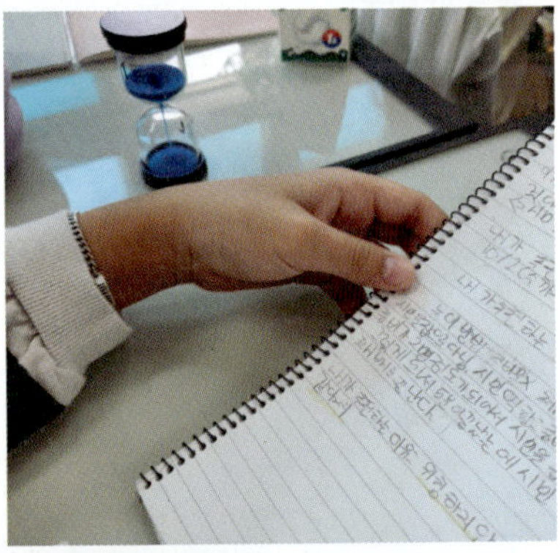

"재미"
교실 놀이

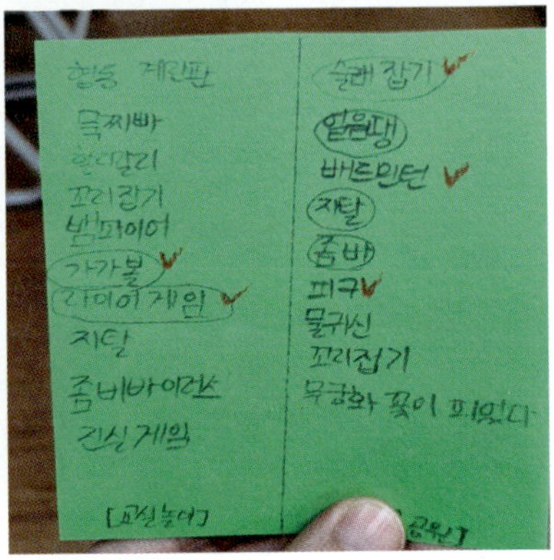

하베르에게 신나게 나만의 재미를 소개해 주는 시간을 가졌다. 세 번의 서로 다른 하베르를 만나며 내가 정말 좋아하는 놀이를 이야기하는 시간이다.

"우리 여기 있는 재미있는 놀이 하는 거예요?"
"그럼요. 여러분의 재미를 우리 반 친구들과 함께 해 보는 거죠."

친구들이 소개하는 다양한 교실 놀이 중에서 기억에 남는 놀이가 바로 '라이어 게임'이다. 이 놀이는 휴대폰 앱으로도, 보드게임으로도 이미 유명한 게임이다. 선생님이 준비할 것은 작게 자른 예쁜 컬러 색지뿐이다. 게임은 아이들 스스로 척척 진행한다. 여러 번 재활용을 위해서는 조금 두꺼운 종이를 추천한다.

라이어 게임

* 준비물: 종이, 연필, 타이머, 4인 1모둠 구성

1. 두꺼운 색종이를 준비한다.
2. 모둠별(4인 1모둠 구성 시)로 운동, 색깔, 음식, 유명인 등 상의해서 적는다.
   (예) 운동: 골프 3장, 라이어 1장
   음식: 치킨 3장, 라이어 1장
3. 각 모둠에서 만든 라이어 종이를 다른 모둠으로 보낸다.
4. 종이를 나누어 가지면 한 명은 라이어, 세 명은 같은 단어를 가지고 있다.
5. 한 명씩 자신의 카드에 대해 이야기를 하는데 이때, 라이어가 엉뚱한 소리를 하는지 관찰한 후에 라이어 한 명을 지목한다.
6. 6모둠이 있을 경우, 6번의 라이어 게임이 진행된다.

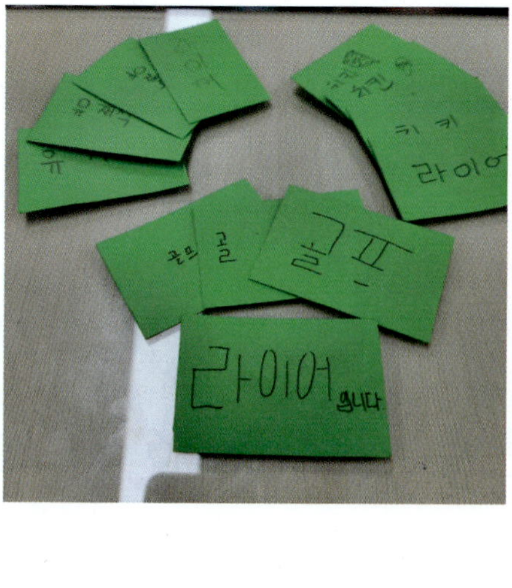

8

살아내는 단어의 힘,
도전이 주는 재미

"안녕하세요. 오늘도 도전할 수 있음에 감사한 '도전'입니다."
"오늘도 도전할 수 있음에 감사합니다."

필명을 '도전'이라 이름 짓고, 글을 쓰기 시작했다. 매일 써내려 간 글의 처음과 마지막에 이 문장을 빼놓지 않고 적었다. 이 문장을 쓰며 마음에 다시금 새기고 있었다.

'오늘도 도전! 매일 마주하는 작은 도전 앞에서 감사를 발견해 보자.'

나 역시 도전하기보다 피하고 싶은 순간을 자주 만난다. 누구나 새로운 일 앞에서 막막함과 부담감을 느끼기 마련이다. 도전보다는 익숙함과 편안함을 택하고 싶을 때가 더 많다.

어떻게 도전이 감사가 될 수 있을까? 정신없이 달렸던 교사의 길을 멈추고 온전한 엄마의 자리를 찾게 되었던 때가 바로 그때였다. 엄마로서, 교사로서, 딸로서 치열하게 살았던 나에게 멈춤의 시간이 찾아왔고, 그 멈춤은 한 번에 해결되지 않는 지난한 싸움의 시작이었다. 앞만 보며 달려오던 시간 속에서 멈추어도 괜찮다는 것을 배운 시간이었다. 잠시 멈추었을 뿐인데 거실에 놓인 화분이 새롭게 보였다. 창가를 통해 들어오는 햇살의 지나는 길을 바라보는 여유를 배운 시간이었다. 이런 멈춤이 모두에게 적용되는 것이 아니기에 나에게 주어진 감사로 받아들일 수 있었다.

매일의 삶 속에서 작은 도전이 이어졌다. 요동치는 감정의 변화에서 평정심을 찾기 위한 도전이었다. 변화되지 않는 일상에서도 기대하며 기다리는 도전이었다. 매일 아침 눈을 뜨고 일어나는 시간이 도전이었다. 더 자고 싶은 마음과 싸움에서 스스로 이겨낸 날들이 쌓이고 쌓이며 단단해져 갔다. 풀리지 않는 생각의 실타래를 글로 적어 나가는 도전이었다. 무엇을 생각하고 있는지, 어떤 것이 해결되지 않고 머물러 있는지 정리되지 않던 생각들이 글로 풀어지며 하나둘씩 실마리를 찾기 시작했다.

온전한 멈춤에 대한 도전은 또 다른 흐름의 시작이었다. 멈춤은 하브루타를 만나서 다시금 흐르고 있다. 하브루타를 통해 사춘기를 지나는 아이들과 대화의 실마리를 풀어 나가고 있다. 서로 많이 안다고 하지만 여전히 서로에 대해서 모르는 남편과의 대화를 하브루타로 풀어 나가고 있다. 현재는 하브루타로 교실 속 아이들의 다 표현되지 못한 생각, 그 이면을 들여다보기 위해 도전 중이다.

"엄마, 오늘 얘기해서 속이 시원했어."

이렇게 말해 주는 아이들이 있다는 것은 정말 감사한 일이다. 내 말을 아끼고 아이의 말에 더 귀 기울였기 때문이리라. 하브루타는 특별한 기술이 아니다. 유대인이 삶을 통해 자녀들과 끊임없이 대화를 이어 나갔던 것처럼, 우리 역시 아이에게 관심을 가지고 아이의 생각을 듣기 위한 대화를 이어 간다면 그것이 바로 하브루타이다.

아이 삶에서 스스로 주체적으로 살아가기를 바라는 그 마음이 떠오른다면, 대화 가운데 충고, 조언, 평가, 판단을 하고 싶은 충동이 일 때 잠시 멈춘다. 그리고 다시 물어보고 귀 기울여 본다.

"네 기분은 어때? 네 마음은 어때? 네 생각은 어때?"

이것은 아이도 아직 정리하지 못한 생각 실타래를 대화를 통해서 풀어 내는 작업이다. 요즘 사춘기를 지나는 아이를 보며 자기만의 세계를 견고히 만들어 가는 자녀와 마주한다. 서로의 영역을 지켜 주면서도 그 이야기를 귀담아 들어 줄 수 있는 엄마의 자리에 여전히 도전 중이다.

시도보다는 도전이었다. 나에게 시도는 그냥 한번 해 보는 것이지만, 도전은 좀 더 의미심장한 단어이다. 도전이라는 말이 가진 힘이 있다. 아주 사소한 일이라도 도전을 붙이면 비장해진다. 해 볼 만해진다. 해 보고 안 되면 다시 도전한다. 미대륙 횡단을 한다거나, 스쿠버 다이빙을 하는 거창한 도전은 아니지만, 내 삶의 작은 도전은 나에게 가장 큰 의미가 있다. 도전할 수 있는 마음이 있다는 것이 얼마나 큰 감사인지

"오늘도 도전할 수 있음에 감사합니다."

이 문장을 써내려 가며 다시금 감사의 힘을 마음에 새긴다. 도전할 수 있는 것은 감사한 일이다. 포기하지 않았기에 감사하다. 핑계를 대고 멈추지 않았기에 감사하다. 할 수 없다고 멈칫하던 내가 용기 냈기에 감사하다.

틀림없는 교훈, 해보는 수밖에 길은 없다.
-에리히 케스트너

도전이 주는 가장 큰 재미는 해 보는 마음이다. 해 보고 난 후, 실패하더라도 하지 않은 것보다 낫다는 스스로에 대한 위안이다. 교실에서 이루어지는 다양한 실험은 도전해 보지 않으면 몰랐을 경험이다. 대단한 경험이 아니다. 아이들과 연구 대회에 나가거나, 수업실기 대회에 나가는 도전이 아니다. 쉬는 시간에 아이들의 속삼임에 귀 기울이는 도전, 아이들이 꿈틀거리며 흥미를 보이는 것이 무엇인지 관찰하는 도전. 그 작은 도전이 오늘도 재미로 이어진다.

"일상의 작은 도전을 응원합니다."
"오늘도 도전할 수 있음에 감사합니다."

9

Perfect에서 Challenge로, 도전 피자에서 도전 탕후루가 되기까지

초임 시절부터 칠판 한 모퉁이를 지키고 있는 것이 있으니, 바로 작은 피자 조각이다. 각 교실마다 다양한 학급 규칙과 보상이 주어지지만, 우리 반에서는 그 중심에 도전 피자가 있다. 숙제를 한 명도 빠짐없이 완료했을 때, 서로 돕는 반 분위기를 만들 때, 제출 기한에 맞게 제출 완료했을 때 학급 온도계가 올라간다. 그 온도계가 최고 온도에 다다르면 피자 한 조각이 주어진다. 뜨겁게 온도를 올리고, 함께 모으는 12조각의 피자가 완성되면 달콤한 한 시간의 자유시간이 최고의 보상이다. 그 자유시간은 영화 보기, 과자 파티, 피구, 교실 놀이 등 다양한 놀이로 학급 회의를 통해서 결정된다. 한 달에 한 번 정도 주어지는 자유시간에 아이들은 피자 모으기에 열심을 내고, 선생님은 학급 단합을 이끌어 내는 아주 작은 장치이다.

매사에 완벽하기를 바라는 마음에서였을까? 초임 시절 피자 이름은 Perfect Pizza였다. 완벽하게 완료했을 때, 완벽하게 과제를 수행했을 때, 완벽하게 성과를 보일 때 주어지는 보상이었다. 하지만 자녀를 키우며, 학급 아이들과 함께 성장하며 그 이름이 변화하였다. 바로 Challenge Pizza이다. 완벽하게 하려고 주저하며 망설이기보다 실패하더라도 시도해 볼 수 있는 마음, 도전. 바로 도전이라는 이름으로 학급 운영의 방향이 바뀌었다.

히말라야 등반을 하는 것만이 도전인가? 매일 20분 걷기를 하는 것도 도전이다. 시험을 100점 맞는 것만이 도전인가? 시험점수 10점을 올리는 것도 도전이다. 너무 완벽한 기준점을 세워두고 망설이기보다 내가 할 수 있는 작은 목표를 세워서 실천해 나가는 것이 바른 방향이다.

도전 피자에 익숙해질 즈음, 한 친구가 제안을 했다.

"선생님, 도전 피자요. 도전 버거로 만드는 건 어때요?"
"오! 도전 버거도 좋지요."
"도전 탕후루도 만들어요."

우리 반 친구들의 의견을 받아들여서 좋은 씨앗반의 도전 피자가 도전 버거가 된 날이었다. 작은 조각 그림으로 나누어서 햄버거 빵. 패티, 양상추를 그려 나갔다.

"선생님, 도전 피자가 12조각이니 버거 패티를 12개로 해야겠네요."
"패티만 12개면 버거가 너무 커지니까 감자튀김이랑 콜라도 만들면 좋겠어요."

친구들의 아이디어는 무궁무진했다. 탕후루를 만드는 모둠은 탕후루 꽂이부터 종이컵까지 아주 먹음직스러운 모습을 그려냈다.
도전 피자가 도전 버거와 도전 탕후루가 된 날 학급 단합이 더 잘 되는 분위기였다.

"우리가 직접 만드니까 더 좋아요. 우리 후배들한테도 꼭 얘기해 주세요."

후배 이야기를 꼭 당부하는 건 3월 첫날, 함께 맞추었던 17년된 대형 퍼즐 덕이다. 첫 제자들과 함께 만들었던 좋은 씨앗 대형 퍼즐은 나의 교육철학을 담음과 동시에 아

이들과의 추억이 함께 담긴 작품이다. 대형 종이에 밑그림을 그리고 30여 명의 학생이 조각 그림을 자기만의 색으로 표현한 작품이 이토록 오래 동안 나와 함께 할 줄 몰랐다. 그때의 선배님들이 벌써 어른이 되었다고 이야기하면 아이들의 눈이 동그래진다. '배수경 선생님 사용설명서'까지 보여주며 선배들이 경험한 배수경을 읽어주면 긴말이 필요 없어진다. 그리고 조용히 손을 든다.

"선생님, 저희도 배수경 선생님 사용 설명서 만들어서 후배들한테 읽어주실 거예요?"

현재까지 이어지고 있는 선후배의 연결고리. 어느덧 최고학년이 된 재작년 제자가 교실을 지나치며 말했다.

"선생님, 도전 피자 아직 하고 있어요?"
"응, 근데 이제 도전 피자가 도전 탕후루가 되었어."

완벽을 기하려고 했던 삶에서 도전으로 마음을 바꾸고 나니 시도할 일이 많아졌다. 해 볼 만한 마음이 가벼워졌다. 시도해 볼 만한 용기가 생겼다. 아이들의 시도에 격려하게 되었다.

도전이라는 단어에는 힘이 있다. 어떤 단어와 함께 해도 근사하다.
도전 피자, 도전 탕후루, 도전 수학, 도전 체육!
그래서 우리 반 1인 1역까지 도전으로 바꾸었다.

"안전 도전 누구지?"
"체육 도전 나와서 준비체조 해요."

우리 반에서 한 해 살이를 한 후, 적어도 우리 반 친구들에게 도전이 막연히 어렵고 힘든 것이 아니기를 바란다.

'한번 해 보는 거야. 그게 무엇이든 도전!'

10

암행어사 출두요!

"생각바구니 공책에 작은 메모지를 붙여 두었어요. 선생님의 비밀 미션을 수행해 주세요."

"비밀 미션이 뭐예요?"

"우리 반 암행어사가 우리 반 친구들의 칭찬할 점을 일주일 동안 살펴보고, 그 친구를 칭찬해 주는 역할을 하는 거예요."

"암행어사 알아요. 암행어사 출두요! 들어 봤어요."

"네, 조선시대의 암행어사는 백성들을 힘들게 하는 고을 사또가 있는지 살펴보는 중요한 비밀 미션을 수행했지요."

"우리 반 암행어사도 몰래 살펴보고 막 혼내나요?"

"우리 반 암행어사는 우리 반 친구들의 숨은 칭찬이가 되는 거예요."

암행어사는 조선시대에 왕명을 받고 비밀리에 지방을 순행하면서 악정(惡政)을 규명하고 민정을 살핀 임시 관직을 말한다. 아이들은 역사드라마에서 마패를 들고 등장하는 암행어사의 한 장면을 기억이라도 한 듯, 비밀 미션에 흥미를 보인다.

암행어사 비밀 미션은 여러 시행착오를 거쳐서 메모지 붙이는 것으로 정착되었다. 초기에는 마패 모양을 인쇄해서 공책이나 가방에 몰래 넣어 두었는데 쉽게 들통이 나서 오래가지 못했다. 하교 후 빈 교실에서 사물함이나 교과서에 넣어 두기도 했다. 이렇게 했더니 본인이 암행어사인지 지령을 확인하지 못해서 암행어사가 공석이 되기도 했다. 여러 시행착오를 거쳐서 정착된 방법은 격주로 검사하는 생각바구니 공책과 독서록에 미션 포스트잇을 붙이는 것이다. 글쓰기 숙제를 좋아하는 친구는 없다. 어렵게 해 온 숙제를 제출하고 짧게나마 답글을 써주면서 암행어사 지령 미션을 받게 한하면서 일석이조의 결과를 얻게 되었다. 성실히 숙제를 해 온 친구는 암행어사의 기쁨을, 숙제 검사를 하는 선생님은 최선을 다한 글을 읽으면서 또 한 번의 기쁨을 가질 수 있었기 때문이다.

한 주에 2명씩, 남녀 암행어사가 비밀 지령을 수행한다. 주로 남학생은 남학생만, 여학생은 여학생만 관찰하기 때문에 남녀로 2명의 암행어사를 두는 것이 좋다. 1학기에는 선생님이 주도하는 암행어사 미션을 활용하고 2학기에는 학생들의 의견을 미리 반영한다. 이면지 종이를 잘라서 설문지를 만들고, 암행어사가 어떤 친구를 관찰하면 좋을지 의견을 모은다.

"1학기 동안 암행어사가 어떤 역할을 하는지 잘 살펴보았죠? 2학기에는 선생님이 발견하지 못한, 여러분만 알고 있는 우리 반 친구들의 모습을 칭찬해 줄 거예요. 어떤 모습을 칭찬하면 좋을지 아이디어를 주세요."

"선생님, 더 많이 적어도 돼요?"

우리 반을 웃겨주는 친구부터, 기발한 아이디어를 가지고 있는 친구까지 선생님이 발견하지 못하는, 오로지 친구들이 관찰할 수 있는 부분까지 열심히 칭찬포인트를 적어 나간다. 매일 알림장에 미덕쓰기를 실천한 덕분에 다양한 미덕을 발휘하는 친구를 칭찬하자는 글도 보인다. 세심하게 살펴보지 못했던 부분들까지도 관찰하며 칭찬하고자 하는 모습이 대견하다.

학교에서는 매일 다양한 활동들이 새롭게 추가되기에 암행어사 지령을 적는 것을 깜빡하는 날도 있다. 그럼 여지없이 친구들이 먼저 그 빈 곳을 찾아낸다.

"선생님, 이번 주에 암행어사 없어요?"

"선생님, 암행어사 출두 언제 해요?"

때로는 해야 할 일들에 하고 싶은 일이 후순위로 밀리기도 한다. 하지만 우리 반 친구들의 해야 할 일 목록에 반드시 들어가 있는 암행어사는 절대로 후순위로 밀리지 않는다. 선생님이 놓치면 학생들이 챙기기 때문이다.

“아하, 이번 주에 선생님이 깜빡했어요. 이번 주 생각바구니 숙제에 미션지가 붙어 있을 거예요. 암행어사 출두는 창체시간에 합니다.”

하고 싶은 일이란 재미있는 일이다. 재미가 장착되어 있으면 스스로 찾아서 한다. 놓치지 않는다. 그 재미난 장치들이 단지 놀이가 아니라, 친구들의 칭찬을 관찰하며 발견해 나가는 신나는 장치가 되기를 바라며 오늘도 함께 외친다.

“암행어사 출두요!”

우리 반 친구들이 암행어사가 되어 칭찬하고 싶은 친구

- 1인 1역을 성실히 하는 친구
- 수업 시간에 발표를 잘하는 친구
- 숙제를 열심히 하는 친구
- 쉬는 시간에 즐겁게 노는 친구
- 미술 시간에 친구들 도와주는 친구
- 급식실에서 줄 바르게 서는 친구
- 우리 반 즐겁게 해 주는 친구
- 글씨를 바르게 쓰는 친구
- 독서를 꾸준히 하는 친구
- 체육 시간에 준비운동을 열심히 하는 친구
- 기발한 아이디어를 가지고 있는 친구
- 성실(도전, 감사, 책임)의 미덕을 실천하는 친구
- 교실 보드게임을 잘 정리하는 친구
- 쓰레기를 줍는 친구

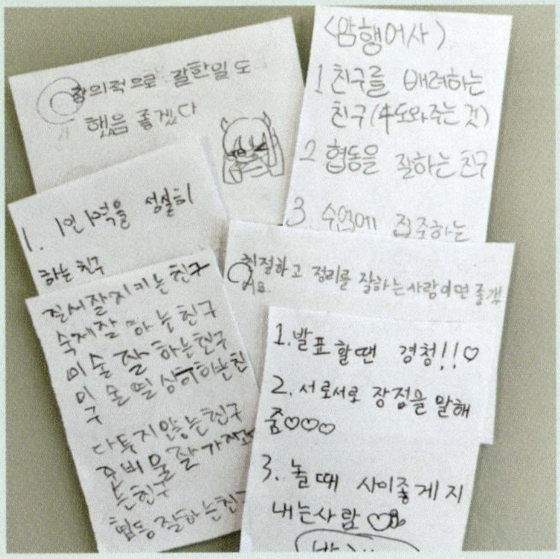

PART 02

경청

뭐 하고 놀지?
질문이 놀이라고?

1

시작은 가볍게 "하베르가 뭐예요?"

"Haver"

칠판에 영어로 크게 적는다. 아무 말 없이 영어단어만 적었을 뿐인데 웅성웅성 교실 안이 소란스럽다.

"혹시 Have you를 잘못 쓰신 거예요?"
"하브루타는 아닌데요?"
"하브루? 이게 뭐예요?"
"하베르예요."
"우리가 매주 하는 게 하브루타 아니었어요?"
"네, 우리가 그동안 놀기만 했는데 오늘은 하브루타에서 제일 중요한 하베르, 짝에 대해 알아보려고 해요."

하브루타는 둘씩 짝을 지어 토라와 탈무드에 대해 질문하고 토론하는 유대인의 교육방식이다. 오랜 세월 정착하지 못하고 떠돌이 생활을 하던 유대인의 삶에서 언제나 랍비는 부족했고 그들은 가르침에 굶주려 있었다. 이러한 환경 탓에 이들은 부족한 스승의 역할을 짝인 하베르와 대화를 나누며 서로의 생각을 일깨워 주는 역할을 했다. 이러한 삶을 통해 전해져 온 것이 바로 하브루타이다. 이것이 바로 1:1로 대화를 나누는 그 과정을 통해서 서로의 생각을 일깨우는 대화법이다.

하베르에 대해 간단히 설명을 한 후, 짝과 나의 공통점 찾기가 시작되었다. 강의식

수업과 달리 하브루타 수업이 진행되려면, 학습 환경을 열어 주는 교사의 역할도 중요하다. 하지만, 스스로의 생각을 이야기하며 친구의 생각에 귀 기울이며 내면의 생각을 끌어내주는 역할에는 하베르가 가장 중요하다.

"여러분, 만약 부모님이 제일 좋은 휴대폰을 사 준다고 한다면 어떤 것을 살 거예요?"
"아이폰이죠."
"갤럭시 S24."
"Z플립이요."

저마다의 최고급 사양 휴대폰을 늘어놓는다.

"바로 그 최고급 휴대폰이 바로 옆에 앉아 있어요."
"네?"
"최고급 갤럭시S, 아이폰, Z플립을 열어서 마음껏 활용하세요."
"에이~ 아니잖아요."
"옆의 하베르가 갤럭시인지 아이폰인지 알 수 없지만, 분명한 것은 여러분의 생각을 끌어올리는 데 가장 중요한 역할을 해 주는 고마운 친구라는 사실이에요. 친구에게 미리 인사하고 수업 시작할게요. '○○아, 오늘 잘 부탁해.'"

이렇게 하브루타에서 중요한 역할을 하는 짝의 존재를 충분히 이야기해 주고, 짝을 좀 더 알아가는 시간을 가진다. 서로의 공통점을 찾을 때마다 하이파이브를 건네며 신나게 나의 이야기를 하고, 친구 이야기에 귀 기울인다. 충분히 대화가 이루어지면 새로운 짝을 만나서 다시 이야기를 시작한다. 남녀 짝으로 하베르를 만난 후, 남남 여여의 동성 하베르를 만나면 재미는 배가 된다.

"선생님, 저희는 똑같은 게 6개나 나왔어요."
"저희도 5개 나왔어요."

나를 말하고, 너를 알아가는 시간이 소중하다.

하베르(짝)와 나의 공통점 찾기

나의 생각을 일깨워 주는 고마운 내 짝, 하베르와 나의 공통점을 찾아봅시다.

- 질문에 답하기 + 나만의 질문 만들기
- 나와 짝의 공통점을 찾을 때마다 '하이파이브'
- 내 짝과의 공통점 찾기가 끝나면 새로운 짝과 공통점 찾기로 다시 출발

? 하브루타란(Havruta)?
: 둘씩 짝(하베르)을 지어 질문하고 토론하며 서로의 생각을 일깨워 주는 대화

? 하베르(Haver)란?
: '친구'를 의미하는 히브리어

질 문		나	하베르	
			1차: 내 짝	2차: 새 짝
난 첫째? 둘째? 셋째? 외동?				
혈액형은?				
내 이름의 성은?				
생일은 몇 월?				
내 취미는?				
가장 좋아하는 과목은?				
가장 싫어하는 과목은?				
가장 즐겨보는 TV(유튜브) 프로그램은?				
가장 좋아하는 색은?				
가장 좋아하는 음식은?				
오늘 입은 티 색은?				
가방 색은?				
가장 좋아하는 가수(연예인)는?				
핸드폰 번호 맨 끝자리는?				
내 버릇은?				
가장 좋아하는 라면은?				
내가 만든 질문				

2

나를 설레게 하는 것은?

"선생님, 오늘 급식에 마라탕 나오는 날이에요."

우리 반 친구들이 학교에 오는 이유 1순위는 맛있는 급식이다. 오늘은 특별히 마라탕이 나온다고 하니 아침 활동 시간부터 기대 가득한 분위기로 한껏 물든 교실이다. 아이들의 설레는 모습을 바라보며 하브루타 수업을 이어간다.

내가 가장 좋아하는 단어가 있다면 단연 '설렘'이다. 무료한 일상을 가슴뛰게 하는 단어이기 때문이다. 아이들도 역시 마찬가지이다. 매일 수업을 참아 내는 아이들의 눈이 초롱해지는 순간이 바로 설렘을 이야기하는 시간이다.

초록이 움트는 순간을 잔잔히 바라볼 때 설렘이 다가온다. 이 작은 잎이 또 얼마나 폭풍 성장을 할지 벌써부터 기대만발이다. 가만히 낮잠을 자고 있는 우리 집 고양이 루비가 새근새근 잠든 모습을 바라보는 순간이 설렘이다. 어느 순간, 장난기 가득한 눈망울로 변하며 엉덩이를 실룩거리며 달려오는 루비를 바라보며 한껏 놀아줄 설렘이 가득해진다. 교실에서 아이들과 하브루타를 할 때 역시 마찬가지이다. '도토리'라는 작은 단어 하나에서 나무의 성장 스토리까지 이야기하는 우리 반 친구들을 바라보며 설렘의 시간이 시작된다. 수업은 이렇게 선생님의 설렘을 이야기하는 것에서 시작한다.

아이들은 저마다 손을 들고 나만의 설렘을 이야기하고 싶어 입이 근질근질하다. 이번에는 나만의 설렘을 먼저 적어 보기로 했다. 사뭇 진지하게 적어내려가는 아이들, 벌써 쓰기를 마치고 이야기하고 싶은 친구들이다. 새로운 짝을 만나며 마음껏 나를 설레게 하는 순간을 자랑하기 시작한다.

"이 활동에서 가장 중요한 게 있어요. 뭘까요?"

"경청, 꼬리 질문이요."

"네, 맞아요. 친구 이야기에 귀 기울이기와 그 친구 이야기에 꼬리 질문 만들기! 꼭 기억하세요."

나를 설레게 하는 것은?

- 여행 가기 하루 전
- 수영장에 들어가기 전
- 금요일
- 고백받았을 때
- 엄마랑 데이트 할 때
- 할머니 할아버지 보러갈 때
- 아빠가 회사 야근하다가 집에서 만날 때
- 숙제 없을 때
- 학원 끝나고 집에 올 때

활동을 마친 한 친구가 번쩍 손을 들어 올린다.

"선생님, 오늘 인생 말을 찾았어요."

"어떤 인생 말이요?"

"설렘이 뭔가 했는데 친구가 학원 끝나고 집에 올 때 그 기분이라고 하는데 딱 맞았어요. 그게 설렘이에요."

설렘이라는 단어에는 그 단어가 가진 힘이 있다. 각자의 설렘을 이야기했을 뿐인데 교실의 분위기가 한결 따스해지고 얼굴표정이 온화해지며 입꼬리가 씨익 올라가는 마법의 단어이기 때문이다. 신나게 새로운 짝을 만나며 이야기해 본 후, 이번에는 칠판 가득 설렘을 적었다. 고사리 손으로 적어내려 간 설렘의 순간들이 모두를 행복하게 했다. 수업이 마친 후 쉬는 시간까지 그 여운이 이어졌다.

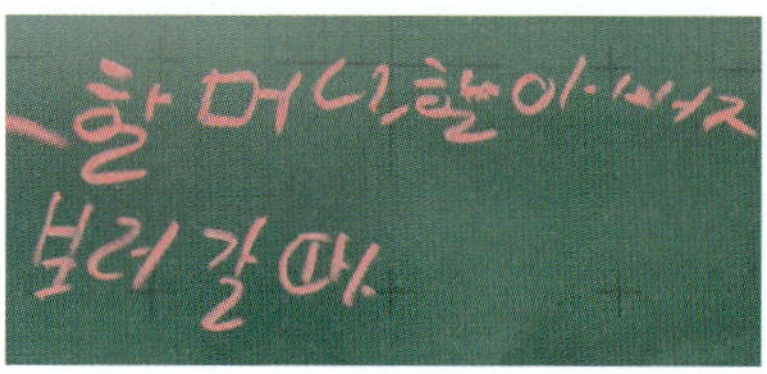

"선생님, 우리 이거 지우지 말고 그냥 두면 안 돼요?"

깨알처럼 작게 적힌 글씨가 눈에 들어온다.

'이 모든 설렘의 순간이 너희들에게 가득하기를…'

나를 설레게 하는 것

나를 설레게 하는 것을 떠올리며 하베르와 이야기 나누어 봅시다.

- 나를 설레게 하는 것 적기
- 하베르와 하브루타 + 새로운 하베르 만나기
- 들은 이야기 중에서 기억에 남는 것 발표하기

? 하베르와 이야기 나눌 때 이것만은 꼭 기억하세요.
경청: 눈 맞춤, 고개 끄덕끄덕
반영: 고양이를 좋아하는구나.
꼬리 질문: 고양이 이름이 뭐야?

질 문	나	하베르	
		1차: 내 짝	2차: 새 짝
'설렘'이라는 단어를 들으면 어떤 기분이 드나요?			
나를 설레게 하는 것은 무엇인가요?			
이것만 생각하면 가슴 뛰는 것은 무엇인가요?			
친구들의 이야기 중에서 기억에 남는 것은 무엇인가요?			

〈나를 설레게 하는 것〉 이야기를 나눈 후, 내 생각이나 느낌을 적어 보세요.

3

질문 사냥 어때요?

하브루타는 아이들의 생각을 끌어올리는 중요한 장치중에 하나이다. 아이들의 생각을 끌어올리는 낚싯대에 걸려있는 것은 '질문'이다.

"질문 만드는 것이 어려워요."
"질문을 만드는 쉬운 방법이 있나요?"
"질문을 여러 개 생각하는 게 잘 안 돼요."

하브루타 수업을 교실에 적용할 때 가장 어려운 것이 질문을 만드는 방법이라고 다들 입을 모은다. 하지만 나는 하브루타 수업을 시작할 때 질문 만드는 법을 먼저 알려주지 않는다. 놀이로 먼저 접근하기 때문이다.

"여러분 지금부터 사냥을 할 거예요."
"무슨 사냥이요?"
"질문 사냥이요. 나와 똑같은 질문이 나오면 나와 친구 모두 사냥당하는 거예요. 끝까지 살아남은 질문을 많이 가지고 있는 친구가 최종 우승, 그 친구가 맛있는 간식을 나누어 주는 나눔이가 되는 거예요. 작년 최종 우승자는 5가지 질문이 살아 남았으니, 이번 우리 반은 질문 6가지에 도전해 봅시다."

선배님들의 이야기를 적절히 섞어 가며 질문 사냥의 동기유발을 한다. 그리고 열심히 질문을 만들며 두뇌를 풀 가동한 아이들에게 달콤한 간식타임이 주어지는데 그 간식을 나누어 주는 것은 질문 사냥에서 끝까지 살아남은 친구가 된다.

"○○아, 고마워. 잘 먹을게."

마지막까지 기발한 질문으로 살아남은 친구 덕분에 반 전체에 달콤한 간식 보상이 주어지는 것이다. 이러니 모두 열심히 참여하게 된다.

"선생님, 질문 10개보다 더 많이 만들어도 돼요?"
"그럼요. 당연히 되지요."

처음에는 어렵다고 볼멘소리를 하던 친구들이 서로 서로 집중하며 말수가 적어진다. 나만의 질문을 만들어야 한다. 친구와 같은 질문을 하면 사냥당하는 질문 사냥.

먼저 짝과 질문을 확인한다. 비 내리듯 사냥당하는 질문을 경험한다. 모둠에서 질문을 확인한다. 간신히 살아남은 질문을 전체 수업으로 다시 확인한다.

"자, 살아남은 질문 중에서 한 가지씩 발표해 주세요."
"작가의 이름은?"
"저도 있어요. 그 질문"
"동물학자는 왜 끝까지 포기하지 않았나요?"
"올~ 이 질문은 없어요."

질문이 깊어질수록 살아남을 가능성이 높아진다. 아이들도 질문의 창의성과 깊이를 놀이를 통해서 배우는 중이다.

"동물학자의 머리카락 길이는 몇 cm인가요?"

이렇게 기발한 질문이 나오기도 하는데, 이 질문은 이야기의 흐름에서 많이 벗어난 질문이다. 한동안 이 친구는 비슷한 유의 질문들로 질문 사냥에 성공했다. 하지만 이야기의 흐름에서 벗어났기에, 창의적인 질문과 깊이 있는 질문의 차이에 대해 설명해 주며 한 번 더 생각해 볼 기회를 준다.

기발한 질문을 하던 아이는 한 학기를 마무리 할 즈음 내게 말한다.

"선생님, 제가 예전에는 주인공 머리카락 길이가 몇 cm인지, 어떤 음식을 먹었는지 그런 질문했잖아요. 근데 요즘 질문은 아주 수준 높아졌어요."

이처럼 놀이로 먼저 접근한 후, 질문의 유형에 대해서 알려주는 것이 좋다.

질문 유형

- 사실 질문: 육하원칙에 맞는 질문(누가, 언제, 어디서, 무엇을, 어떻게, 왜)
  (예) 나무꾼은 언제 선녀를 만났나요?
- 상상 질문: (예) 나무꾼이 사슴을 만나지 않았다면 어떻게 되었을까요?
- 적용 질문: (예) 내가 나무꾼이었다면? 내가 선녀였다면? 내가 사슴이었다면?
- 개념(메타) 질문: (예) 이 이야기를 통해 발견할 수 있는 미덕은?

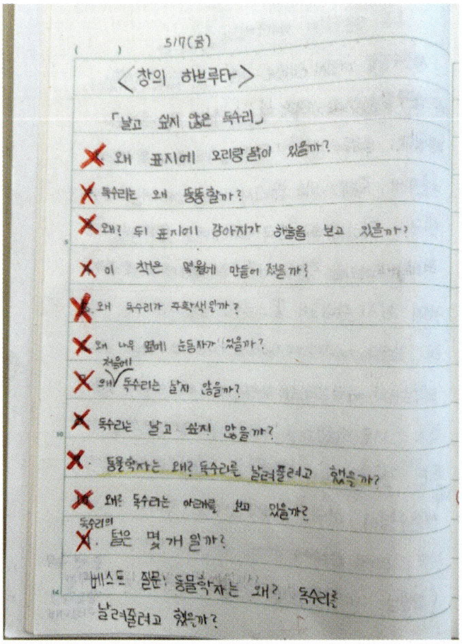

질문 유형을 익힌 친구들은 자신의 질문이 사실 질문에 머물러 있다는 것을 발견한다. 사실 질문은 금방 사냥된다는 것도 함께 발견한다. 좀 더 깊이 있는 질문을 만들기 위해서는 눈에 보이는 주인공의 겉모습과 관련된 질문이 아니라, 눈에 보이지 않는 주인공의 생각을 질문해야 살아남는다는 것을 자연스럽게 익히는 것이다.

"같은 책을 두 번 읽으니 어땠나요?"

"처음에는 무슨 내용인지 몰랐는데 두 번째 봤을때는 무슨 내용인지 알게 돼서 더 이해가 쉬웠어요."

"예전에 엄마께서 두 번 읽으면 책이 새롭게 읽힌다고 말한 것이 이제야 이해가 가요."

"질문 사냥은 어땠어요?"

"스릴 넘치고 내 질문이 사냥 당할까 봐 심장이 쫄깃했어요."

"친구들이 질문을 여러 가지 써서 아주 신기했어요."

"마지막까지 살아남은 질문은 정말 아무도 생각하지 못한 질문이에요."

"간식 먹어서 좋아요."

휘리릭 줄거리를 이해하며 속독으로 읽어나가던 독서를 깊이 있는 책 읽기로 바꾸면 질문 만들기가 가능하다. 한 문장을 오래 읽다 보면 그 한 문장 안에서 다양한 질문이 만들어진다는 것을 경험으로 알아간다. 질문 만들기가 어려운 것이 아니라 재미있다는 것을 먼저 배운다. 달콤한 간식을 연결해서 질문 만들기는 달콤하다는 인식을 만들어 준다. 그래서 내 책상 서랍 속에는 달콤한 간식이 언제나 가득 준비되어 있다.

유대인은 아이들이 처음 토라(율법서, 모세오경) 공부를 시작할 때, 토라 글자 위에 꿀을 발라서 지도했다고 한다. "이건 즐겁고, 귀하고, 맛있는 거야."라는 인식을 심어주는 것이다. 이것이 쌓이면 질문 만들기는 천천히 읽기, 깊이 읽기, 살펴보기 실력을 높이는 활동이 된다. 무언가에 온전히 집중할 때 말수가 적어지는 경험, 질문 사냥에 온전히 집중한 시간에 순간 교실이 조용해진다. 나만의 기발한, 아무에게도 들키지 않는 나만의 질문을 만들기 위해서다.

짧은 침묵이 끝나고 나면 다시 소란한 교실로 돌아온다. 새 짝을 만나며, 신나게 나만의 질문을 자랑하기 위해서다. 아슬아슬 스릴 넘치게 살아남은 나만의 질문, 단 하나의 질문이 내 생각으로 깊이 자리잡는다.

4

Never give up!
(새 학기 추천 활동, 띵커벨 활용)

3월 학기 초에 아이들에게 꼭 보여주는 영상이 있다. 아기 오리와 엄마 오리가 높디 높은 계단 앞에 다다른다. 엄마 오리는 단숨에 높은 계단을 뛰어오른다. 몇 번을 뛰어오르다가 다시 넘어지기를 반복한다. 이때 용감한 첫째 오리가 계단 정상 오르기에 성공한다. 엄마 오리와 첫째 오리의 기다림이 시작된다. 첫째의 성공은 둘째의 도전으로 이어진다. 약 3분 가량의 이 영상을 숨죽여 시청한다.

"왜 안 도와주는 거예요?"
"동영상 찍은 사람이 나빠요. 안 도와주고 찍고만 있어요."

여기저기서 탄식이 흘러나온다. 이 영상을 보고 어떤 생각이 드는지 글로 남긴다. 그 첫날의 마음을 글로 남기고 생각을 확장하도록 돕는 질문을 만든다. 아이들은 태블릿을 통해서 동시에 접속하며 친구들의 질문이 화면으로 가득 채워지는 것을 보며 수업에 참여한다. '대단하다'는 글자가 크게 나타나는 이유는 많은 친구들이 그 문장을 기록했기 때문이다. '왜 도와주지 않았을까?'라는 질문이 가장 많이 차지하는 것도 그렇다. 이러한 질문에 대한 대답으로 생각을 확장시킬 수 있다.

"왜 엄마 오리는 도와주지 않았을까요?"
"오리는 손이 없잖아요."
"이거 촬영하는 사람이 옮겨주면 되잖아요."
"그럼 안 돼. 자기 힘으로 가야지."

"기다려 주는 게 도와주는 거잖아."

"네, 맞아요. 마지막 막내 오리가 계단을 오를 때까지, 모두 함께 끝까지 기다려 주고 있네요. 막내 오리는 어떤 마음이었을까요?"

"걱정될 것 같아요. 나를 두고 가면 어떡하나."

"근데, 형들이 다 올라갔으니까 막내도 할 수 있다고 생각할 것 같아요."

"먼저 올라간 오리는 정말 기분 좋았을 것 같아요."

함께 충분히 이야기를 나누고 생각바구니를 쓰는 시간을 가졌다. 3월 첫날, 첫 시간 서로에게 가장 좋은 모습을 보여주는 그림 같은 시간이다. 최선을 다한 글씨로 또박또박 생각을 써내려 간다. 무수한 도전과 실패를 겪고 다시 자기 키보다 높은 계단을 향해 날갯짓하는 오리의 모습은 언제 보아도 감동스럽다.

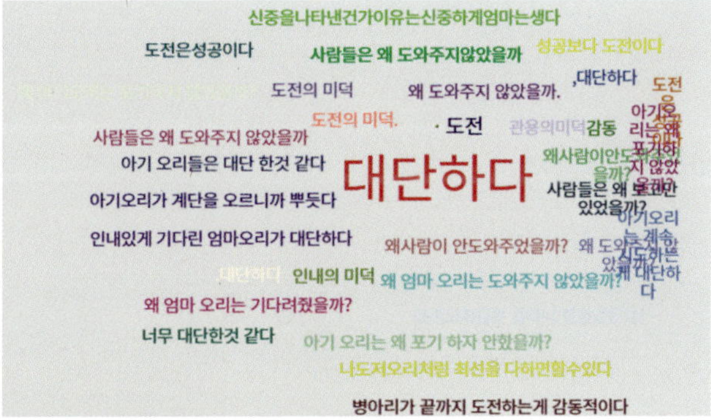

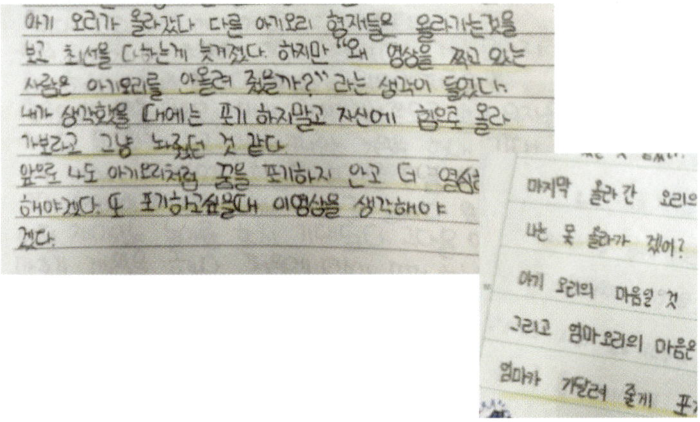

〈새 학기 추천 활동: 띵커벨 활용수업 예시〉

똑같은 영상을 학부모 총회에서 친구들이 정성스레 쓴 생각바구니 공책과 함께 보여드린다. 가슴 뭉클한 이 영상을 보며 눈가가 촉촉해지는 모습을 보곤 한다.

"저도 두 아이의 엄마인데요. 이 오리 엄마를 보고 배워요. 왜 이렇게 기다려주지 못했는지 왜 그렇게 서둘렀는지 말이에요."

무수히 넘어지고 다시 날갯짓을 하며 날아오르는 아기 오리가 우리 아이들이다. 또한 묵묵히 그 자리를 지켜주는 엄마 오리처럼 가장 어려운 일을 해내고 있는 부모님들. 새 학기, 새 출발, 우리 모두 기억하며 가슴 깊이 새겨야 할 마음이다.

"우리가 기다려 줄게. 포기하지 마. 할 수 있어."

5

SWOT 질문법

SWOT는 경영 전략 수립을 위한 분석법으로 알려져 있다. 1952년 록히드 기업 개발 기획부에서 시작하여 1960년 스탠퍼드 연구소 앨버트 험프리의 발명으로 지금까지 다양하게 활용되고 있다. SWOT 질문법은 그림동화 중에서도 주인공의 특징을 분명히 파악할 수 있는 작품을 만났을 때 적합한 질문법이다. 주인공의 상황을 S(강점, Strengths), W(약점, Weakness), O(기회, Opportunities), T(위기, Threats)로 나누어서 살펴보고 이에 맞는 질문을 만들어 볼 수 있다.

CHALLENGE HAVRUTA

SWOT 질문법

S	강점 (Strengths)	W	약점 (Weakness)
O	기회 (Opportunities)	T	위기 (Threats)

1 『날고 싶지 않은 독수리』

『날고 싶지 않은 독수리』/제임스 애그레이 지음, 볼프 에를부르흐 그림, 김경연 옮김/풀빛

그림동화 『날고 싶지 않은 독수리』를 읽고 질문 사냥을 하면 동물학자와 독수리의 입장에 한걸음 더 가까워진다. 이후의 활동에서 깊이 있는 질문으로 그 영역을 확장시켜주는 것이 바로 SWOT 질문법이다. 사실 질문, 상상 질문, 적용 질문, 개념 질문을 만드는 것에 익숙해졌다면, 주인공의 강점과 약점, 위기, 기회를 어떻게 다루는지를 중심으로 다시 질문을 만들어 본다.

"오늘은 좀 더 수준 높은 질문을 배워 보려고 해요. 하루하루 질문의 깊이가 깊어지는 여러분에게 더 깊이 있는 생각을 끌어올릴 수 있는 도움 질문이 될 거예요."

그리고 칠판에 영어로 4가지 질문을 적어가며 설명을 한다. 실제로 4학년 아이들은 수준 높은 질문이라는 말에 인정받은 기분인지 집중력이 높아진다. 어려운 단어를 칠판에 적어내려 가는데 오히려 눈이 초롱해진다.

"단어가 정말 긴데 괜찮겠어요?"
"네, 당연하죠."
"Strengths"

꽤 긴 단어이지만 단어를 따라 적으며 낯선 단어와 친해지는 시간을 가진다.

"이 단어는 강점이라는 단어예요. 어려움을 견디는 힘과 용기를 말해요."
"장점 같은 건가요?"
"네, 맞아요. 독수리만이 가지는 강점은 뭐가 있을까요?"
"독수리는 힘이 세요. 발톱이 날카로워서 잡아먹을 수 있어요."
"그런데 왜 독수리는 닭을 안 잡아 먹었어요?"
"네, 바로 그렇게 독수리의 강점을 먼저 생각하고 질문을 만들어 보는 거예요."

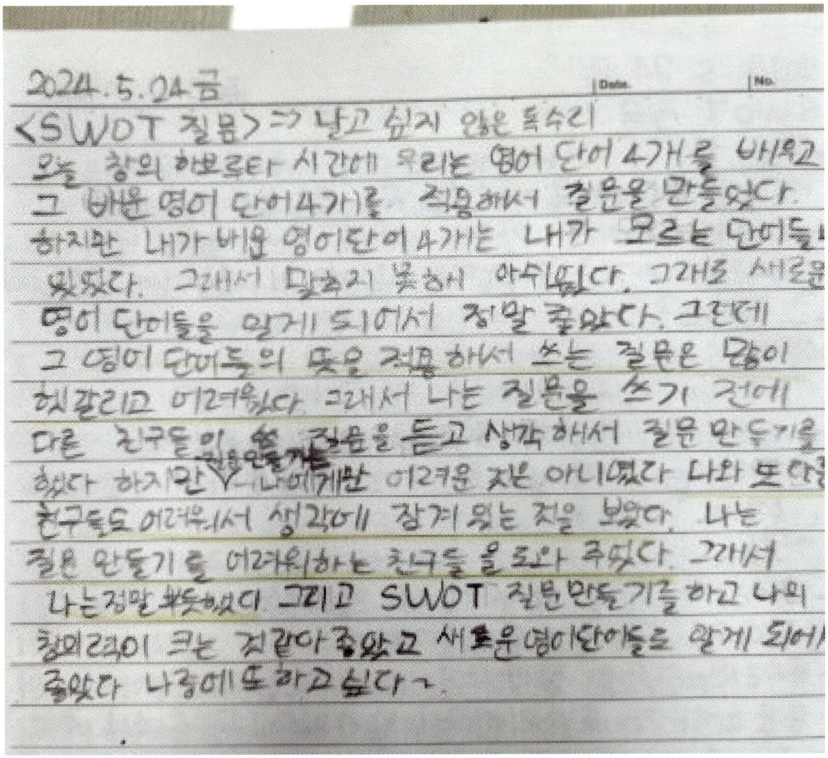

2024.5.24 금
<SWOT 질문> => 날고 싶지 않은 독수리
오늘 창의 하브루타 시간에 우리는 영어 단어 4개를 배우고
그 배운 영어 단어4개를 적용해서 질문을 만들었다.
하지만 내가 배운 영어단어 4개는 내가 모르는 단어들이
였었다. 그래서 맞추지 못해서 아쉬웠다. 그래도 새로운
영어 단어들을 알게 되어서 정말 좋았다. 그런데
그 영어 단어들의 뜻을 적용해서 쓰는 질문은 많이
헷갈리고 어려웠다 그래서 나는 질문을 쓰기 전에
다른 친구들의 질문을 듣고 생각해서 질문 만들기를
했다 하지만 질문 만들기는 나에게만 어려운 것은 아니였다 나와 또 다른
친구들도 어려워서 생각에 잠겨 있는 것을 보았다. 나는
질문 만들기를 어려워하는 친구들을 도와 주었다. 그래서
나는정말 뿌듯했다 그리고 SWOT 질문만들기를 하고 나의
창의력이 크는 것 같아 좋았고 새로운 영어단어들도 알게 되어서
좋았다 나중에 또 하고 싶다ㄱ.

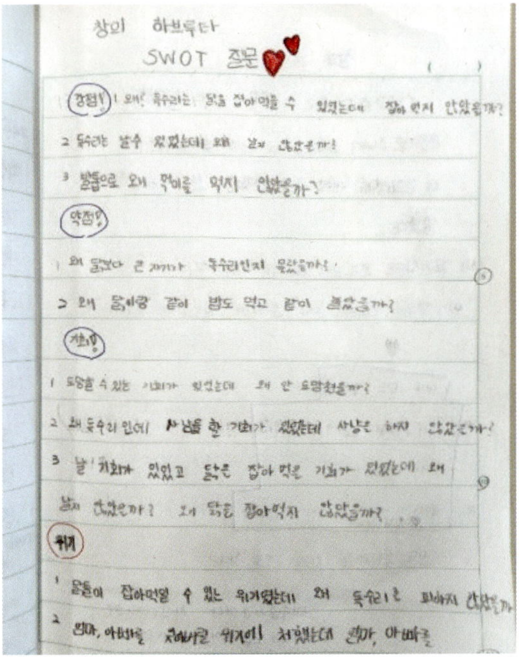

창의 하브루타
SWOT 질문
(강점) 1 왜? 독수리는 닭을 잡아먹을 수 있었는데 잡아 먹지 않았을까?
2 독수리는 날수 있었는데 왜 날지 않았을까?
3 발톱으로 왜 먹이를 먹지 않았을까?
(약점)
1 왜 닭보다 큰 자기가 독수리인지 몰랐을까?
2 왜 닭이랑 같이 밥도 먹고 같이 살았을까?
(기회)
1 도망갈 수 있는 기회가 있었는데 왜 안 도망쳤을까?
2 왜 독수리 인데 사냥을 할 기회가 있었는데 사냥은 하지 않았을까?
3 날 기회가 있었고 닭을 잡아 먹을 기회가 있었는데 왜 날지 않았을까? 왜 닭을 잡아먹지 않았을까?
(위기)
1 닭들이 잡아먹힐 수 있는 위기였는데 왜 독수리는 피하지 않았을까
2 엄마, 아빠를 잡아먹을 위기에 처했는데 엄마, 아빠를

과연 이해할 수 있을까? 많이 어려워하지는 않을까? 반신반의하며 진행한 수업에서 4학년 친구들은 각자 가진 생각의 우물에서 다양한 질문을 끌어올렸다. 간혹, 질문을 이해하지 못하고 어려워하는 친구가 있다면 하베르와 함께 이야기를 나누면서 질문을 스스로 비교해 본다. 친구들의 발표를 들으면서 SWOT가 무엇인지 알아간다. 질문 만들기를 어려워하는 친구에게 도움을 주며 스스로 뿌듯함을 경험한다.

2 4-2 국어교과서 수록 영화 <우리들>

국어 교과서 수록 영화 〈우리들〉을 살펴보며 주인공에 대해서 깊이 생각해 볼 수 있는 질문법으로도 SWOT가 적합하다. 또래 친구의 이야기라는 사실, 강점과 약점을 살펴보며 위기의 순간을 기회로 바꾸어 극복해 가는 주인공의 모습을 상상하며 뒷이야기 만들기까지 이어진다.

"선이의 강점은 엄마와 동생이랑 사이가 좋은 거예요."

"선이는 용기가 있어요. 지아가 피구할 때 금 안 밟았다고 말해 줬거든요."

"선이는 엄청난 용기가 숨겨져 있어요. 마지막에 그 용기 덕분에 지아와 절교를 막고 다시 사이가 좋아질 것 같았어요."

주인공의 약점과 강점을 동시에 살펴보며 내 안의 약점과 강점이 한데 어우러지기를 바란다. 주인공이 맞이하는 위기의 순간을 살펴보며 위기를 기회로 바꾸어 가는 주인공의 뒷이야기를 상상해 본다. 새로운 기회를 만들어 가는 그 모습을 상상해 본다. 아이들의 생각이 깊어지며 깊은 샘에서 올려진 그 생각이 뿜어져 나오기를 바란다.

6

작은 장치 하나로 즐거워진다면

매일 같은 수업과 같은 공부 방식이 무료해질 때, 작은 장치 하나만으로도 수업에 활력을 불러올 수 있다. 토킹 스틱(Talking Stick)이 가장 대표적이다. 각자의 이야기로만 가득 찬 교실의 풍경을 자주 목격한다. 이야기하는 사람은 많은데 귀 기울여 듣는 학생은 없는 모습이다. 서로의 이야기에 귀 기울이며 나의 이야기를 이어서 할 수 있는 참 좋은 그 장치가 바로 토킹 스틱이다. 토킹 스틱은 인디언의 대화에서 유래되었다고 한다. 여러 부족이 모여서 의견을 나눔에도 큰 다툼이나 분쟁이 없는 이유는 추장의 지팡이에 있었다. 회의나 논쟁을 할 때, 이 추장의 지팡이를 들고 있는 사람에게만 발언권이 주어졌다. 추장의 지팡이를 들고 있는 사람은 충분히 말했고 다른 이들은 경청해 주었다. 작지만 큰 힘을 발휘하는 것이 바로 이 토킹 스틱이다. 이 토킹 스틱을 공, 모래시계, 하부르타 주사위를 활용하여 적용해 보았다.

1 눈덩이 굴리기

여러 친구 앞에서 자신의 의견을 잘 발표하는 학생들도 있지만, 떨리는 목소리와 부끄러움으로 발표를 어려워하는 학생들도 있다. 이 친구들에게 가장 적합한 활동이 바로 눈덩이 굴리기이다. 모든 교과에서 적용 가능하지만, 국어 시간의 자기 의견 표현하기, 뒷이야기 만들기, 문장 만들기 등에 활용할 수 있다.

말랑말랑한 공을 만지면서 긴장감을 완화할 수 있고, 공을 가진 친구만 이야기할 수 있기에 순서를 기다리면서 경청할 수 있다. 눈덩이가 구르면서 큰 눈사람이 완성되듯이 하나씩 문장이 덧붙여지면서 이야기가 풍성해지기에 즐겁게 참여할 수 있다.

학생들이 즐겁게 이야기를 만들기 위해서는 아주 작은 장치가 하나 필요하다. 온책읽기를 통해서 뒷이야기를 만들 때는 교실 한 벽면을 포스트잇으로 꾸며서 1번 작가, 2번 작가를 만들어서 이야기가 이어지게 한다. 이렇듯, 아주 간단한 공하나로 아이들이 공을 굴리며 이야기가 완성되어 간다.

2 1분 모래시계

주말 동안 있었던 일 말하기, 하브루타 시간 등에 주로 활용하는 1분 모래시계이다. 1분 스피치를 연습하듯이 1분이라는 제한시간 안에 주말에 있었던 이야기의 핵심을 전달하는 활동이다. 하브루타 시간에 하베르와 함께 이야기를 나눌 때도 1분 동안 자신의 생각을 주고받게 하고, 새로운 하베르를 만나서 새로운 의견을 나누게 한다. 1분은 굉장히 짧을 수도 있지만, 굉장히 길게 느껴질 수도 있는 시간이다. 간결하게 자신의 생각을 정리하고, 친구들의 의견을 경청할 수 있는 최적의 시간이다.

1분 모래시계라는 작은 장치를 통해서 제한 시간 안에 의견을 표현하며, 친구 의견을 경청하는 연습을 한다.

3 하브루타 주사위

하브루타 주사위는 9개의 주사위에 다양한 그림이 그려져 있어서 총 54개의 주제로 이야기를 나눌 수 있는 도구이다. 주사위를 굴려서 나온 이미지를 연결해서 이야기를 만들 수 있다. 어떤 그림이 나올지 알 수 없기에 기발한 아이디어와 창의성을 키우는 활동이다. 정답이 있는 활동이 아니기에 서로의 생각을 다양하게 표현할 수 있는 기회를 주는 활동이다. 때때로 그림이 무엇을 표현하는지 정답을 찾고자 노력하는 모습을 보일 때가 있다. 한 가지 정답이 아니라 100가지의 다양한 생각을 격려하는 자리이기에 자신이 생각한 이미지로 변형해서 이야기를 구성하도록 돕는 역할이 중요하다. 표현의 유창성, 독창성, 창의성을 격려하는 활동으로 활용한다. 주사위 그림으로 상상하기, 뒷이야기 만들기, 자기소개 하기, 경험 이야기하기 등 다양하게 활용 가능하다.

7

아이들에게 더 친숙한 디지털로 놀기 (띵커벨, Zep, 캔바)

알파세대인 요즘 초등학생들과 함께 교실에서 수업을 하다 보면 디지털 도구들의 활용이 불가피하다. 나는 디지털 선도학교라는 기회를 활용하여 띵커벨, 매쓰플랫, Zep, 캔바 등을 수업에 적용할 수 있었다. 특히 하브루타 토론 수업을 할 때 띵커벨을 활용하니 수업에 대한 피드백을 바로 받을 수 있고 반 친구들이 동시에 접속하면서 서로의 키워드를 한눈에 확인할 수 있어서 아이들이 흥미 있게 참여했다.

온라인에 접속해서 아이디를 정하고 그 이름으로 참여하므로 인터넷 예절을 동시에 지도할 수 있다. 관심을 끌기 위해 자극적인 아이디를 선정하거나, 친구들의 글에 상처가 될 만한 댓글을 작성했을 경우, 자연스럽게 인터넷 매너를 지도할 수 있는 점이 좋았다. 다만, 온라인 접속이 어려운 저학년의 경우, 접속 방법을 안내하는 데 지도가 필요하다. 하지만 요즘 학생들이 디지털 기기에 훨씬 강한 만큼 한 번의 지도로 효율적인 수업이 가능하다는 장점이 있다.

Zep 퀴즈의 경우, 단원 마무리나 독서 골든벨, 안전교육 등 다양한 퀴즈를 함께 풀어 보며 온라인 게임의 형태로 학습할 수 있는 컨텐츠이다. 하지만, 자칫 흥미 위주의 게임형식으로 치우치지 않도록 디지털 활용 수업의 경우, 교사의 분명한 교육철학 바탕 위에 적절히 활용되어야 한다. 단순히 재미만을 쫓다 보면, 교육의 본질을 놓칠 수 있기 때문이다.

캔바의 경우, 다양하게 모든 교과에서 활용 가능한 도구이다. 특히, 미덕 수업, 장점 찾기, 자기긍정 선언문 등과 연계해서 수업에 활용한 방법을 4부 〈살아있는 하브루타 수업〉에서 자세히 다루고 있다.

『AI사피엔스』(최재붕, 2024)에서는 하루 30분 디지털 PT를 제안하고 있다. AI시대에 대한 막연한 두려움을 벗어 버리고 디지털 신대륙을 활용하자는 저자의 메시지가 가득하다. 다양한 롤모델을 살피며 국경이 없는 온라인 세상에서 재미나게 놀아 보자는 것이다. 저자는 매일 30분씩 디지털 PT를 받으며, 알고리즘이 안내하는 세상이 아니라, 주도적으로 AI시대를 맞이하기를 격려하고 있다. 다양한 아이디어가 융합되며 지식이 공유되는 시대, AI시대는 평생학습의 시대이다. 그렇기에 주저하고 망설이기보다 디지털 네이티브가 되기를 권하고 있다.

일론 머스크가 말한 "광고하지 말고 소통하라. 스스로 열광하게 하라."를 떠올린다. 아이들 스스로 열광하게 할 만한 장치를 마련하는 일이 교사로서, 엄마로서 나에게 주어진 미션이다.

> "우리는 기술만으로는 부족했습니다.
> 그래서 기술에 인문학과 휴머니티를 결혼시켰습니다.
> 그랬더니 비로소 고객의 심장이 노래하기 시작하더군요."
>
> -2010년 아이패드2를 소개하는 스티브잡스

어떻게 스스로 열광하게 할 것인가 고민할 때에 스티브잡스의 이 말이 가슴을 적신다. 정신없이 디지털을 쫓는 것만이 아니라, 인문학에 관심을 기울이며 고전을 통한 통찰을 얻어서 휴머니티를 고민해야 한다. 교실을 보듬어 갈 수 있는 나만의 교육철학을 적립하고 그 안에서 AI사피엔스를 바라보는 일이 무엇보다 중요하다.

아이들의 잠재력을 끌어 올려주는 장치를 마련하는 일이 내가 가정에서, 교실에서 찾고 고민하는 것이다. 이 철학을 바탕으로 그 안에서 AI 사피엔스 시대에 알맞은 디지털을 활용하는 일이 앞으로 계속 고민할 일이다. 이를 위해 매일 30분 디지털 PT를 받는 일, 이것이 지금 내가 매일 걸어가는 한 걸음이다. 나와 아이들의 심장을 뛰게 하기 위해 흔들리지 않는 교육철학으로 한 걸음을 떼어 본다. 아직 드러나지 않은, 감추어진, 하지만 분명히 드러나게 되어 있는 아이들의 잠재력을 끌어올릴 수 있도록.

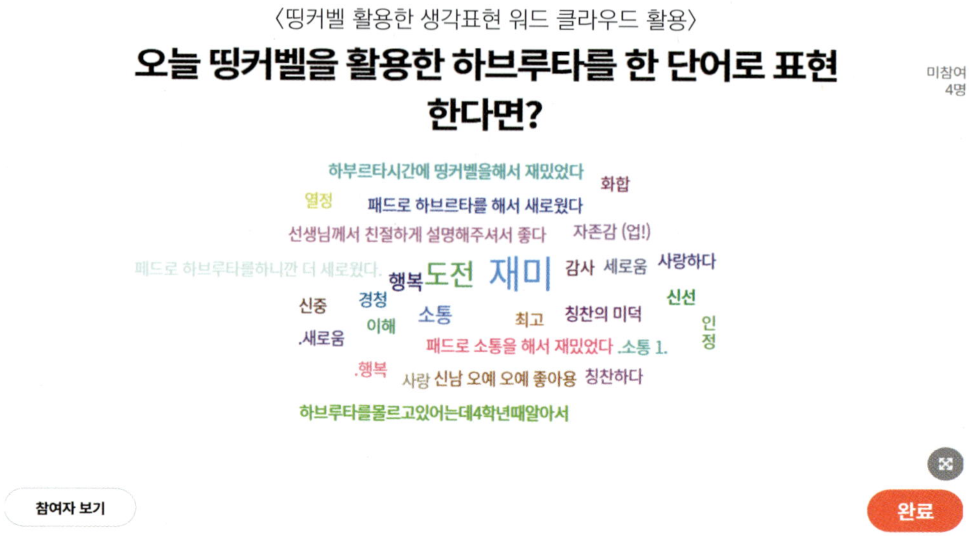
〈띵커벨 활용한 생각표현 워드 클라우드 활용〉
오늘 띵커벨을 활용한 하브루타를 한 단어로 표현 한다면?
미참여 4명
하부르타시간에 띵커벨을해서 재밌었다
화합
열정
패드로 하브르타를 해서 새로웠다
선생님께서 친절하게 설명해주셔서 좋다
자존감 (업!)
패드로 하브루타를하니깐 더 세로웠다.
행복
도전
재미
감사
세로움
사랑하다
신중
경청
신선
이해
소통
최고
칭찬의 미덕
인정
.새로움
패드로 소통을 해서 재밌었다
.소통 1.
.행복
사랑
신남
오예 오예 좋아용
칭찬하다
하브루타를몰르고있어는데4학년때알아서
참여자 보기
완료

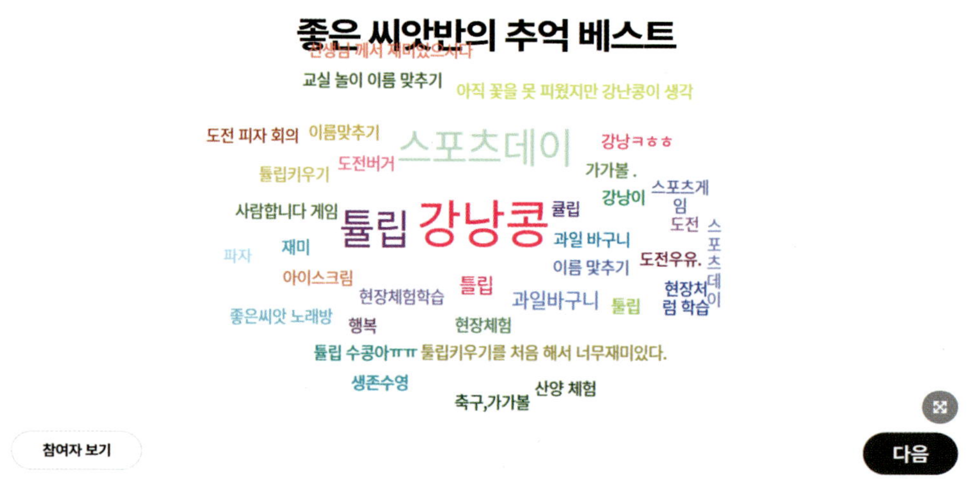
좋은 씨앗반의 추억 베스트
교실 놀이 이름 맞추기
아직 꽃을 못 피웠지만 강낭콩이 생각
도전 피자 회의
이름맞추기
스포츠데이
강낭ㅋㅎㅎ
튤립키우기
도전버거
가가볼 .
스포츠게임
사랑합니다 게임
튤립
강낭콩
큘립
강낭이
도전
파자
재미
과일 바구니
스포츠데이
아이스크림
이름 맞추기
도전우유.
현장체험학습
틀립
과일바구니
튤립
현장처럼 학습
좋은씨앗 노래방
행복
현장체험
튤립 수궁아ㅠㅠ
튤립키우기를 처음 해서 너무재미있다.
생존수영
산양 체험
축구,가가볼
참여자 보기
다음

띵커벨을 활용하니 이런 점이 좋아요.

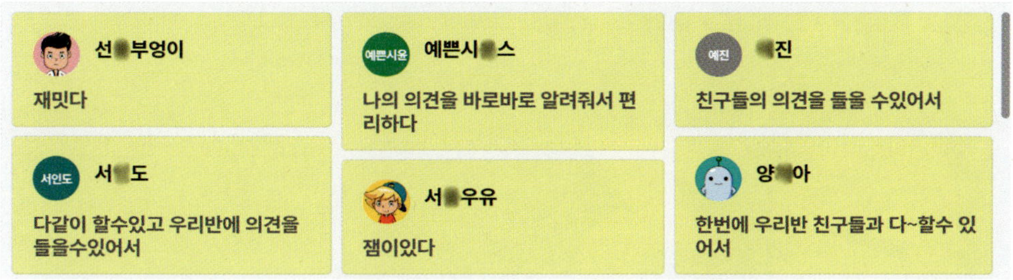

〈띵커벨 보드(실시간 소통이 가능한 협업게시판)〉

PART 03

반영

하브루타로 온책읽기

1

릴레이 이야기 만들기 : 『최기봉을 찾아라!』, 『긴긴밤』

"온책읽기를 어떻게 해요?"

국어 교과서의 첫 시작은 독서 단원이다. 각 담임 선생님만의 다양한 온책읽기가 펼쳐진다. 옆 반 신규 선생님의 질문에 우리 반이 어떻게 온책읽기를 하고 있는지 이야기했다. 특별할 것이 없는 온책읽기 활동이지만, 신규 선생님께 작은 도움이 되기를 바라는 마음이다.

독서를 좋아하는 친구들이 있을까? 아주 드물게 있기는 하지만, 사실 책 읽기를 좋아하는 친구는 많이 없다. 이왕이면 어쩔 수 없이 읽더라도 재미있게 활동해 보자는 생각으로 온책읽기 독후 활동을 한다. 우리 반 친구들 모두 책을 읽으면, 학급 보상(학급 온도계와 도전 피자)으로 이어지기 때문에 반 친구들이 반드시 참여해야만 하는 온책읽기이다.

"아싸! 2명만 읽으면 피자 한 조각이 모여."
"정말? ○○아, 책 얼마나 남았어?"

책도 읽고, 놀이처럼 독후 활동도 하고, 우리 반 학급 온도계도 올린다. 책 덕분에 신나게 놀 수 있는 작은 장치이다.

내가 즐겨하는 독후 활동은 릴레이 이야기 만들기이다. 〈국어 4-1-5 내가 만든 이야기〉 단원에서 구름 공항 이야기 만들기 수업을 할 때, 빈 그림을 나열하며 다양한 이야기를 무궁무진하게 만들어 내는 아이들을 보면 역시 아이들의 상상력을 마음껏 활용하는 수업으로 제격이다. 한자리에서 한 문장씩 이야기를 이어 갈 수도 있고, 교실 한 벽면을 릴레이 이야기판으로 장식해 두고, 빈 종이에 앞에서 나온 이야기를 읽어보고 릴레이로 만들 수도 있다.

이야기를 처음 만드는 친구의 아이디어가 중요하며, 이야기를 만들 때 특정 인물, 외모 등을 비하하는 발언을 하지 않도록 미리 사전 지도한다. 이렇게 자리를 마련해 주면 쉬는 시간은 아이들의 이야기 주머니로 가득한 시간이 된다. 마치 드라마의 다음 편을 기다리듯이, 기다리던 월간 잡지를 두 손으로 받아들듯이 그렇게 앞 친구 작가님의 이야기가 마무리되기를 모두 기다린다.

"선생님, 제가 작가가 된 것 같아요."

때때로 이야기가 산으로 가기도 한다.

1 『최기봉을 찾아라!』

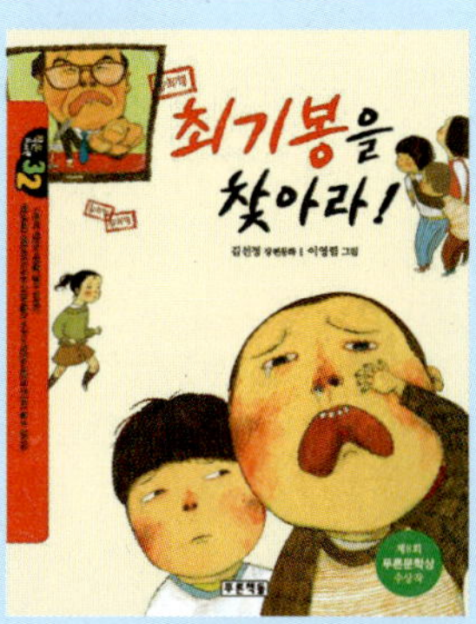

『최기봉을 찾아라!』/김선정 지음, 이영림 그림/푸른책들

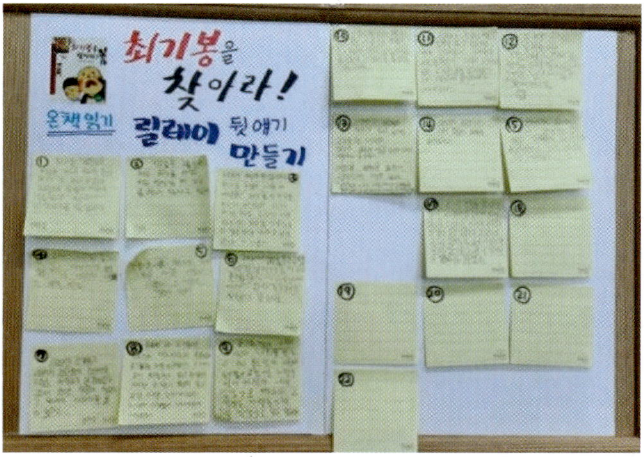

중학년 온책읽기 도서중 인기도서인 『최기봉을 찾아라!』를 읽고 릴레이 뒷이야기 만들기를 추천한다. 독후 활동으로 뒷이야기 상상하기는 많이 하는 활동이다. 이 활동은 쉬는 시간마다 흥미롭게 이어 갈 수 있도록 포스트잇에 번호를 미리 적어두고 앞 이야기에 맞춰 뒷이야기를 이어 가는 재미가 있다. 스스로 작가가 된 기분을 느끼며 포스트잇 한 장의 작가님들은 고민하며 다음 이야기를 기다린다.

릴레이 이야기 만들기

1. 포스트잇에 숫자를 써서 순서대로 붙이기
2. 책을 먼저 읽은 친구가 뒷이야기를 만들어서 붙이기
3. 쉬는 시간마다 새로운 작가님이 이야기를 이어 나가기
4. (주의사항) 개그 본능으로 이야기가 웃기고 자극적으로 흘러갈 수 있으니 사전 지도 필수. 특정 이름 거론, 주인공 외모 비하 등의 내용이 담기지 않도록 사전 안내.

아이들은 어떤 이야기로 만들어야 할지 많이 망설이기도 하고 부담스러워한다. 하지만 한번 활동을 하고 나면 쉬는 시간마다 삼삼오오 친구들이 모여들기 시작한다.

"제가 그다음 이야기 만들게요."
"다음 편을 기다리는 재미가 있어요."
"6번 ○○○작가님, 어서 이야기를 만들어 주세요."
"7번 이야기 어떻게 만들지 고민이에요."

아이들이 주도적으로 참여하는 활동을 고민 중이라면 강력히 추천한다.

"릴레이 이야기 만들기 또 해요!"
"정말 재미있어요."
"제가 작가가 된 것 같아요."

"선생님, 이야기가 이상해졌어요."
"음... 우리 작가님께서 앞 이야기에 자연스럽게 이어지는지 한번 확인해 볼까요?"

이 한마디에 작가님은 다시 퇴고의 과정을 거친다. 앞 작가님의 이야기를 새로운 작가님이 바톤을 이어받는다.

2 『긴긴밤』

『긴긴밤』/루리 지음/문학동네

휴직 중이었을 때, 5학년 딸과 함께 재미있게 읽었던 『긴긴밤』을 4학년 친구들과 함께 온책읽기로 다시 읽었다. 엄마의 시선으로 바라보았던 『긴긴밤』, 5학년 딸의 시선으로 바라보았던 『긴긴밤』, 4학년의 시선으로 바라보는 『긴긴밤』은 각각 색다른 기억으로 남을 것이다.

온책읽기 추천 활동

1. 나만의 명대사 찾기
2. 질문사냥(최고의 질문뽑기)
3. 릴레이 이야기 만들기

딸과 함께 재미있게 읽었던 『긴긴밤』의 줄거리를 좋은 씨앗들에게 먼저 들려주었다. 선생님이 기억에 남았던 장면에 대해서도 이야기 해 주었다. 딸이 발견한 치쿠와 윔보, 노든의 우정이야기, 선생님이 발견한 부모의 마음을 전했다. 긴긴밤 어린 펭귄에게 들려주었던 치쿠와 윔보에 대한 이야기를 읽으며 뭉클했던 순간을 전했다. 책의 모든 내용을 기억할 수 없기에 책 속에서 발견한 나만의 명대사를 찾고 그 명대사에 대한 생각들을 하브루타로 나누어 보았다. 역시 우리 반 친구들도 코와 부리를 맞댄 그 장면의 대사를 명대사로 뽑았다. 멋지게 그림으로 표현한 친구도 있었다.

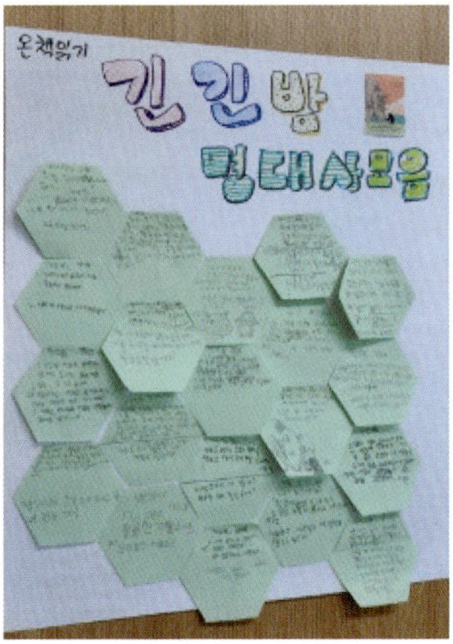

"선생님, 『긴긴밤』 이 책은 호러물이에요? 왜 모두 죽는 거죠?"
"맞아. 맞아."

4학년 친구들이 이해하기에 『긴긴밤』의 이야기는 주인공들이 하나둘씩 죽음을 맞이하는 호러물 같았나 보다. 한 주간 온책읽기로 책을 읽은 후, 나만의 명문장을 찾아서 적어보기로 했다. 가장 많은 표를 얻은 문장은 단연,

"넌 이미 훌륭한 코뿔소야."

책 내용을 모두 소화하지 못했더라도 주인공이 전하고자 하는 메시지가 아이들에게 전해지는 순간이다.

질문사냥을 하며 친구들이 뽑은 최고의 질문은 "왜 알에서 나온 펭귄은 이름이 없나요?"였다.

"이 질문이 최고의 질문으로 뽑혔네요. 왜 알에서 나온 펭귄은 이름이 없었을까요?"
"언제 죽을지 알 수 없으니까 이름을 안 지은 것 아닐까요?"
"근데 아기 펭귄이 죽었다는 이야기가 없으니 이름을 지어 주면 좋을 것 같아요."
"그렇군요. 그럼, 우리가 아기 펭귄의 이름을 지어 줄까요?"
"좋아요. 릴레이 이야기 만들어요."

이번에는 즉석에서 한 문장씩 이야기 만들기를 시작했다. 노든을 떠나보내고 홀로 바다를 향해 나아가던 아기 펭귄은 우리 반 친구들의 이야기 속에서 특수 훈련을 가르쳐주는 트레이너를 만나서 최강 펭귄이 된다. 아기 펭귄은 펭크(펭귄 헐크)가 되었다가 펭노스(펭귄 타노스)가 되기도 했다. 이야기가 점점 산으로 가기는 했지만, 스스로 작가가 된 듯 창작의 기쁨을 만끽한 시간이었다.

『긴긴밤』 좋은 씨앗들이 발견한 최고의 질문

1. 왜 알에서 나온 펭귄은 이름이 없을까?
2. 왜 하늘 색을 잘 익은 망고색으로 표현했을까?
3. 노든과 아내, 아이들은 왜 뿔뿔이 흩어졌을까?
4. 노든과 헤어진 아기 펭귄은 행복했을까?
5. 노든은 어디로 갔을까?
6. 치코는 왜 죽었을까?

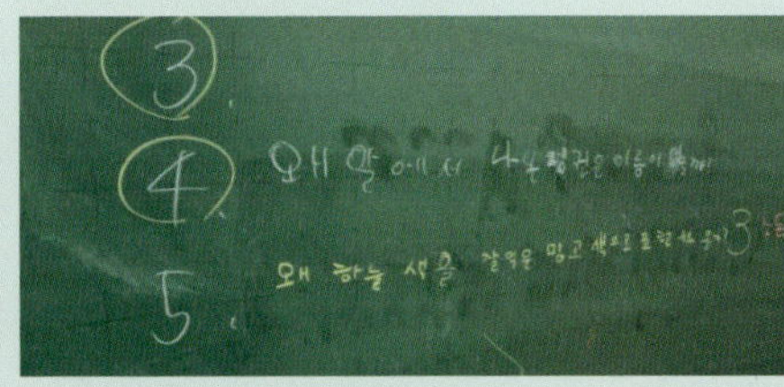

〈국어 4-1-4 일에 대한 의견〉 단원과 연계하여 릴레이 뒷이야기 만들기 활동의 생각이나 느낌을 정리해 보았다.

사실 친구들이랑 『긴긴밤』을 읽었다. 릴레이 뒷이야기는 이름 없는 펭귄을 내가 첫 번째로 펭크(펭귄헐크)라는 이름을 붙이고 다음에 친구가 펭노스(펭귄 타노스)라는 이름을 지었다.

의견 『긴긴밤』에 있는 펭귄이 갑자기 펭크가 되고 펭노스까지 된 게 웃겼다. 하마터면 우주최강 펭귄이 될 뻔했다. 릴레이 글쓰기를 하니 재미있고 내가 작가가 되는 것 같아 재미있었다.

친구들과 함께한
[긴긴밤] 릴레이 뒷이야기
만들기 어떨까요?
사실과 의견으로
생각이나 느낌을 남겨 주세요

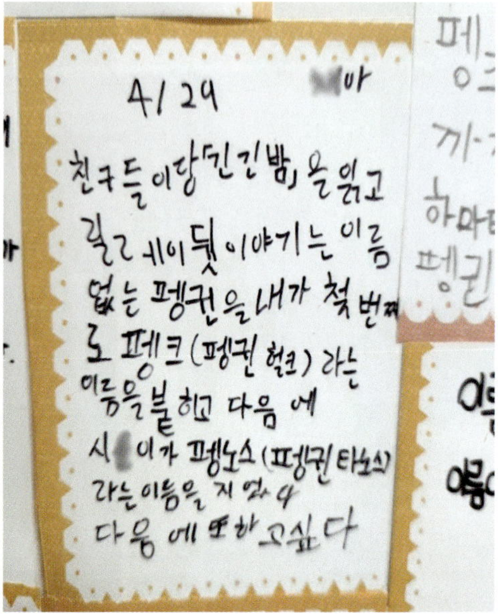
4/29
친구들이랑 「긴긴밤」을 읽고
릴레이 뒷 이야기는 이름
없는 펭귄을 내가 첫 번째
로 펭크(펭귄 헐크) 라는
이름을 붙히고 다음에
시 이가 펭노스(펭귄 타노스)
라는 이름을 지었다
다음에 또 하고싶다

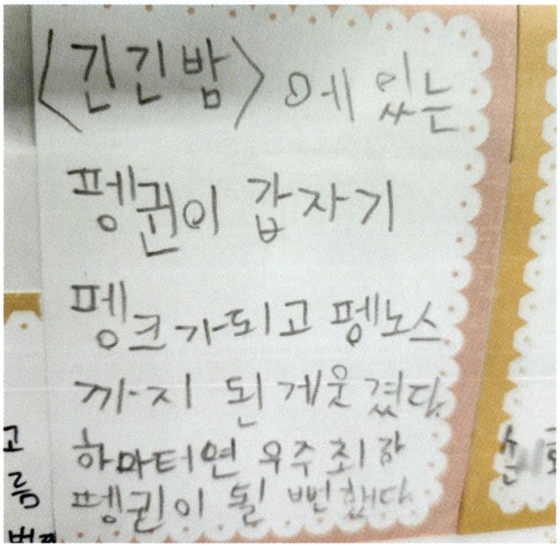
〈긴긴밤〉에 있는
펭귄이 갑자기
펭크가 되고 펭노스
까지 된게 웃겼다.
하마터면 우주최강
펭귄이 될 뻔했다

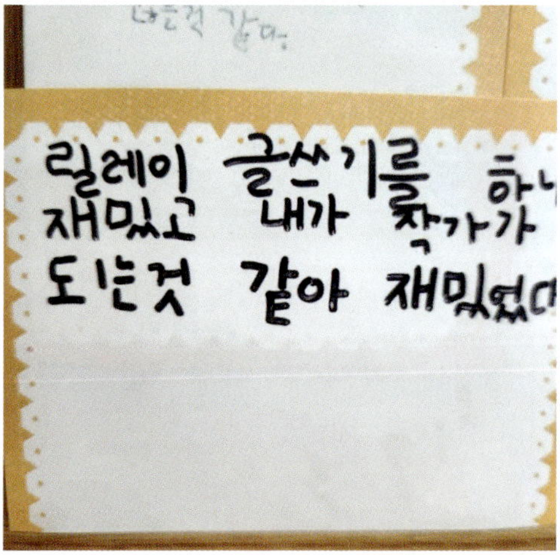
릴레이 글쓰기를 하
재밌고 내가 작가가
되는것 같아 재밌었

2

우리 반 그림동화책 만들기
:『튤립 호텔』

『튤립 호텔』/김지안 지음/창비

튤립호텔은 학생들의 상상력을 펼쳐 보기에 좋은 그림동화이다. 튤립 수경재배 활동과 함께 연계하면 그림책과 삶을 연결할 수 있는 수업으로 구성할 수 있다. 실제로 3월에 튤립 수경재배를 하고 난 후,『튤립 호텔』을 읽었기에 학생들이 즐겁게 참여할 수 있었다. 튤립 수경재배 이야기는 4부 살아있는 하브루타 수업에 소개되었다.

1 표지 살피기

책 제목을 가린 후, 책 표지를 보며 충분히 이야기를 나누었다. 학생들은 표지 가득 그려진 그림을 살피며, 튤립이 제목에 있을 것이라고 추측하였다. 교실에서 튤립을 직접 키워보았기에 튤립호텔의 상상력을 더욱 자극할 수 있었다. 또한, 수경재배를 통해서 3주 만에 튤립을 만났던 친구들에게 땅속에서 자라는 튤립의 시간을 발견하는데 도움이 되었다. 그림동화를 읽으며 무엇에 중점을 두어야 할지 미리 도움 질문을 제시해 주고, 책을 읽으면서 새롭게 알게 된 내용을 기록해 보게 했다.

『튤립 호텔』 도움질문

1. 나에게 튤립이란?
2. 새롭게 알게 된 내용은?
3. 더 알고 싶은 내용은?
4. 내가 튤립 호텔에서 1박2일을 보낸다면?

나에게 튤립이란 무엇이었는지 물어 보는 질문에 학생들은 금빛 문장을 가득 남겨주었다.

"튤립은 도전이다. 튤립이 피냐 안 피냐 상관없이 도전해야 피든 안피든 하니까."

"튤립은 사랑이다. 꽃은 피우지 못했지만, 잘 자라주었기 때문이다."

"튤립은 랜덤뽑기다. 색이 여러 가지여서."

"튤립은 행복을 주는 식물이다. 왜냐하면 튤립을 키우면서 계속 행복했기 때문이다."

나만의 키워드를 발견해 나가는 모습은 참 흐뭇했다. 교실에서는 튤립 수경재배를 했었기에 실제로 튤립이 자라는 과정에 대한 설명을 덧붙이면서 『튤립 호텔』을 읽었다. 새롭게 알게 된 내용이 무엇이었는지 물었을 때 학생들은 깊이 있는 통찰을 보여주었다.

"튤립을 늦가을에 심어서 추운 겨울을 견뎌야 더 예쁜 튤립이 생긴다는 것을 알게 되었다."

"튤립은 늦가을에 심는다는 것을 알았고, 튤립은 겨울을 버텨야지 강해진다는 것을 알았다."

2 도움 질문에 답하며 생각바구니에 글쓰기

꾹꾹 눌러쓴 글씨에서 보이듯이, 직접 경험한 일을 그림동화로 만나서인지 아이들은 도움 질문에 답하는 것을 어려워하지 않았다. 특히, 내가 튤립 호텔에서 1박 2일을 보낸다면 무엇을 할지 행복한 상상에 빠져서 쉬는 시간 종이 울려도 계속 글을 쓰는 친구도 있었다.

"이런 쥐가 정말 있어요?"
"그럼요."

튤립 속에서 잠든 멧밭쥐 사진을 보여주었더니, 여기 저기서 탄성이 터진다.

"너무 귀여워요. 저도 여기서 자고 싶어요."
"우리도 그림동화 만들어요!"
"좋아요. 튤립 호텔에서의 1박 2일을 내일 미술시간에 그려 봐요."

이렇게 우리 반 그림동화 만들기로 자연스럽게 이어졌다.

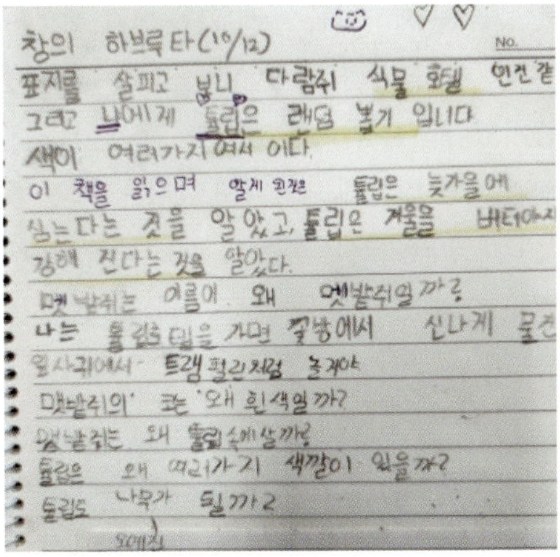
창의 하브루타 (10/12)
표지를 살피고 보니 다람쥐 식물 호텔 인건 같
그리고 나에게 튤립은 랜덤 뽑기 입니다
색이 여러가지여서 이다.
이 책을 읽으며 알게 된것은 튤립은 늦가을에
심는다는 것을 알았고, 튤립은 겨울을 버티어지
강해 진다는 것을 알았다.
멧밭쥐는 여름에 왜 멧밭쥐일까?
나는 튤립호텔을 가면 꽃방에서 신나게 놀건
꽃사귀에서 트램펄린처럼 놀거야
멧밭쥐의 코는 왜 흰색일까?
멧밭쥐는 왜 튤립속에살까?
튤립은 왜 여러가지 색깔이 있을까?
튤립도 나무가 될까?

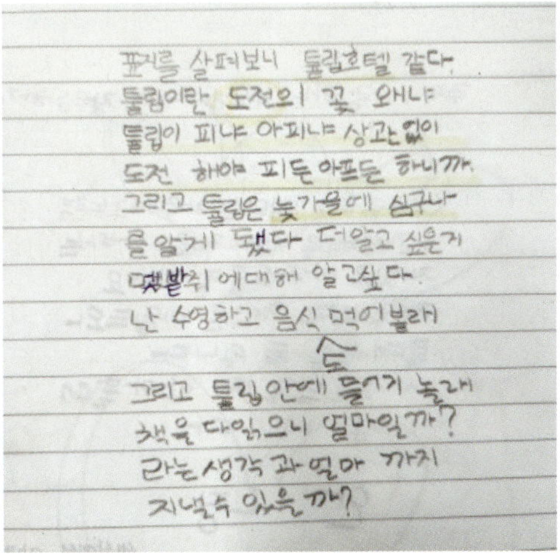
표지를 살펴보니 튤립호텔 같다.
튤립이란 도전의 꽃 왜냐
튤립이 피나 아피나 상관없이
도전 해야 피든 아프든 하니까.
그리고 튤립은 늦가을에 심구나
를 알게 됐다 더 알고 싶은거
멧밭쥐에 대해 알고싶다.
난 수영하고 음식 먹어볼래
그리고 튤립 안에 들어가 놀래
책을 다 읽으니 얼마일까?
라는 생각과 얼마 까지
지낼수 있을까?

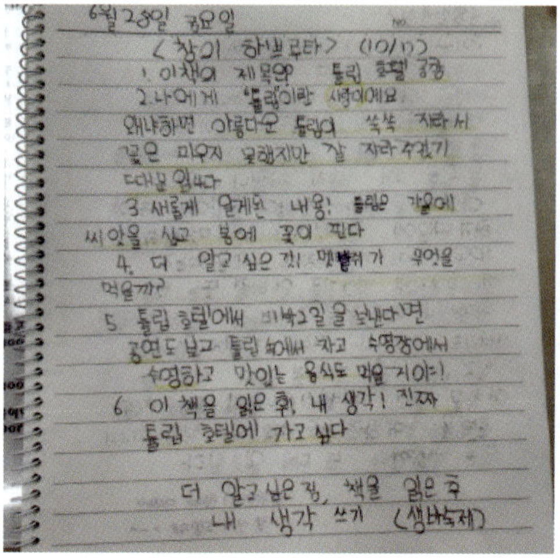 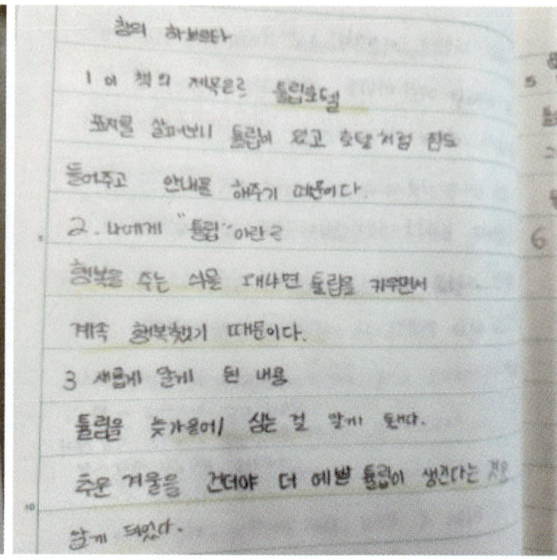

3 더 알고 싶은 내용 연구하기

"그림동화를 읽으면서 궁금했던 내용이 있다면 연구해서 다음 주에 발표할게요."

각양 각색, 자기만의 방법으로 더 알고 싶은 내용을 조사했다. 조사한 내용을 하베르에게 신나게 설명해 보고, 하베르의 설명에 새로운 궁금함을 찾아보는 시간이었다. 누군가는 정말 하기 싫었을 숙제가 이 친구들에게는 재미있는 숙제였다. 내가 연구한 것은 온전히 내 것으로 남는다.

기억에 남는 연구는 작가에 대한 궁금증이었다. 『튤립 호텔』의 김지안 작가는 실제로 튤립을 키워 보았던 시간을 통해 이 그림 동화를 만들게 되었다고 한다. 그래서 작가에 대한 이야기를 잠깐 했다. 그래서인지 이 책의 작가님은 튤립을 키울 때 한 번도 튤립이 죽지 않았을까 하는 궁금증을 남긴 친구도 있었다. 교실에서도 꽃을 피우지 못한 튤립이 있었기에 친구의 질문에 모두들 공감했다.

『튤립 호텔』을 읽었지만, 연구 숙제에서는 멧밭쥐가 많이 등장했다. 튤립 호텔에 살고 있는 멧밭쥐의 존재가 우리 반 친구들에게 강한 호기심을 불러온 것이다. 이 덕분에 연구 숙제에서는 열과 성의를 다해서 궁금한 것을 찾아보는 성실함을 볼 수 있었다.

아이들은 멧밭쥐의 서식지, 크기, 먹이 등 다양한 정보를 조사해서 친구들과 함께 공유했다. 한 줄, 한 문장으로 숙제를 겨우 마쳤던 친구들도 다른 친구들의 발표를 들으며 새로운 내용과 관심을 기울이게 되었다.

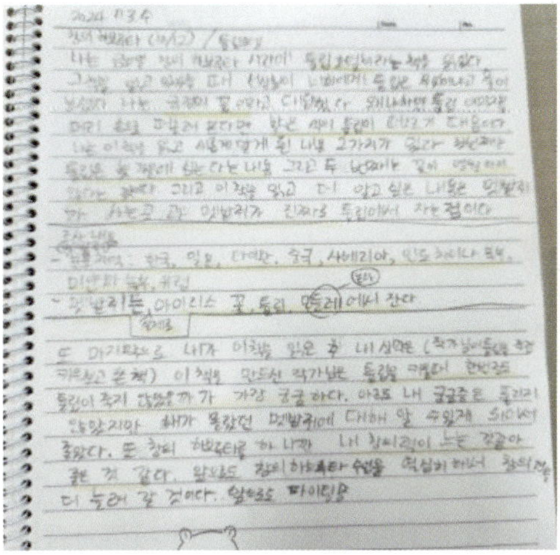

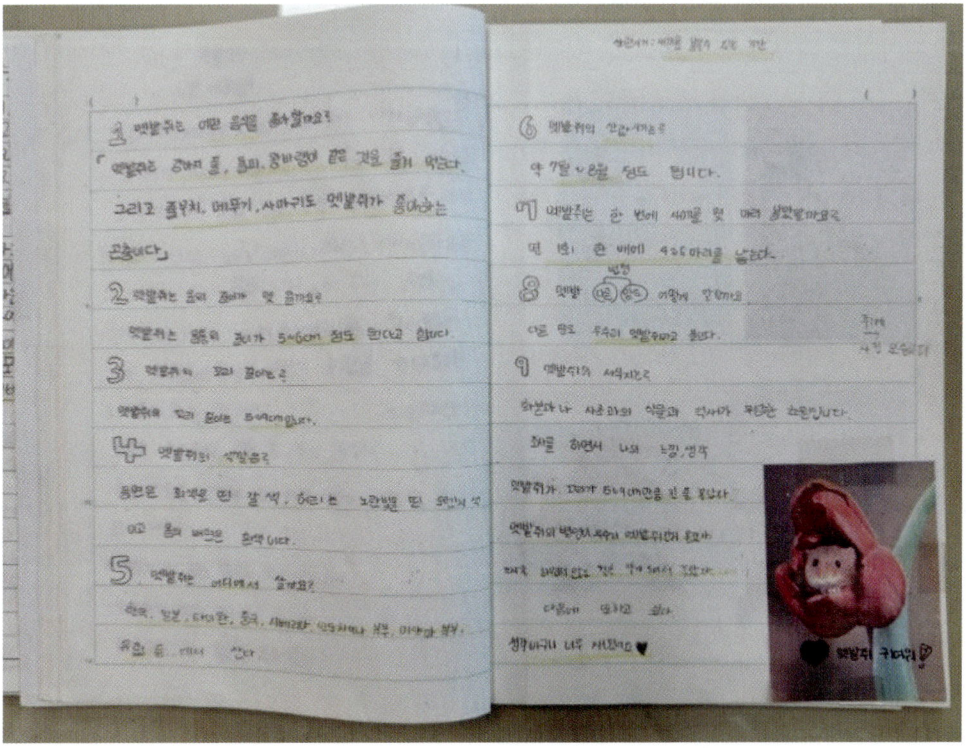

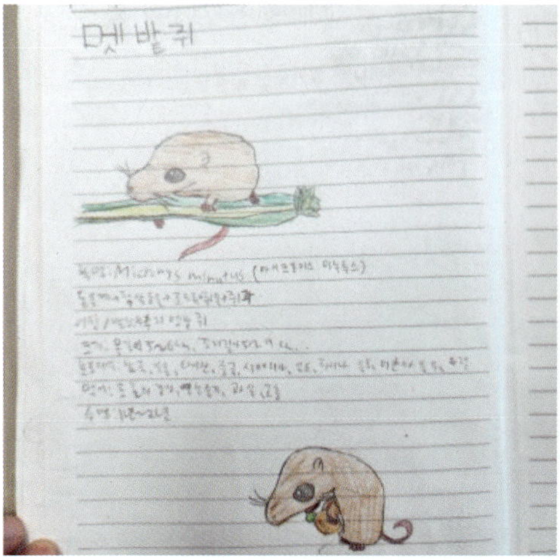

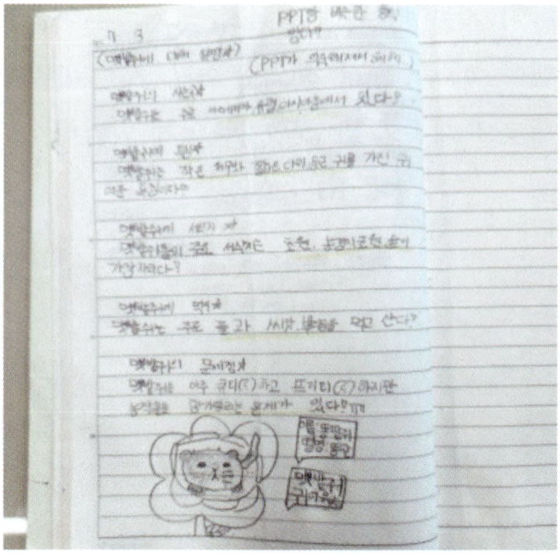

4 우리 반 그림동화책 만들기

내가 튤립 호텔에서 1박 2일을 보낸다면 어떤 시간을 보내고 싶은지 이야기를 나누며 그림을 완성하였다. 짝과 이야기를 나누며 나만의 1박2일을 상상하고, 모둠 친구와 이야기를 나누며 1박2일을 상상했다. 그리고 모인 그림들로 새롭게 이야기를 만들었다. 각자 그린 그림을 새로운 이야기로 이어서 만들어 보는 활동은 다소 어려워했다. 서로 연결되지 않는 내용을 연결하는 것이 익숙지 않았던 것 같다. 하지만 새로운 경험을 한 시간이기도 하다.

자리를 옮겨가며 새로운 짝을 만나고
새로운 짝에게 신나게 나의 1박2일을
이야기해 본 시간
나만의 1박2일을
우리 모둠 친구들의 이야기와
연결해 보는 시간
어려웠지만
도전
새로운 경험치 +@ 획득

창의 하브루타 (12/12)
<튤립 호텔>
1. 하베르에게 내 그림 이야기 하기
② 우리 모둠 그림 연결하여 나만의 튤립호텔 이야기 만들기

3

토론 『아름다운 아이』: 옳음과 친절 중에 무엇을 선택할까?

『아름다운 아이』/R. J. 팔라시오 지음, 천미나 옮김/책과콩나무)

영화 〈원더〉의 감동을 책으로 연계해서 『아름다운 아이』 온책읽기로 연결했다. 4학년이 읽기에 상당히 두께가 있는 책이지만, 묘한 경쟁심으로 책을 읽어 내려 갔다. 영화의 내용을 그대로 옮겨 놓은 듯한 구성이라서 재미있는 소설책처럼 읽은 친구도 있었고, 끝끝내 완독하지 못하고 토론에 참여한 친구도 있었다.

만약 옳음과 친절 중에 하나를 선택해야 한다면, 친절을 택하라
–『아름다운 아이』 p. 84

책 속 한 구절은 바로 이 문장이었다. 옳음과 친절 사이의 그 간극을 학생들의 눈으로 다시 살펴볼 수 있었다.

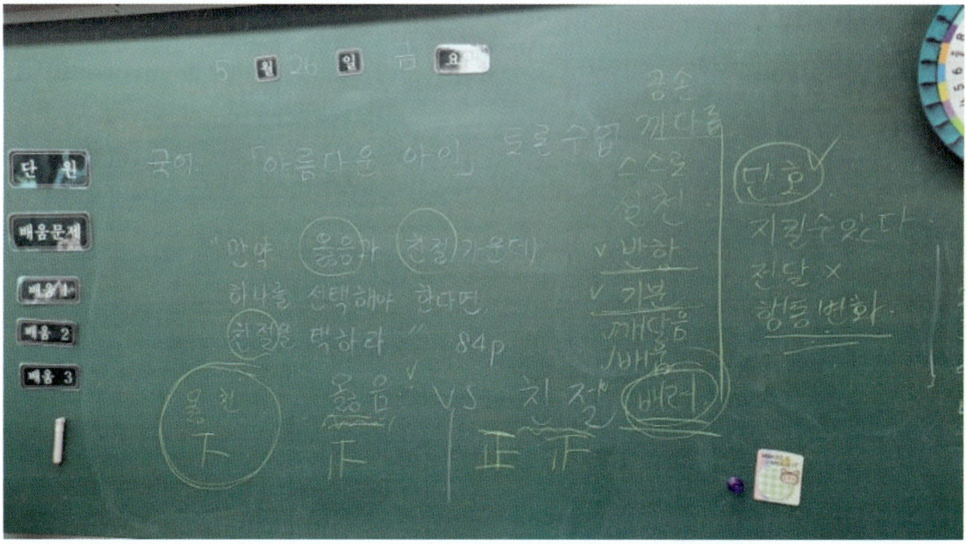

학생들이 발표한 내용을 칠판에 메모하며 이야기를 이어 나갔다. 옳음과 친절이라는 두 기둥의 균형점을 그 누구보다도 잘 이해하고 있었다. 토론수업을 마치고 생각 바구니에 의견과 이유를 적어 보았다. 올바름을 단호히 전해야 하는 이유, 친절하게 올바름을 전해야 하는 이유를 아이들만의 한 줄로 남겨 보았다. 그 어떤 수업보다 아이들이 적극적이다.

"나는 올바름과 친절을 섞어서 친절을 말하고 거절하면 강하게 말해야겠다."

"난 친절을 택할 것이다. 왜냐하면 스스로 깨닫는 생각이 배움이 되서 인생에서 언젠가 필요한 때가 오니까."

"나는 올바름을 선택해야겠다고 생각한다. 왜냐하면 내 경험으로 친절하게 말했는데 절대 듣지 않기 때문이다."

친절과 옳음 중에서 친절을 택한 친구가 많았다. 하지만 경험적으로 친절하게 이야기했을 때 친구들이 잘 들어주지 않았기에 옳음을 선택한 친구도 있었다. 아닌 것은 아니라고 분명하게 이야기해 주어야 한다는 의견도 잘 표현하였다. 학급 규칙을 만들어서 지키는 것까지 자연스럽게 대화가 이어지며 친절하게 옳음에 대해서 단호하게 이야기해야 한다는 결론에 도달하게 되었다.

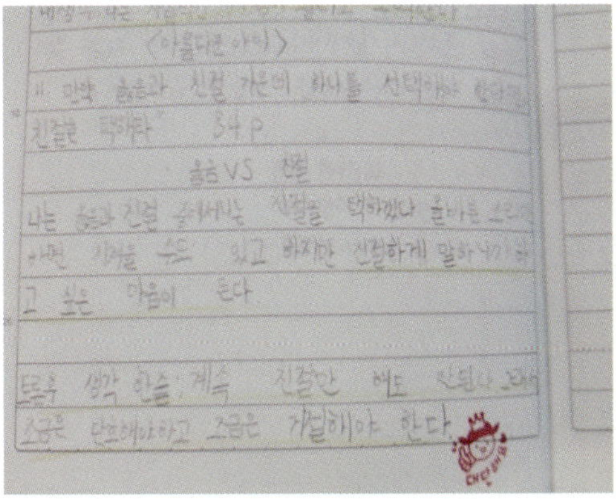

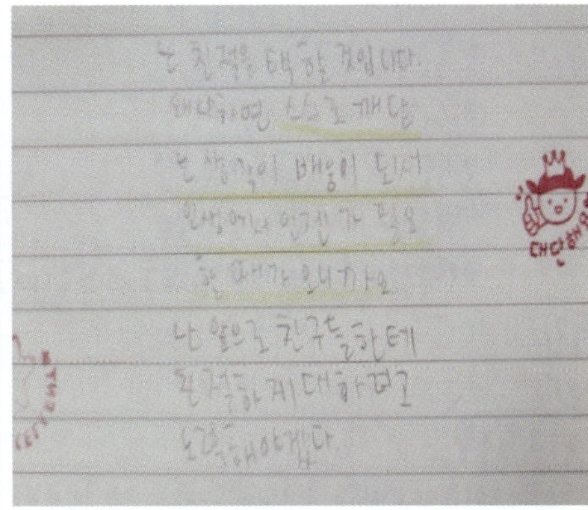

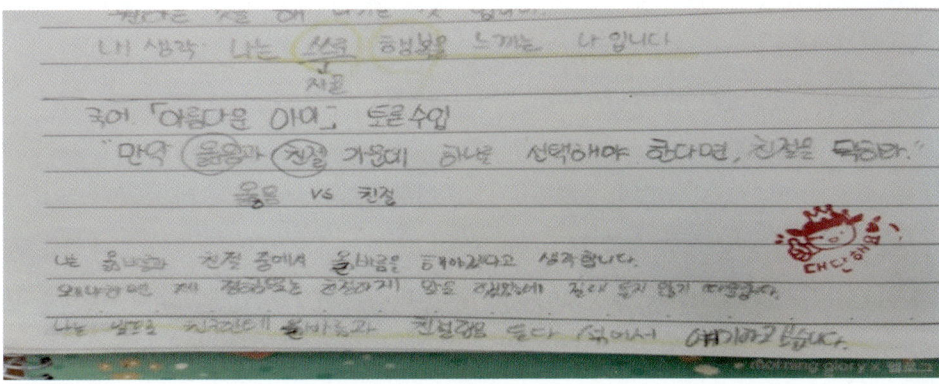
국어 「아름다운 아이」 토론수업
"만약 올바름과 친절 가운데 하나를 선택해야 한다면, 친절을 택하라."
올바름 vs 친절
대단해요

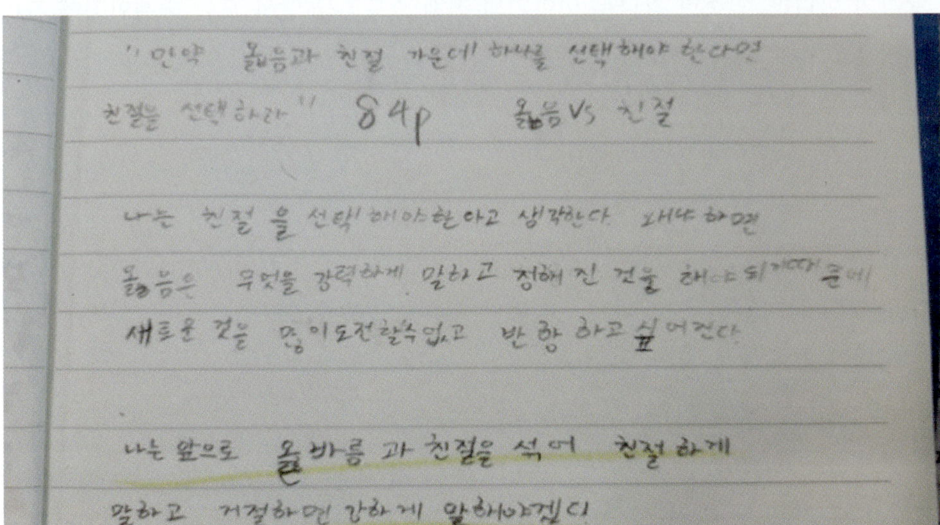
"만약 올바름과 친절 가운데 하나를 선택해야 한다면
친절을 선택하라" 84p 올바름VS 친절

4

토론:
<감나무 열매는 감나무 주인 오성의 것이다.>

"〈오성과 한음〉 이야기 알고 있나요?"

"네, 감나무 이야기요."

익숙한 이야기로 시작하니 아이들도 금방 친구와의 하브루타에 빠져든다. 독서 토론을 할 때에는 익숙하고 가볍게, 모든 학생들이 쉽게 접근 가능한 주제가 좋다. 하브루타를 시작하기 전에 〈오성과 한음〉 이야기에 대해 간단히 조사학습을 하는 숙제를 낸다. 숙제를 해 오는 친구에게는 더할 나위 없이 흥미로운 수업이 된다. 수학 문제를 푸는 숙제가 아니라, 익숙한 감나무 이야기의 전체 스토리를 알아 오는 숙제이기에 가벼운 마음으로 숙제가 가능하다.

"선생님, 오성과 한음 말이에요…"

열심히 숙제를 해 온 친구는 등교하자마자 조사한 이야기를 들려주느라 쉴 틈이 없다. 친구가 들려주는 〈오성과 한음〉 이야기를 들으며 수업이 시작된다. 설명자는 교사가 아니라, 조사해 온 학생이다.

토론 하브루타 주제

1. 감나무 열매는 누구의 것일까?
2. 감나무 열매는 오성의 것이다. (찬성 VS 반대)

하베르와 함께 감나무 열매의 주인이 누구인지에 대해 이야기를 나눈다. 쫑긋 귀를 세우고 찬성과 반대의 이야기에 귀 기울이는 친구들에게 교사는 다음과 같이 제안한다.

"자, 이제 자리를 바꿔 볼게요."

"자리를 바꿔요?"

"네, 이번에는 찬성을 이야기한 친구는 반대를, 반대를 이야기한 친구는 찬성을 이야기해 볼게요."

"으악!"

찬반 토론의 흐름

1. <오성과 한음> 이야기 미리 읽기
2. 감나무 열매는 감나무 주인인 오성의 것이다. (찬반 토론)
3. 찬반 역할 바꾸기: 자리 바꾸어서 다시 찬반 토론
4. 추가로 궁금한 것 연구하기
5. 미술 활동과 연계

"반대를 해 보니까 새로운 느낌이 들었어요."

"두 의견 모두 이해가 가요."

"나와 다른 의견도 들을 수 있어서 좋았어요."

자리를 옮겨 가며 찬성과 반대 이야기를 하면서 친구들의 생각이 넓어진다. 그리고 생각바구니에 다시 한번 정리한다. 찬성, 반대의 창의적인 해결 방법을 적어 보며 친구들의 기발한 의견이 모인다.

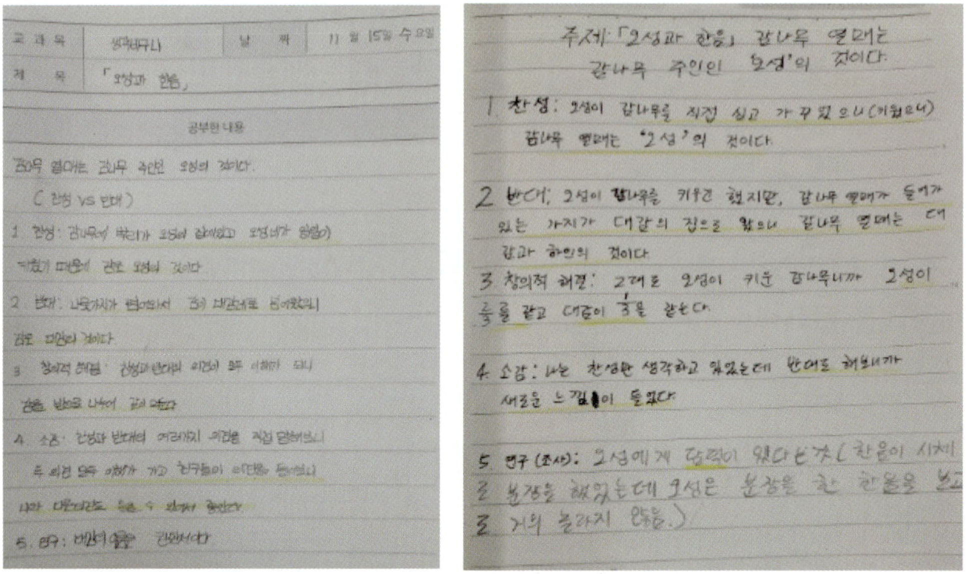

〈생각바구니 정리〉

〈창의적인 해결 방법 그림으로 표현하기〉

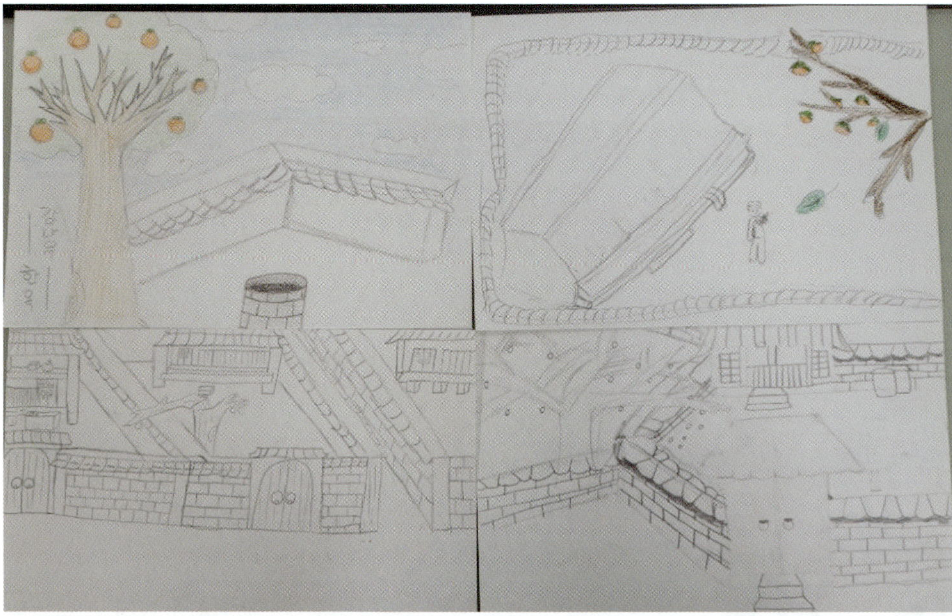

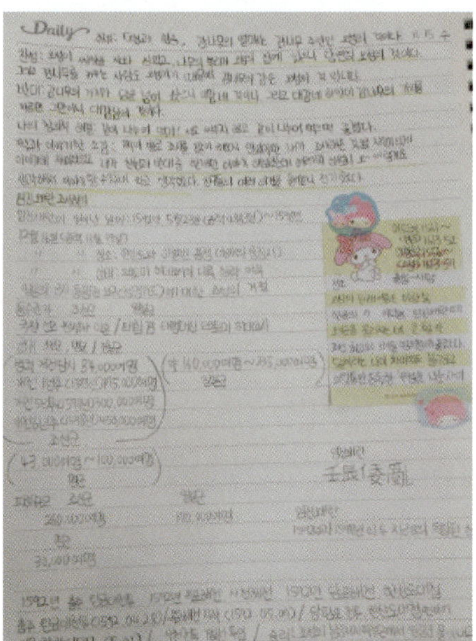

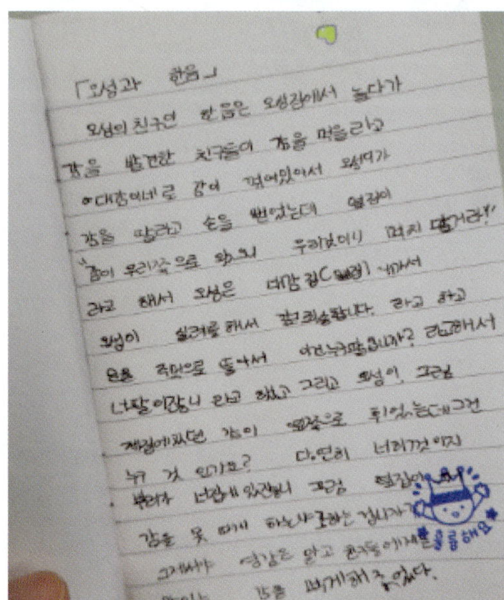

〈〈오성과 한음〉 연구 조사하기〉

5

주인공에게 한마디
:『악플 전쟁』

『악플 전쟁』/ 이규희 글,
한수진 그림 / 별숲

책 읽기에 흥미가 없던 초등학교 4학년 아들이 신나게 이야기하며 줄거리를 말해 주었던 책이 바로『악플전쟁』이었다. 책의 두께가 상당히 두꺼워서 책을 펼치기가 쉽지 않았지만, 내용 자체가 재미있어서 휘리릭 읽어내려 간 경험을 학생들에게 이야기했다.

"선생님 아들이 초등학교 4학년 때 읽은 책이에요. 우리 아들은 온종일 축구하는 걸 더 좋아하는데요. 그럼에도 불구하고 이 책은 한 번에 다 읽었답니다. 여러분도 재미있게 읽을 수 있을 거예요. 등장인물을 살펴볼게요."

주인공에 대한 간략한 설명을 남기고 일주일간 온책읽기가 시작되었다. 역시나 우리 반 친구들도 재미있게 이야기에 빠져들었다. 우리 반 친구들은 미라에게 한마디를 많이 남겼다. 각 주인공의 특징을 이해하고 댓글을 남긴 친구, 책의 대략적인 내용을 파악하고 친구들의 댓글을 살피면서 역으로 책의 내용을 알게 된 친구, 서영이, 민주, 진우, 미라에게 모두 한마디를 남겨준 친구.

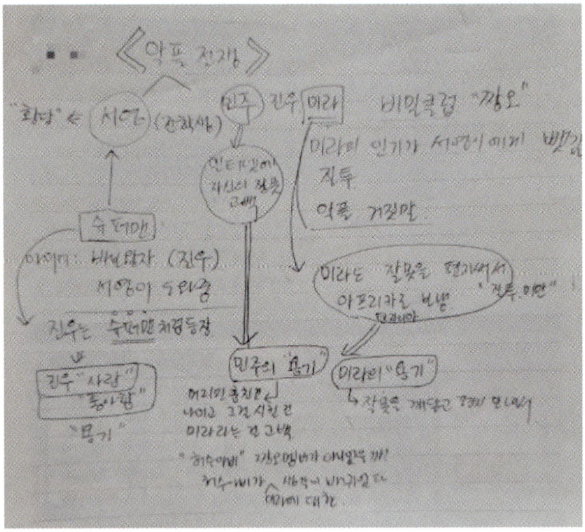

얇은 줄글 책에서 두꺼운 줄글 책으로 바꿀 때

1. 교실 이야기, 친구 이야기 등 흥미로운 주제의 책 선정하기
2. 말하기 독서법: 책의 줄거리를 아이들의 입을 통해서 듣기
   책 내용을 확인하기 위한 질문보다, 학생들이 줄거리를 말할 수 있는 질문
   (예) "주인공 이름이 뭐예요?"
   "미라의 인기를 누구에게 뺏겼나요?"
   "서영이를 도와주는 슈퍼맨이 등장하나요?
3. 주인공에게 한마디 남기기

책 두께가 상당히 두꺼웠던 탓에 책을 읽기도 전에 겁을 먹은 친구도 있었다. 누군가에게는 별 흥미가 없어서 펼쳐 보지도 않은 책이었지만, 점차 반 친구들이 함께 읽는 모습을 보며 서로 용기 내어 읽는 책이 되었다.

"선생님, 이렇게 두꺼운 책을 제가 읽었어요."
"근데, 하나도 안 두껍게 느껴졌어요."

읽는 속도도, 책 내용에 대한 이해도 모두 달랐기에 주인공에게 어떤 메시지를 남졌을지 궁금했다.

주인공에게 한마디를 남기자니 책 내용은 알아야 했다. 책 내용은 선생님이 요약해 준 이야기가 전부인 친구도 있었다. 눈치껏 친구들이 남긴 메모를 보며 주인공에 한마디를 남긴 친구도 있었다. 읽는 속도가 느려서 한참을 뒤처진 친구들도 먼저 남긴 메모를 보며 이야기를 짐작했다.

"선생님, 내용에 스포가 있는 것 같아요. 저는 아직 거기까지 못 읽었어요."

이렇기에 이 활동이 의미가 있었다. 책 내용 전체를 이해할 수 없더라도, 친구들의 글을 읽으며 스스로 책 내용을 가늠해 본다. 주인공에게 한마디 남기기 위해 각 주인공의 특징을 파악해 본다. 친구들이 남긴 글을 읽으며 내 생각을 정리해 본다.

자기 생각을 표현할 수 있는 시간.

친구들의 생각을 살필 수 있는 시간.

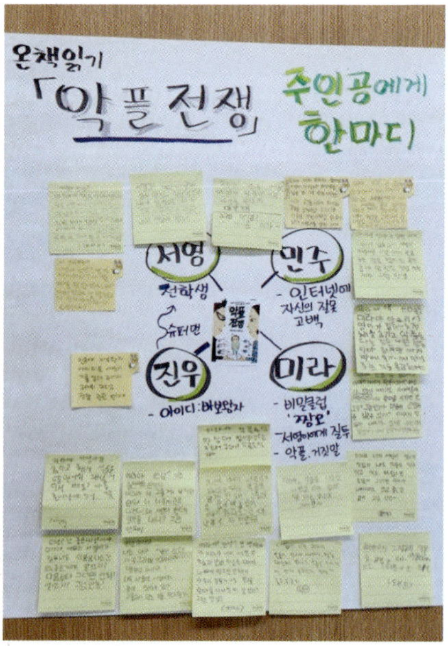

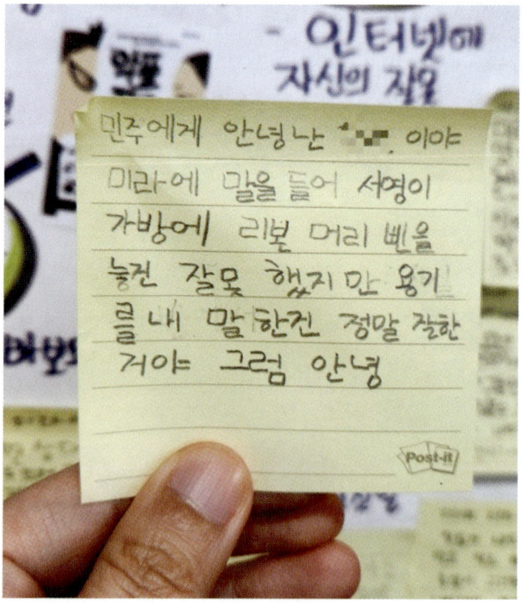

6

새 학기 추천 동화 :『아름다운 실수』

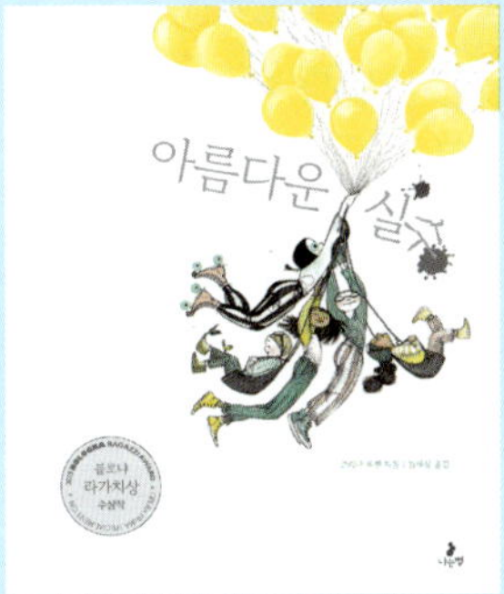

『아름다운 실수』/코리나 루켄 지음, 김세실 역/나는별

잘하고 싶은 마음에 힘이 들어간다. 하지만 모든 일이 생각처럼 쉽지 않다. 유치원에서 초등학교 1학년으로, 해를 거듭하며 중학년과 고학년으로 성장하는 아이들을 지켜보며 꼭 필요한 것이 '실수와 실패'에 대한 관점의 변화이다. 긴장감으로 딱딱하게 굳은 아이들의 마음을 녹여줄 책으로 적합한 그림동화가 바로『아름다운 실수』이다.『아름다운 실수』는 새 학기, 첫날 꼭 들려주는 필수 그림동화이다.

"이것도 아름다운 실수 맞지요?"
"괜찮아, 아름다운 실수야."

학기 초에 공들인 덕분에 친구들의 실수가 놀림감이 되기보다 아름다운 실수가 될 수 있는 여유를 선물하는 그림동화이기도 하다. 하지만 작은 실수로 수행평가 결과가 '매우 잘함'에서 '잘함'으로 바뀌면 금세 태도가 달라진다.

"이건 아름다운 실수가 아니잖아요. 실수는 아름다울 수 없어요."

이렇게 망연자실한 친구에게 다시 이야기한다.

"그렇지요? 아름다운 실수로 생각되지 않지요. 맞아요. 하지만 이번에 이렇게 실수한 문제로 인해 절대 다음에는 실수하지 말아야겠다는 깨달음을 얻었잖아요. 몰라서 틀린 것이 아니라면, 공부에서는 이 실수를 조금씩 줄여 나가도록 깨닫게 해 준 아름다운 실수잖아요."

반은 고개를 갸우뚱하며 바라보는 교실 현장이다. 평가 앞에서는 아름다운 실수가 존재하지 않는다. 아이들도 그렇게 생각한다. 하지만 우리는 단지 수행평가 앞에서만의 삶을 사는 것이 아니지 않은가? 물병을 계속 떨어뜨리는 친구, 그림을 그릴 때마다, 색칠할 때마다 비뚤어지는 모습을 견뎌야 하는 친구, 줄넘기를 할 때마다 발에 걸려서 멈추게 되는 친구, 매일 열심히 하다가 하필 수행평가에서만 실수를 하는 친구 등 매일 작은 실수들을 마주한다. 이 중에서 유독 허용되지 않는 실수가 바로 시험점수이다.

단원평가를 보고 나서 원하는 결과를 얻지 못했을 때, 눈물을 보이거나 시험지를 구기는 친구들이 있다. 학기 초에는 정말 속상해 하던 친구가 어느날은 기분 좋은 표정으로 다가와서 말을 건넸다.

"선생님, 이번 시험에서 이 문제는 정말 몰랐던 거예요."
"아, 몰랐던 문제였군요."
"네, 그래서 괜찮아요. 실수해서 틀리면 너무 아까운데 이건 정말 몰랐거든요."
"정말 몰랐던 문제라서 틀렸는데 다음에 또 이 문제를 만나면 어떨까요?"
"음... 잘 모르겠어요."
"그럼, 이번에 다시 설명할 때 잘 들어봐요."

한껏 구겨진 시험지로도 속상함이 다 표현되지 않았던 이 학생이 학기 말에 이만큼 성장한 것이다.

열심히 공부했지만 생각보다 결과가 좋지 않은 상황을 받아들이는 모습을 곁에서 지켜본다. 감정에 솔직한 초등학생들과 함께 있으면서 감정을 억누르는 것에 익숙한 나는 조금씩 투명해짐을 경험한다. 속상할 때 눈물 보이고, 화날 때 짜증을 내고, 두려울

때 주춤하는 그 모습 그대로를 보여주던 친구들이 학기 말이 되면 조금씩 성장한 모습을 보일 때가 가장 뿌듯한 순간이기도 하다.

수학 문제를 가르쳐 주는 것은 한 시간 내에 가능할지 모르지만, 스스로의 감정을 살피고, 상대방을 바라보며 생각하는 힘을 키우는 것은 한 시간의 수업으로 절대 얻을 수 없는 것이다. 쉽게 얻을 수 없기에 더욱 소중하다.

학기 초에 아름다운 실수에 대해 일장 연설을 늘어놓는 이유도 이러하다.

"선생님은 정말 실수가 많은 사람이에요. 휴대폰을 많이 잃어버렸구요. 물병을 많이 떨어뜨렸어요. 차키를 깜빡하고 두고 와서 몇 번을 오르락 내리락 하구요."

"저도 그래요. 저는 맨날 실내화 가방을 놓고 와요."

"네, 그래서 이 아름다운 실수를 읽으면서 참 위로가 되더라구요. 내 실수가 아름다울 수 있을까? 나의 크고 작은 실수를 아름답다고 말해 줘서 고마웠어요. 우리는 모두 자라는 중이에요. 선생님은 어른이지만 여전히 실수를 해요. 교실에서 친구들이 하는 작은 실수에 대해서 우리 조금씩 이해할 수 있었으면 좋겠어요. 내일까지 한 가지 숙제가 있어요."

"숙제가 뭐예요?"

"실수를 통해서 발명한 것이 무엇인지 발명품을 조사해 오는 것이에요."

다음 날 등교하자마자 숙제를 들고 친구들이 교탁 앞으로 모여든다. 공책 한가득 조사한 공책을 보여준다.

"정말 많이 조사했네요."

"네, 포스트잇은 접착제를 만들다가 너무 잘 떨어져서 실패한 줄 알았는데 그게 오히려 쉽게 붙이고 뗄 수 있는 포스트잇이 된 거래요."

"어, 나도 그거 조사했어."

"선생님, 이것도 실수 맞아요? 강아지랑 산책하다가 몸에 열매가 붙어 있는 걸 봤는데 이걸로 찍찍이를 만들게 된 거래요."

저마다 조사한 내용을 늘어놓는 친구들의 모습에서 '아름다운 실수'의 힘을 느낄 수 있었다.

아름다운 실수 수업을 하고 나서 이 대화가 기억에 오래 남았다.

"선생님, 아름다운 실수를 발견했어요."

"어떤 아름다운 실수인가요?"

"제가 연필을 바닥에 떨어뜨렸는데요. 그 연필이 이렇게 바지 접은 곳에 쏙 들어간 거예요. 이런 게 아름다운 실수 맞아요?"

"하하하, 아름다운 실수네요. 바짓단이 연필을 잡아 주었으니 바지에게 고마운 나의 실수네요."

일상 생활 속에서 만나는 작은 실수의 순간을 '아름다운 실수'로 명명하는 친구들의 질문이 사뭇 귀여우면서도 이 관찰의 눈을 꼭 기억해야겠다고 마음 먹은 순간이었다.

아름다운 실수에 대한 포문은 실수에 대해서 좀 더 가벼운 마음을 선물한다. 교내 버스킹 대회가 있었는데 참가자가 많아서 사전 오디션을 치러야 했다. 떨리는 마음으로 참여한 오디션에서 그만 떨어지고 말았다. 두 번의 도전 기회가 주어졌지만, 고배를 맛본 두 친구가 다가왔다.

"선생님, 저희는 왜 계속 떨어지죠?"

"계속 떨어지다니 이제 두 번인데... 버스킹에 도전해 보지 않은 친구도 있잖아요. 아쉽지만 떨어지는 경험은 아무나 하는 경험이 아니에요. 도전해 본 사람만이 누릴 수 있는 특별한 경험이에요. 많이 아쉬운 건 사실이지만, 선생님은 그 도전이 더 멋져 보여요."

눈물을 글썽이는 두 친구와 이야기를 나누었던 기억이 난다. 언제 그랬냐는 듯이 툭툭 털고 일어난 이 두 친구는 2학기에 또 새로운 도전을 했다. 교육청에서 주관하는 댄스대회에 참여한 것과 교내 디지털 서포터즈에 오디션에 참여하는 도전이었다. 실패의 경험이라고 좌절하며 새로운 시도를 두려워하는 것이 아니라, 툴툴 털어버리고 다시 도전한 친구들을 응원한다. 댄스대회에서 장려상을 받고, 교내 디지털 서포터즈로 뽑혀서 다양한 경험을 쌓은 두 친구는 참 해맑았다.

우리는 무수히 많은 실패를 경험하며 성장한다. 최재천 교수는 『실패를 해낸다는 것』에서 '일찍 실패하고, 자주 실패하고, 진취적으로 실패하라.'라는 이야기를 전한다. 날줄과 씨줄로 촘촘히 엮여 있는 실패와 성공의 과정이 나의 본 모습을 만들어 나가는 것이다. 작은 사회를 미리 경험하는 초등교실 현장, 친구들 역시 하나하나의 행위와 결과에 집착하고 조급증에 빠진다.

실패를 해낸다는 것은 실패의 그 과정을 견디는 것이다. 그 과정을 견뎌 낸 나는 좌절을 극복해 낸 승리자이다. 그 성공 경험은 성취를 통해서 얻는 성공과는 차원이 다른 성공이다. 바닥을 치는 감정을 조절하며 다시금 용기를 내어 도전해 보는 경험이 바로 '실패를 해내는 것'이다. 『아름다운 실수』를 통해 조금 더 유연해진 모습으로 그 어떤 실패도 해내는 성취감을 갖게 되기를 소망한다.

12월 하굣길 한 친구가 다가왔다. 오전에 눈 결정체 만들기를 하면서 생각처럼 잘 만들어지지 않아서 속상한 우리 반 친구들에게 아름다운 실수에 대해서 다시 한번 이

야기한 날이었다.

“선생님, 아까 아름다운 실수라고 하셨잖아요.”

“그죠? 눈 결정체는 실수로 만든 게 더 이쁘다고 얘기했죠.”

“제가 어제 놀다가 핫팩을 가방에 넣었거든요. 그런데 그 가방 안에 먹다가 남은 마이쮸 몇 개도 같이 들어 있었어요. 근데 그 마이쮸를 먹으려고 꺼내는데 핫팩 때문에 말랑말랑해진 거예요.”

“아, 핫팩에 마이쮸가 같이 들어 있어서 말랑해졌군요.”

“네, 근데 같이 있던 언니가 정말 맛있다는 거예요. 그래서 이름을 붙여줬어요. ‘퐁듀 마이쮸’라구요.”

“아름다운 실수로 퐁듀 마이쮸 맛을 알게 되었네요.”

“네, 근데 또 밖에서 놀다가 다시 마이쮸를 먹는데 이번에는 밖이 너무 추워서 딱딱해진 거예요.”

“말랑한 마이쮸와 딱딱이 마이쮸를 모두 먹었네요.”

“네, 그래서 저희가 이름을 지어줬어요. 퐁듀 마이쮸와 캔디 마이쮸요. 그런데 그 맛이 정말 맛있어서 집에 가서 마이쮸를 냉장고에도 넣어두고, 전자렌지에도 돌려서 먹었어요.”

“핫팩 덕분에 맛있는 마이쮸 레시피를 알게 되었네요.”

함박 웃음을 지으며 집으로 향하는 친구의 뒷모습을 보며 같이 미소지었다.

‘그래, 이렇게 아름다운 실수로 기억하며, 새로운 것을 시도해 보는 너로 자라나기를….’

7

나만의 작은 틈: 『틈만 나면』

『틈만 나면』/이순옥 지음/길벗어린이

아들이 5학년이던 시절, 담임 선생님께서 추천해 주셨던 동화책 『틈만 나면』이 정말 마음에 쏘옥 들어서 우리 반 친구들과 하브루타를 했다. 직접 그림동화를 읽고, 학교 곳곳의 작은 틈을 찾아 나섰던 선생님의 수업이 인상적이었다. 우리 반 친구들에게도 나만의 작은 틈을 발견해 주고 싶은 마음에 그림동화를 펼쳤다.

『틈만 나면』 독서토론 하브루타

1. 미술 연계
2. 질문 사냥
3. 직접 나가서 찾아보기
4. 글쓰기 연계: 내가 자라는 나만의 작은 틈은? (취미, 내가 좋아하는 것)
5. 짝대화, 모둠대화
6. 꼬리질문

1 읽기 전 미술 수업과 연계: 인스타 감성 꾸미기

하브루타 수업과 미술 수업을 연계해서 활동했다. '가을스타그램' 틀을 만들어서 가을 사진을 찍고, 학교 운동장의 틈을 직접 발견해 보는 시간을 가졌다.

〈미술 수업 연계: 주주쌤의 가을스타그램 만들기 활용〉

〈우리 반 패들렛에 공유하기〉

2 읽는 중: 질문 사냥, 직접 나가서 찾아보기, 글쓰기 연계 "내가 자라는 나만의 작은 틈은?"(취미, 내가 좋아하는 것)

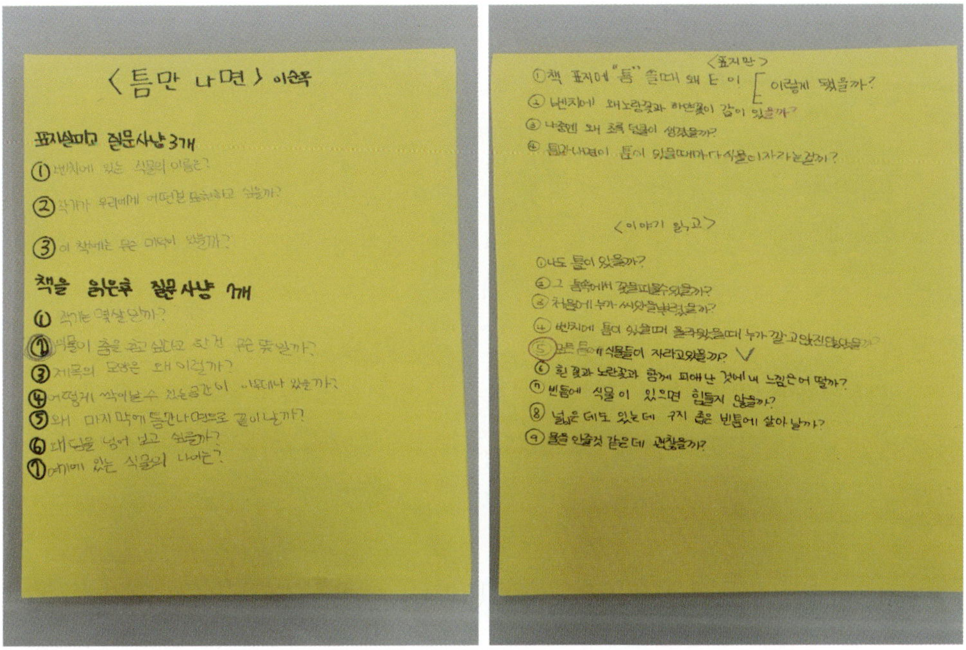

〈글쓰기 연계: 내가 자라는 나만의 작은 틈은?〉

질문 사냥을 하며 서로의 생각을 확장시키고, 직접 운동장으로 나가서 작은 틈에서 자라나고 있는 식물들을 관찰했다. 동화책을 펼치며 무심코 지나치는 작은 틈을 그림으로 엮어서 그림동화를 만들어 냈다는 사실에 한 번 놀랐다. 그리고 생각보다 정말 많은 틈에서 식물들이 자라고 있다는 사실에서 두 번 놀라는 시간이었다. 사진으로 가득 담아서 우리 반 패들렛에 공유했다. 서로 발견한 틈을 함께 보면서 조금더 어려운 글쓰기로 확장시켰다.

"이렇게 아주 작은 틈만 있어도 생명이 자라는 모습을 오늘 많이 관찰하고 사진에 담아 왔어요. 여러분도 혹시 나만의 작은 틈에는 어떤 것이 있는지 생각해 본 적 있나요?"

이번 생각바구니 숙제는 많이 어려워했다. 그래서 선생님의 말이 더 길어졌다.

“선생님의 작은 틈을 생각해 보면, 선생님은 작은 화분들이 나만의 작은 틈이에요. 하루종일 정신없다가도 식물을 바라보는 시간에 아주 잠깐 쉬고 있다는 생각이 들거든요. 또 선생님의 반려고양이 루비가 선생님의 작은 틈이에요. 이렇게 여러분을 잠시 쉬게 하는 작은 틈이 무엇인지 생각해 보고 글로 적어 오는 것이 생각바구니 숙제입니다.”

이번 숙제는 『틈만 나면』의 틈을 취미로 연결하는 것이었다. 나를 숨 쉬게 하는 작은 틈을 떠올리고 그로 인해 생기를 찾는 나만의 장치(취미)를 많이 발견하기를 바라는 마음에서 비롯된 숙제였다. 아직 취미가 없더라도 친구들의 이야기를 들으면서 그 생각이 확장되기를 바랐다. 나만의 작은 틈으로 게임만 나오면 어떡하나 걱정한 것과 달리 다양한 틈들이 발견되었다. 특히나 가족을 나의 틈으로 적은 글에서는 뭉클함이 함께 느껴졌다. 다양한 취미 속에서 나만의 그 무엇을 찾아 나가는 우리 좋은 씨앗들이 되기를 기대한다.

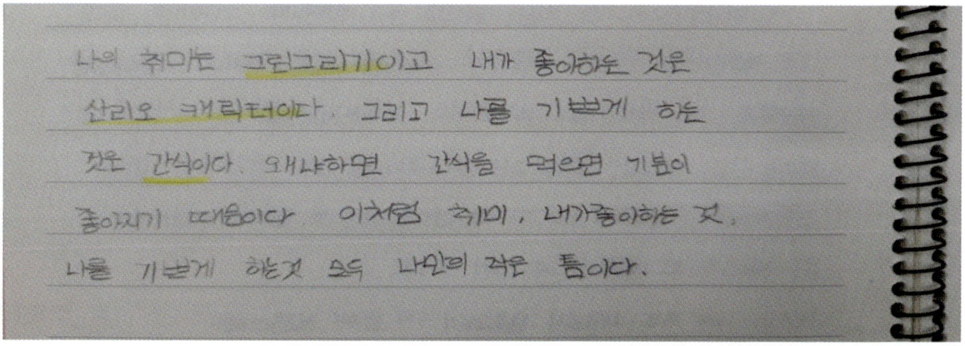
나의 취미는 그림그리기이고 내가 좋아하는 것은 산리오 캐릭터이다. 그리고 나를 기쁘게 하는 것은 간식이다. 왜냐하면 간식을 먹으면 기분이 좋아지기 때문이다. 이처럼 취미, 내가좋아하는 것, 나를 기쁘게 하는것 모두 나만의 작은 틈이다.

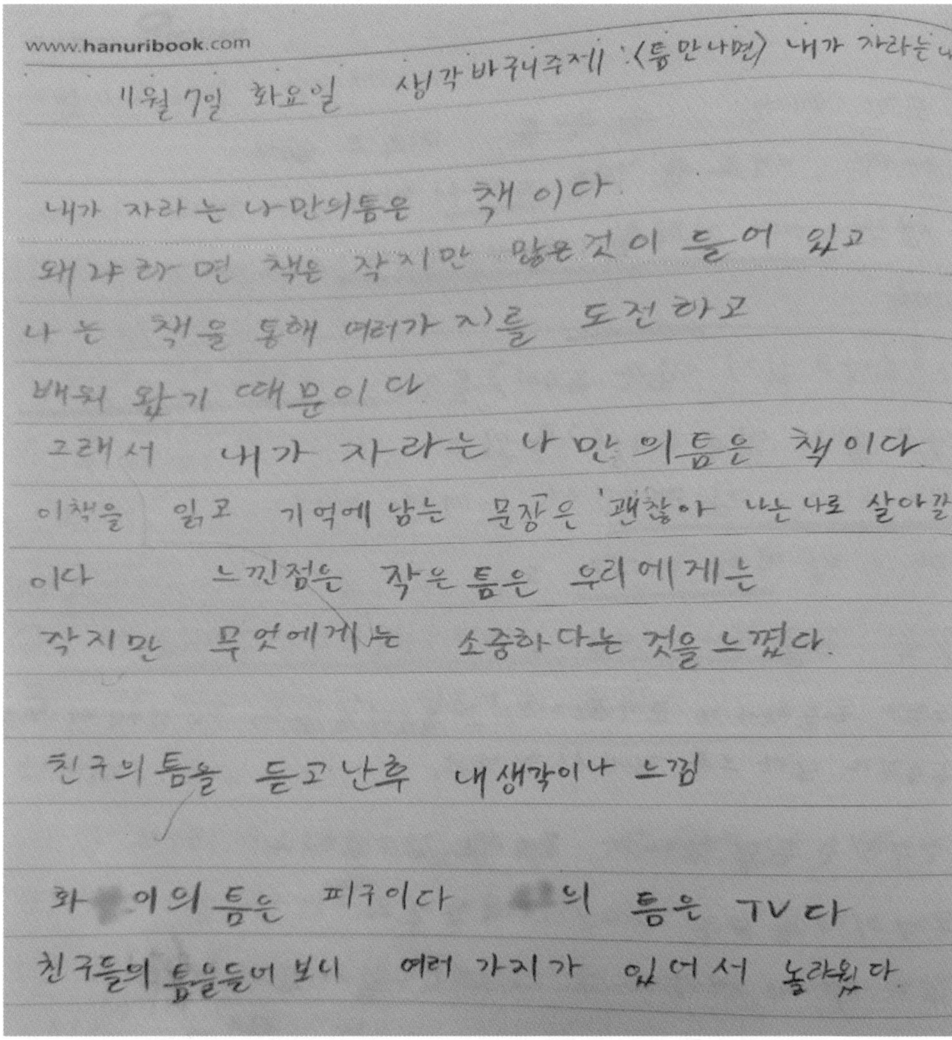
www.hanuribook.com

생각 바꿔주제!! 〈틈만 나면〉 내가 자라는 나만의

11월 7일 화요일

내가 자라는 나만의 틈은 책이다.
왜냐하면 책은 작지만 많은 것이 들어 있고
나는 책을 통해 여러가지를 도전하고
배워 왔기 때문이다
그래서 내가 자라는 나만의 틈은 책이다
이 책을 읽고 기억에 남는 문장은 '괜찮아 나는 나로 살아갈-
이다 느낀점은 작은 틈은 우리에게는
작지만 무엇에게는 소중하다는 것을 느꼈다.

친구의 틈을 듣고 난 후 내 생각이나 느낌

화 이의 틈은 피구이다 의 틈은 TV다
친구들의 틈을 들어 보니 여러 가지가 있어서 놀라웠다.

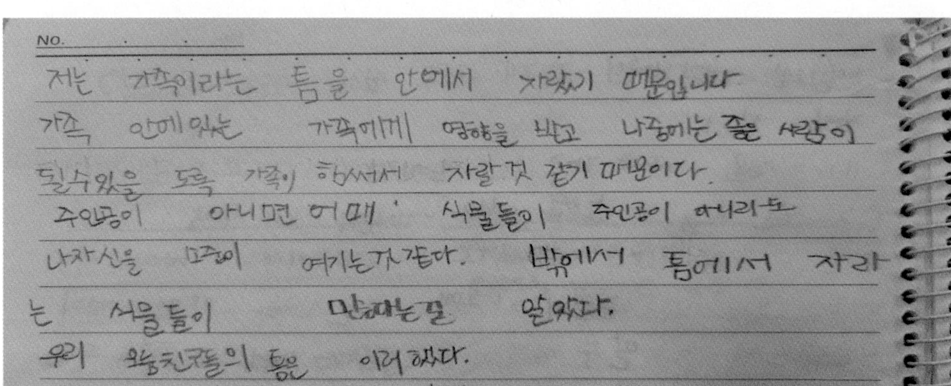
NO.
저는 가족이라는 틈을 안에서 자랐기 때문입니다
가족 안에 있는 가족에게 영향을 받고 나중에는 좋은 사람이
될 수 있을 도록 가족이 하셔서 자랄 것 같기 때문이다.
주인공이 아니면 어때' 식물들이 주인공이 아니라도
나 자신을 모두에 여기는 것 같다. 밖에서 틈에서 자라
는 식물들이 많다는 걸 알았다.
우리 오늘 친구들의 틈은 이러했다.

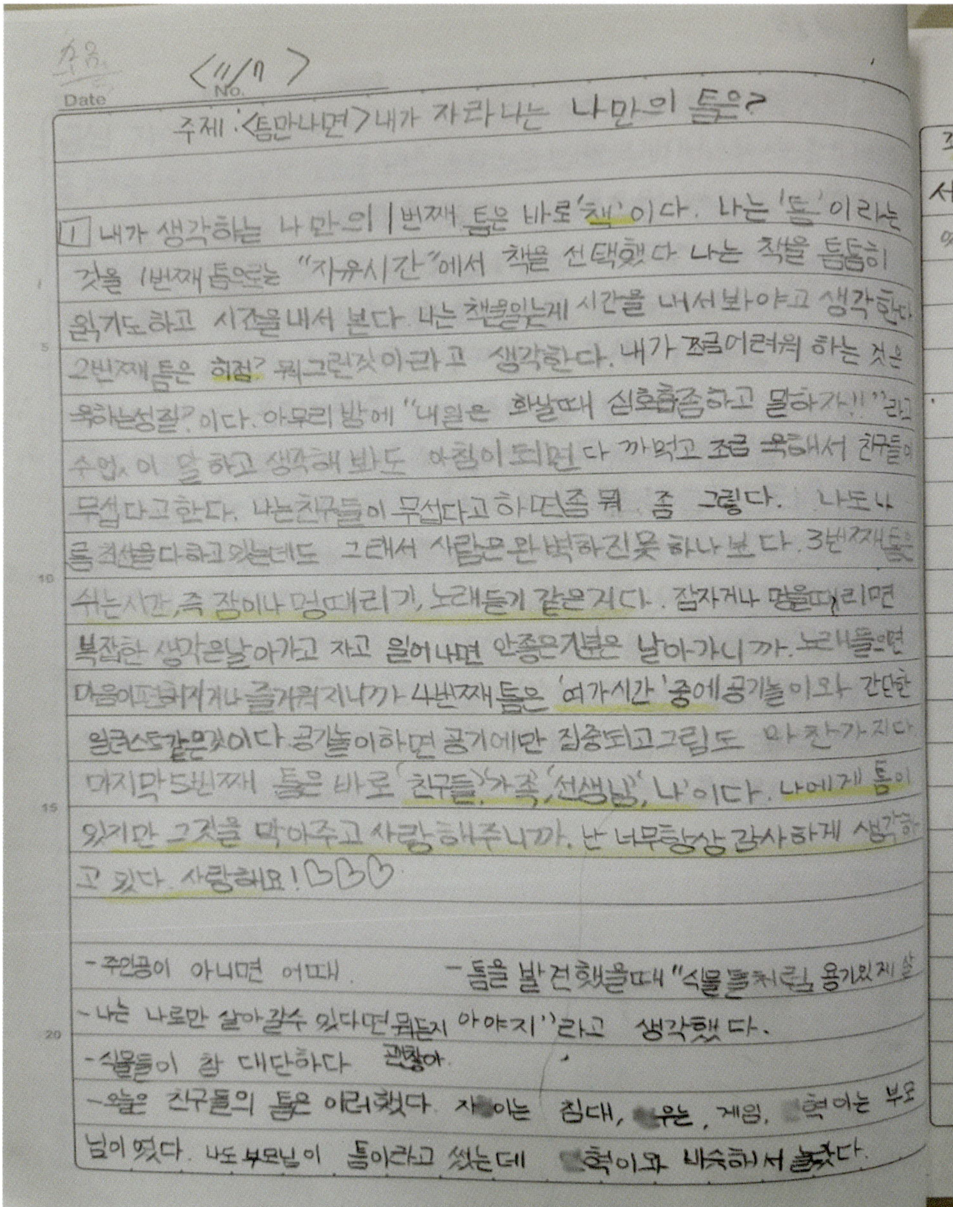

조용

Date <11/17> No.

주제 : <틈만나면> 내가 자라나는 나만의 틈은?

[1] 내가 생각하는 나만의 1번째 틈은 바로 '책'이다. 나는 '틈'이라는
것을 1번째 틈으로는 "자유시간"에서 책을 선택했다 나는 책을 틈틈이
읽기도 하고 시간을 내서 본다. 나는 책을 읽는게 시간을 내서 봐야고 생각한다.
2번째 틈은 허점? 뭐 그런것이라고 생각한다. 내가 조금 어려워 하는 것은
욱하는 성질?이다. 아무리 밤에 "내일은 화날때 심호흡좀하고 말하자!!"라고
수없이 말 하고 생각해 봐도 아침이 되면 다 까먹고 조금 욱해서 친구들이
무섭다고 한다. 나는 친구들이 무섭다고 하면 좀 뭐. 좀 그렇다. 나도 나
름 최선을 다하고 있는데도 그래서 사람은 완벽하진 못 하나 보다. 3번째 틈은
쉬는 시간, 즉 잠이나 멍때리기, 노래듣기 같은거다. 잠자거나 멍을 때리면
복잡한 생각은 날아가고 자고 일어나면 안좋은 기분은 날아가니까. 노래들으면
마음이 편해지거나 즐거워지니까. 4번째 틈은 '여가시간' 중에 공기놀이와 간단한
일러스트 같은 것이다. 공기놀이하면 공기에만 집중되고 그림도 마찬가지다.
마지막 5번째 틈은 바로 '친구들', '가족', '선생님', '나'이다. 나에게 틈이
있지만 그것을 막아주고 사랑해주니까. 난 너무 항상 감사하게 생각하
고 있다. 사랑해요! ♡♡♡

-주인공이 아니면 어때. -틈을 발견했을때 "식물들처럼 용기있게 살
-나는 나로만 살아갈수 있다면 뭐든지 아야지"라고 생각했다.
-식물들이 참 대단하다 괜찮아.
-오늘은 친구들의 틈은 이러했다. 자●이는 침대, ●우는, 게임, ●혁이는 부모
님이였다. 나도 부모님이 틈이라고 썼는데 ●혁이와 비슷해서 놀랐다.

PART 04

잠재력과 도전

살아있는 하브루타 수업

1

창체: 백혈구는 누구일까? (프리즘 카드 활용)

코로나가 잠잠해 질 즈음 맞이한 겨울, 교실 속 아이들이 마스크를 벗으며 자유롭게 생활하기 시작했다. 더 이상 마스크 뒤에 숨겨진 웃는 모습을 유추할 필요가 없는 시기가 왔음에 감사했다. 하지만 우리 반의 3분의 1이 독감에 걸렸다. A형 독감이 끝나고 B형 독감까지 퍼지며 교실에는 빈자리가 가득했다. 나 역시 독감에 걸려서 교실을 비워야만 했다. 길었던 독감시즌이 지나고 25명의 우리 반 친구들이 모두 모인 날, 하브루타 수업의 주제는 바로 '백혈구'였다.

"여러분, 독감에 걸리고 나니 어땠어요?"
"엄청 아팠어요. 열이 40도까지 올랐어요."
"그 힘든 코로나를 이겨냈는데 독감은 거뜬히 이겨낼 수 있었나요?"
"네!"
"아니요. 독감이 더 힘들었어요."

다양한 반응을 보이는 우리 반 친구들에게 오늘의 주제를 이야기했다.

"내 몸이 정말 아팠지만, 내가 열이 나고 아파서 누워있을 때, 밤새도록 내 몸을 위해서 싸워 준 친구가 있어요. 누구일까요?"
"엄마요?"
"네, 엄마처럼 여러분을 지켜준 친구가 있어요."
"온도계요."

"우리 몸에 누구나 가지고 있어요. 우리 몸의 사총사로 잘 알려져 있어요."

"….."

"선생님은 독감을 앓고 나니 이 친구에게 더욱 고마워졌어요."

"누군지 모르겠어요."

"네. 그럼 이 쇼츠 영상을 보면서 누군지 맞춰보도록 해요."

1 우리 몸의 화이트 나이트 백혈구 쇼츠

독감을 앓고 지나갔던 우리 반인지라 오늘 수업에서는 더욱 눈이 초롱해졌다. 우리 몸의 화이트 나이트 백혈구에 대해서 짧은 쇼츠를 보고 짝과 하브루타를 나누었다. 내 몸에 침입한 병균을 순식간에 뒤덮는 장면을 관찰하며 탄성을 지른다.

"힘내라. 힘내라."

"여러분의 몸은 고열로 누워서 움직이지 못하고 쉬고 있지만, 여러분 몸속의 피 사총사 중 백혈구는 이렇게 열심히 싸우고 있었어요. 백혈구에게 정말 고맙지요?"

"네, 피 사총사 유치원 때 호기심 딱지에서 봤어요."

"맞아. 나도 봤어. 혈소판은 딱지 역할이잖아요."

"네. 오늘은 혈소판, 적혈구, 백혈구, 혈장 중에서 백혈구에 대해서 짝과 질문 사냥을 해 볼게요."

순식간에 세균을 뒤덮은 백혈구처럼, 순식간에 질문을 만들어 내기 시작했다. 먼저 스스로 10가지 질문을 만들어 보고, 짝과 함께 첫 번째 질문 사냥을 한다. 이후 새로운 짝을 만나서 남아 있는 질문 중에서 서로 물어보며 질문 사냥을 한다. 새 짝을 두 번 정도 만나고 나면 전체 질문 사냥으로 마지막까지 살아남은 질문을 확인한다.

"오늘 백혈구에 대한 다양한 궁금함이 생겼는데요. 오늘 이야기 나눈 것 중에서 내가 궁금하거나 더 알고 싶은 것 한 가지를 적어 볼게요. 그 질문에 대한 답을 책이나 인터넷에서 찾아보고 다음 주까지 연구해 보는 것이 숙제입니다. 다음 주에 발표할게요."

이렇게 1차시가 마무리 된다. 일주일 후, 2차시 수업에는 직접 준비한 숙제를 친구들 앞에서 발표하는 시간을 가진다. 이 역시, 짝과 1차 발표, 새 짝과 2차 발표, 전체 학생 중 희망자 발표 순으로 이루어진다. 평소 친구들과는 큰 소리로 이야기할 수 있어도 앞에서 발표하는 것을 어려워하는 학생들이 많다. 이럴 때 짝에게 1회, 새 짝에게 2회의 설명을 함으로써 스스로 조사한 것을 발표하는 시간을 가지는 것이다. 또, 외향적인 학생들은 꼭 친구들 앞에서 발표를 하고 싶어하기에 전체 발표 시간도 가진다.

학생들에게 하브루타 수업 중 어떤 시간이 가장 기억에 남았느냐고 물어보면 대부분의 학생들이 연구 시간이 기억에 남았다고 이야기한다. 다른 숙제들은 정해진 주제를 조사해 와야 하지만, 이 연구 주제는 스스로 궁금했던 것을 추가로 조사하는 것이기에 부담이 적은 것 같았다. 호기심에서 시작한 숙제이기에 평소 궁금한 것을 찾아보듯이 그렇게 찾아보고 정리해서 발표할 수 있는 것이다. 배움 중심 수업이 바로 이렇게 이루어지는 것임을 실감한다. 성장기에 누구나 감기를 앓고 지나간다. 그 감기를 이겨내는 과정을 내 몸속 백혈구를 통해서 배워 나간다. 앎이 삶이 되는 과정을 함께 할 수 있어서 감사하다.

2 질문 만들기

쇼츠 영상 감상은 사실, 상상, 적용, 메타 질문을 만들어 모둠 최고 질문을 뽑는 활동으로 이어진다.

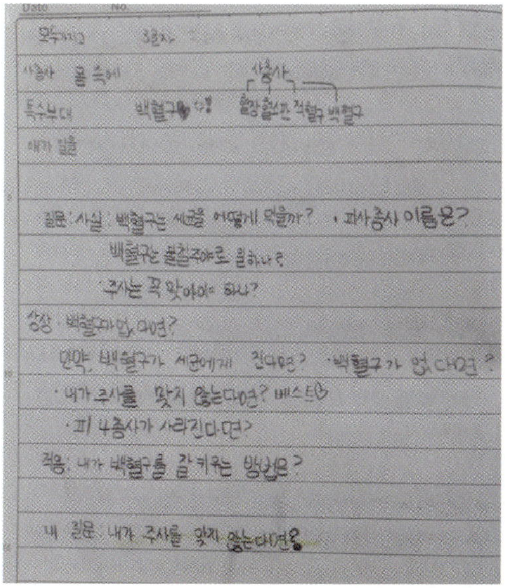

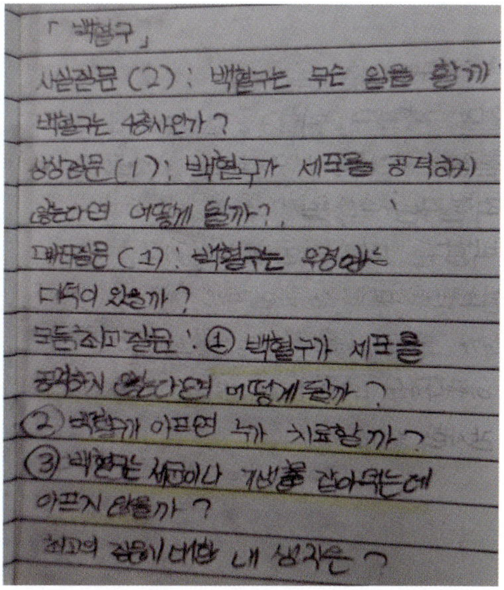

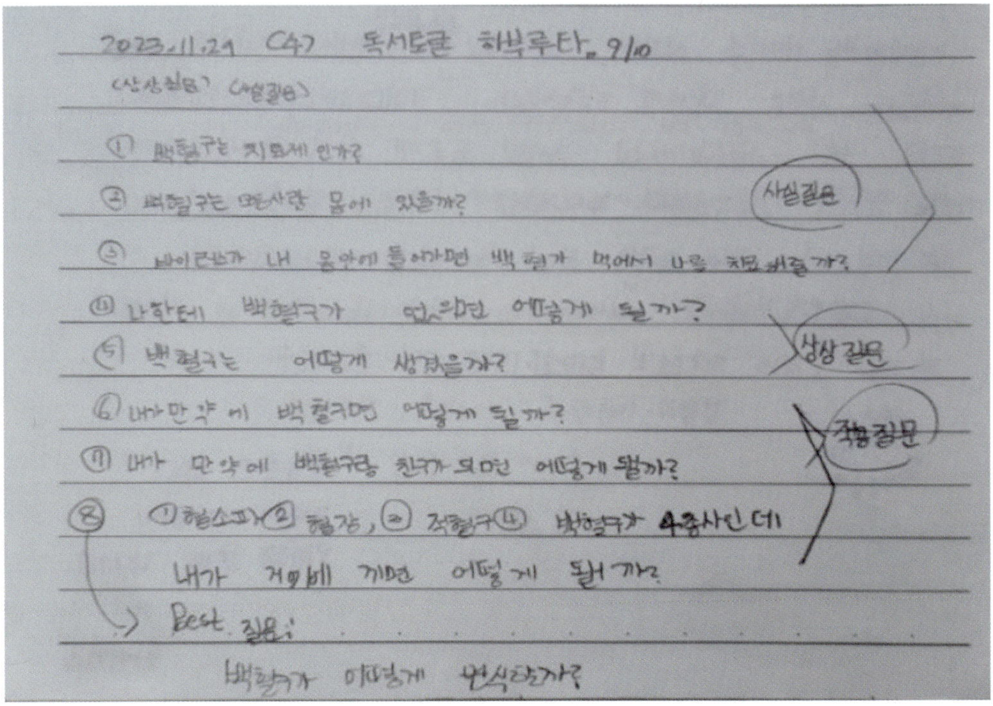

2023.11.29 (수) 독서토론 허브루타 9/10
(상상질문) (사실질문)
① 백혈구는 [illegible]
② 백혈구는 모든사람 몸에 있을까?
③ 바이러스가 내 몸안에 들어가면 백혈구가 먹어서 나를 치료해줄까?
④ 나한테 백혈구가 없으면 어떻게 될까?
⑤ 백혈구는 어떻게 생겼을까?
⑥ 내가 만약에 백혈구면 어떻게 될까?
⑦ 내가 만약에 백혈구랑 친구가 되면 어떻게 될까?
⑧ ①혈소판 ②혈장, ③적혈구 ④백혈구가 4총사인데 내가 거기에 끼면 어떻게 될까?
Best 질문: 백혈구가 어떻게 번식할까?
사실질문
상상질문
적용질문

3 연구 조사하기

- 짝과 이야기 나누기
- 모둠과 이야기 나누기
- 들은 이야기를 발표

이렇게 활동하고 나니 시간이 부족했다. 수업 후에 연구하기를 숙제로 내주었다.

- 백혈구에 대해 더 알고 싶은 것 조사하기
- 피 사총사(백혈구, 적혈구, 혈장, 혈소판) 중에서 더 알고 싶은 것 조사하기

숙제를 정말 열심히 해 온 친구들에게 칭찬과 격려를 아끼지 않았다.

"이렇게 자세히 적느라 손이 아팠을텐데 힘들지 않았나요? 이런 내용이 궁금했군요."

나의 질문에 우리 반 친구들은 이 연구 시간이 가장 재미있었다고 말했다. 물론, 한 줄만 조사해 온 친구들도 많았다. 수업 후에 그 수업을 자기 것으로 만든 시간은 바로 이 연구하기 시간이었다. 역시 스스로 해 본 것만이 남는다.

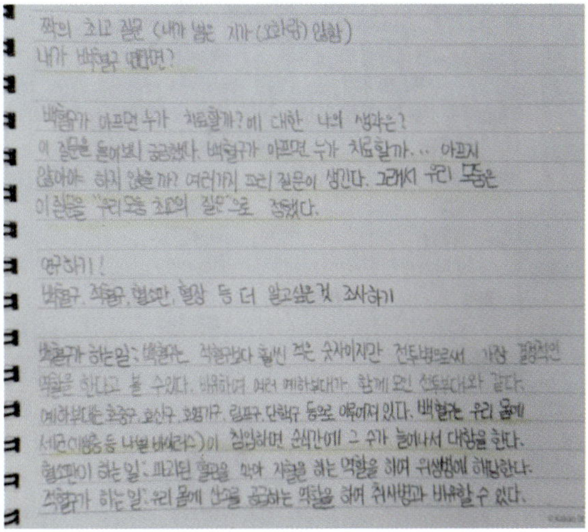

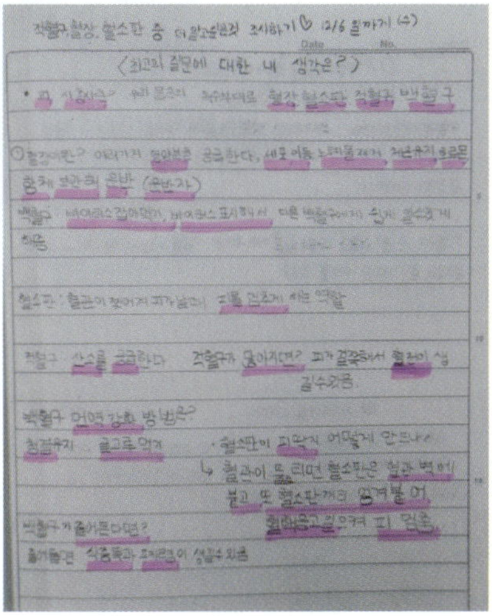

4 프리즘 카드 활용

프리즘 카드는 쉽게 표현되지 않는 생각을 사진을 통해 표현할 수 있도록 도와주는 소중한 장치이다. 사진을 살펴보며 내 생각에 딱 떨어지는 그림을 발견하기도 하고, 아무 생각이 없다가 사진을 보며 생각을 펼쳐 보이기도 한다. 무엇보다 좋은 점은 스스로의 생각을 펼쳐 보며 만족감이 높아지고, 친구들의 생각을 들으며 생각이 확장된다는 것이다.

"제가 이렇게 멋진 생각을 하다니 좀 멋져요."
"오호, 이렇게 표현할 수도 있구나!"

매번 이 카드를 활용하기는 쉽지 않지만, 집중력이 떨어졌을 때나 그림을 통해 이야기를 확장하고 싶을 때 활용할 수 있다.

특히, 친구들이 고른 사진 3장을 연결하여 이야기 만들기를 하다 보면 시간 가는 줄 모르고 재미있는 이야기를 만들어 낸다. 이때도 가장 중요한 것은 아이들의 이야기에 관심을 가지고 귀 기울이며 반응하는 것이다(관심, 경청, 반영).

"이 사진을 골랐구나!"

무엇을 가르치기보다 아이가 고른 사진을 그대로 다시 표현해 주는 것이 가장 쉽고도 어려운 반영의 기술이다.

"이 비빔밥에서 백혈구를 발견했구나!"

프리즘 카드 활용하기

1. 개념확인
   :책을 읽고 책 속 내용을 한 줄로 요약하고 싶을 때 프리즘 카드를 활용하여 개념 확인하기
2. 상상 이야기 만들기
   :각자 마음에 드는 카드를 3장씩 고르고 이야기 만들기
3. 친구들이 고른 사진으로 이야기 만들기
   : 생각지 못한 그림의 연결로 상상력 자극

“ 가정에서 프리즘카드 활용하기 ”

주인공을 표현하는 사진 고르기
'이 책 주인공은 oo이다.'
제가 고른 사진 3장으로 이야기를 만들어 볼게요.
엄마가 고른 사진 3장으로 이야기 만들어 볼까?

@도전 <하브루타 자존감 수업>

“ 관심, 경청, 반영 ”

아이의 말에 귀 기울이는 그 순간
아이의 생각이 자라요.

@도전 <하브루타 자존감 수업>

“ 이 사진을 골랐구나. ”

무엇을 가르치기 보다
아이가 고른 사진을 그대로 표현해 주세요.
"비빔밥에서 백혈구를 발견했구나."

@도전 <하브루타 자존감 수업>

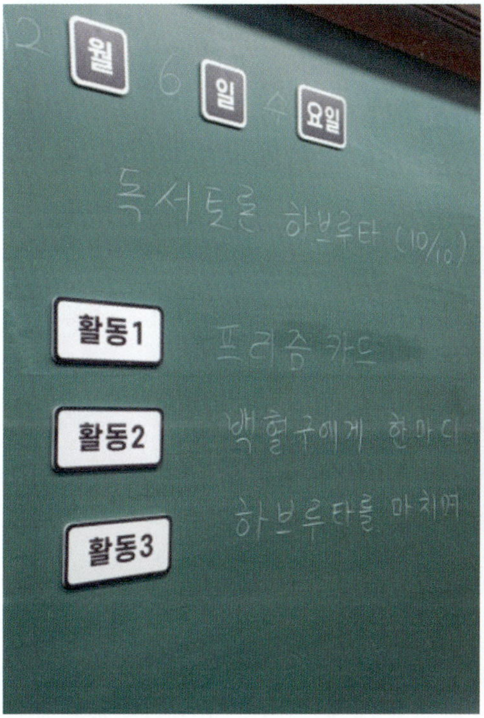

2

21일 습관 챌린지 (앎과 삶의 연결)

일 년에 한 번, 동료 장학 수업으로 무엇을 할까 고민하다가 배움과 삶의 연결에 대해서 생각하게 되었다. 학교에서 배우는 많은 지식이 삶으로 연결되지 않는 모습을 우리는 늘 마주한다. 앎과 삶의 이 간극을 창체 시간을 활용해서 〈21일 습관 만들기 챌린지〉로 연결하는 시간을 가져 보았다. 단번에 되지 않는 것을 알기에, 혼자서는 어려운 것을 알기에 스물네 명이 모인 우리 반 교실에서 앎과 삶을 연결하는 수업을 도전하게 되었다.

知行一致(지행일치)

칠판에 큼지막하게 한자를 쓰고, 지행일치에 대해서 설명을 한다.

"우리는 매일 교실에서 정말 많은 것을 배우고 집으로 돌아가요. 그런데 내가 아는 것과 내가 진짜 실천하는 것 사이의 그 거리가 정말 먼 것 같아요. 혼자서는 어렵지만, 우리가 같이 한다면 조금은 쉽게 성공 경험을 가질 수 있지 않을까요?"

1 구글 총괄 개발자 '멧 커츠'의 강연을 보며, 생활 속 경험 나누기

구글 총괄 개발자 '멧 커츠'의 강연을 같이 보았다. TED 강연에서 그가 30일을 추천하였으나, 나는 대상이 초등학교 4학년임을 고려해서 21일 습관 챌린지로 바꾸어서 도전하였다.

TED 강연
<30일의 도전> 멧 커츠

"30일? 한 달은 너무 길어요."

"저분은 엄청 유명한 분이니까 가능한 거잖아요."

"그죠? 저분은 엄청 유명해서 쉽게 성공한 것처럼 보일지도 몰라요. 아주 평범한 사람인 선생님은 정리가 정말 어려운데, 정리동아리에서 함께 정리를 해요. 매일 한 가지씩 정리를 하고 인증사진을 올려요. 그 인증사진을 찍기 위해서라도 매일 실천하게 되더라구요. 우리 반도 한번 생각해 볼까요?"

"우리가 하는 1인 1역, 숙제, 독서. 이 모든 것들을 우리는 매일 꾸준히 실천하고 있었잖아요."

"어? 맞아요. 매일 하고 있었네요."

"앞으로 21일 동안은 교실이 아니라 집에서 꾸준히 실천할 한 가지를 생각해 보는 거예요."

2 자존감 열쇠고리 만들기

21일 동안 실천하며 스스로에게 동기부여할 작은 열쇠고리를 만들었다. 자존감 스티커에 가득 담겨 있는 긍정의 말들이 귓가에 들리며, 하루하루 성공하며 스스로에게 들려 줄 메시지로 가득하다.

3 공언하기

진로시간에 함께 만들어 보았던 '내 꿈을 펼쳐 봐' 활동과 연결한다. 내 꿈을 떠올리며 적어 보았던 실천사항이 아직은 조금 먼 것처럼 느껴진다. 그 실천사항을 좀 더 구체화하여 21일 동안 매일 실천할 한 가지로 추리는 시간을 가진다. 내 꿈과 연결된 실천할 수 있는 한 가지를 찾는 시간을 생각보다 많이 어려워해서, 항목을 구체화하여 생각바구니에 먼저 써 보게 했다. 평소 손톱 물어뜯기나 구부정한 자세 등을 습관 챌린지에 적는 친구들도 있었다. 수의사라는 꿈을 이루기 위해 매일 수학 문제를 풀겠다는 친구도 있었다. 습관을 나의 꿈과 관련짓는 것이 다소 어려울지라도, 큰 비전으로 나아가기 위해 습관을 고쳐나가는 것을 새로운 도전으로 만들어 주고 싶었다. 미리 숙제로 살펴보고, 짝과 이야기 나누고 짝 앞에서, 친구들 앞에서 공언해 보는 시간을 가졌다.

아는 것과 행동하는 것이 연결되는 것

앎과 삶의 연결고리

한 번에 배울 수 있는 것이 아니라

전 삶을 통해서

도전해 보고

때때로 실패해 보고

그럼에도 불구하고

다시 한번 해 볼 수 있는 용기

생각바구니 글쓰기

1. 내가 버려야 할 습관은?
2. 내가 기르고 싶은 습관은?
3. 내 꿈을 이루기 위해서 실천할 습관은?
4. 21일 동안 실천할 한 가지 습관은?

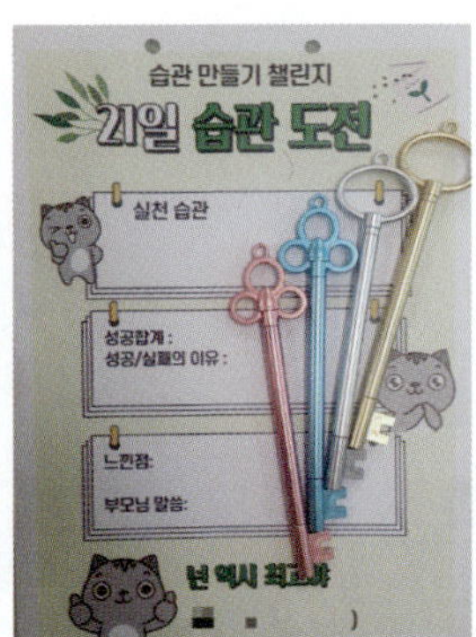

21일을 마무리하며 그 누구보다 성실하게 매일 피아노를 연습하고, 매일 그림을 그리고, 매일 방청소를 한 친구들도 있었다. 중간에 포기하고 싶어질 때 먼저 성공한 친구들이 선물로 받은 선물이 받고 싶어서 마지막까지 도전하는 친구도 있었다. 그 이유가 선물이었거나, 그냥 스티커판을 완성하고 싶었거나 각자의 동기와 이유는 다르겠지만 모두의 21일이 채워졌다.

작심삼일처럼 며칠 동안은 잘 실천하다가 흐지부지 되었던 친구도 있었다. 하지만 혼자가 아니라 함께여서 21일을 지내고 성공이든 실패든 작은 경험 하나를 쌓을 수 있었다.

챌린지를 마무리하며 어떤 선물을 준비할까 고민하던 중에 마침 '열쇠펜'이 눈에 들어왔다. 그 누구도 대신 열어 줄 수 없는 내 인생의 문. 그 문의 열쇠는 다른 누가 아닌 바로 내가 열어야 한다. 그 문의 열쇠 역시 내가 가지고 있다. 매일 꾸준히 실천했던 그 성실함이 열쇠가 되어 가 보지 않은 비밀의 문을 열어 가기를 기대한다.

3

국어: 헬렌켈러 본받을 점 생각하며 전기문 읽기, 내가 만든 이야기

1 친근하게 다가가기

초등학교 4학년 국어 2학기 교과서 지문에는 〈헬렌켈러〉가 나온다. 헬렌켈러는 설리번 선생님의 도움으로 장애의 어려움을 극복한 인물로 위인전에서 만나볼 수 있다. 아이들에게는 너무나 멀게 느껴질 헬렌켈러를 나의 초등학교 경험으로 소개했다.

국민학교 시절, 교실 문고함에서 만났던 헬렌켈러 위인전이 시작이었다. 그때 만난 헬렌켈레를 통해 설리번 선생님을 알게 되었고, 그 만남은 설리번 선생님 같은 선생님이 되는 꿈을 꾸게 했다. 그 꿈은 나를 교육대학교로 인도했으며, 교대 발표 수업 시간에 다시 만난 헬렌켈러 수업은 가장 기억에 남는 수업이었다는 것을 간략히 전했다.

"헬렌은 배우고 싶다는 뜨거운 마음이 생겼어요. 헬렌의 그 뜨거운 마음이 여러분 마음속 깊이 전해지기를 바라요."

2 질문 업그레이드

질문 사냥에 즐겁게 참여한 덕에 우리 반 친구들은 질문 만드는 것을 두려워하지 않았다. 이번에는 교과서 지문으로 연결하여 질문의 수준을 업그레이드 해 보았다. 질문 사냥에서는 그저 잡히지 않기 위해 기상천외한 질문 만들기에 재미를 느꼈다면 이번에는 사실, 상상, 적용 질문을 만들어 보며 질문의 수준을 높였다. 메타 질문까지 도전해 보려 했으나, 4학년 친구들에게는 아직 무리였다. 그래서 손쉽게 접근할 수 있는 질문 영역을 3가지로 나누어서 질문의 수준을 높여 보았다.

- **사실 질문** 책을 읽고 그 안에서 발견하는
- **상상 질문** 헬렌이 설리번 선생님을 만나지 않았다면?
- **적용 질문** 나도 앞을 보지 못했다면?

3 베스트 질문 뽑기

그동안의 흥미로운 동화책과 다양한 활동 위주의 수업에 비해 이번 수업은 어렵게 느껴지는 교과서 지문이었다. 그럼에도 친구들은 오히려 더 집중력을 보여주었다.

아마도 스스로 생각해 보고, 스스로 질문을 만들어 보는 그 활동이 가장 큰 동기유발이었던 것 같다. 이 시간이 바로 자신의 생각을 깨우는 첫걸음이다.

나의 질문을 이야기하고, 친구의 질문에 귀 기울여 보고, 더 연구하고 싶은 것을 찾아보는 시간.

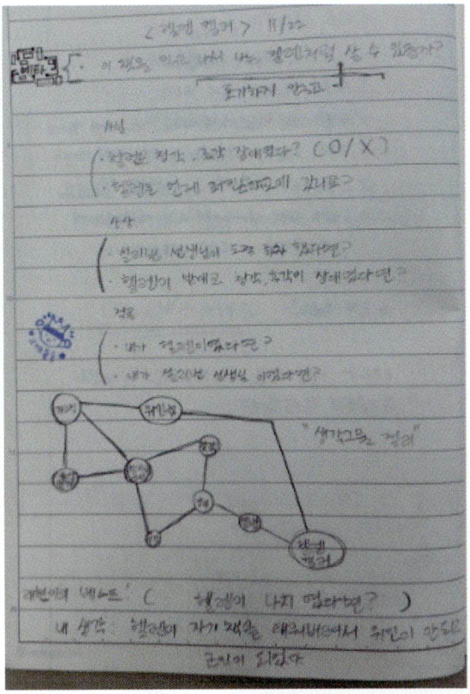

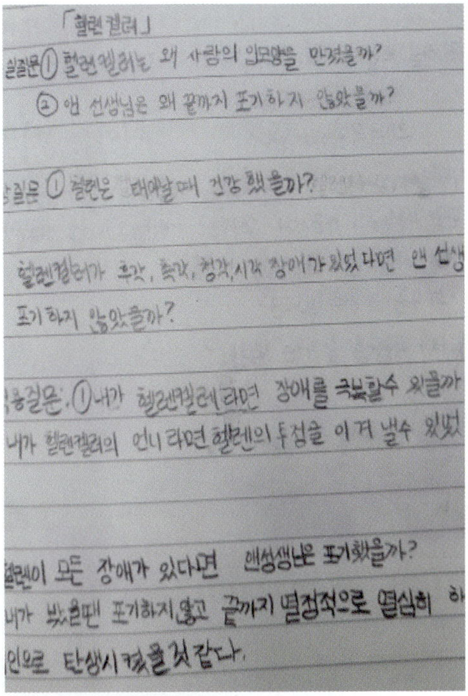
「헬렌켈러」
실질문① 헬렌켈러는 왜 사람의 입모양을 만졌을까?
② 앤 선생님은 왜 끝까지 포기하지 않았을까?
상질문 ① 헬렌은 태어날때 건강 했을까?
헬렌켈러가 후각, 촉각, 청각, 시각 장애가 있었다면 앤 선생
포기하지 않았을까?
용질문: ①내가 헬렌켈러라면 장애를 극복할수 있을까
내가 헬렌켈러의 언니라면 헬렌의 투정을 이겨 낼수 있었
헬렌이 모든 장애가 있다면 앤설생님은 포기했을까?
내가 봤을땐 포기하지 않고 끝까지 열정적으로 열심히 하
인으로 탄생시켰을것같다.

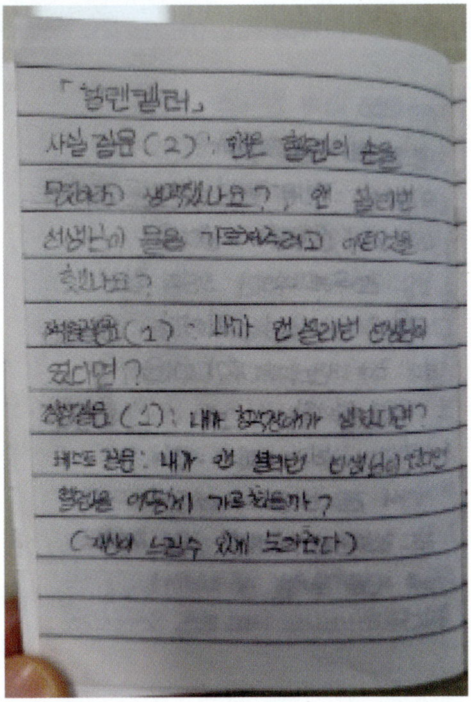
「헬렌켈러」
사실 질문(2): 헬렌은 헬렌의 손을
무엇이라고 생각했나요?, 앤 설리번
선생님이 물을 가르쳐주려고 어떤것을
했나요?
적용질문(1): 내가 앤 설리번 선생님이
었다면?
상상질문(1): 내가 청각장애가 생겼다면?
메타질문: 내가 앤 설리번 선생님이었다면
헬렌을 어떻게 가르쳤을까?
(재밌고 느낄수 있게 느끼게 한다)

4

사회: 피라미드 토의, 미래에 필요한 공공기관

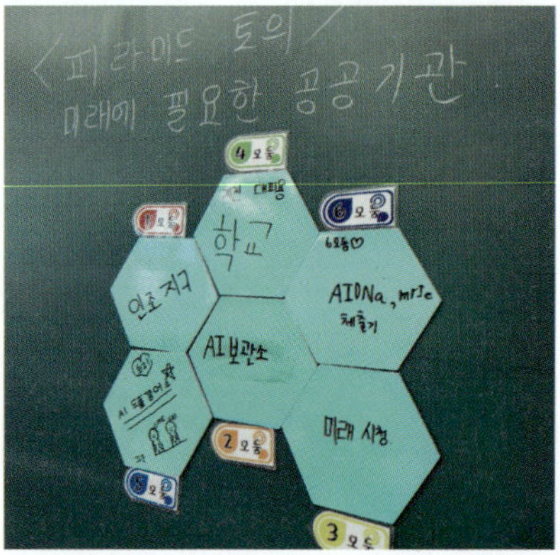

경기도의 생활 공공기관 단원에서 피라미드 토의 방법을 활용하여 1:1 토의, 2:2 토의 등으로 영역을 확대하여 토론 수업을 이어나갔다. 토론수업을 막연히 어려워하던 친구들도 '미래에 필요한 공공기관'이라는 흥미로운 주제에 적극적인 모습을 보였다.

"우리가 그동안 공공기관에 대해서 배웠는데, 미래에 꼭 필요한 공공기관에는 어떤 것이 있을까요?"

말랑말랑한 아이들의 머릿속에서는 기상천외한 미래형 공공기관이 만들어졌다.

"미래에는 AI가 지금보다 더 발전되어 있을 것 같아요. 그래서 저 대신 일을 하는 AI 도플갱어가 있을 것 같아요."

환경문제로 인한 제2의 인공지구부터 안전을 위한 지진 대피용 학교 등등 다양한 의견이 나왔다. 각자의 기발한 생각을 모두 발표를 듣기에는 시간이 부족하기에 짝과 먼저 이야기 나누기, 모둠과 이야기 나누기를 통해서 그 공공기관이 왜 필요한지 설명하는 시간을 가졌다. 모두 기발한 아이디어들이라 의견을 좁히기가 쉽지 않았지만, 서로의 이야기에 귀 기울이며 각 모둠별 최종 공공기관을 뽑아서 함께 전체 이야기를 나누었다.

토론 수업을 위해서는 흥미로운 주제 선정이 가장 중요하며, 그 어떤 의견이라도 수용하는 분위기 형성도 중요하다. 이 분위기 안에서 아이들은 자신의 의견이 소중하듯, 친구 의견도 소중히 여기고 귀 기울일 수 있는 마음의 여유를 가지게 된다.

한 가지 정답을 향해 나아가는 수업에서, 열린 해답을 찾아 나가는 수업을 하면 아이들의 생각이 확장됨을 지켜보는 특권을 누리게 된다.

하브루타 수업 방식의 핵심요소

1. 짝 토론
2. 질문 중심
3. 능동적 학습
4. 쉬우르(강의로 내용 정리, 새로운 시각 제시)
5. 서로 가르치기

하브루타 수업의 흐름을 살펴보면 다음과 같다. 짝 토론을 통해서 서로의 관점과 사고를 확장시킨다. 질문 중심 수업에서 교사의 역할은 해답을 주기보다 질문을 던지는 역할이 주를 이룬다. 학생들도 질문을 만드는 훈련을 질문 사냥을 통해서 하게 된다. 이 과정에서 능동적으로 학습에 참여하여 스스로 생각하는 힘을 기르는 것이다. 때때로 학습 목표에서 벗어나는 모습을 많이 목격할 수 있기에 교사의 적절한 개입이 필요하다. 이는 학습한 내용을 쉬우르(강의)로 정리하면서 새로운 시각을 제시하는 역할이다.

사회, 과학, 수학 시간에는 서로 가르치기를 활용하여 또래 멘토링을 활용한다. 이 시간은 학생 개개인의 메타인지를 발휘하는 시간이다. 친구가 친구를 가르치는 방법은 같은 나이, 비슷한 경험, 관심사를 통해 가장 적합한 단어를 활용하여 이야기하는 기회이다. 친구의 말로 쉽게 전해지는 수학, 알기 쉽게 가르쳐 주는 리코더 운지법 등 학생들의 최고 스승은 학생이다. 이 시간을 통해 가르치는 학생과 배우는 학생 모두 성장을 경험한다.

나와 네가 함께 성장하는 시간.

5

튤립 수경 재배 : 좋은 씨앗이 예쁜 튤립으로*

"성인 남성의 엄지손톱만 한 도토리 안에 60미터에 달하는 거대한 참나무가 들어 있는 셈이다."

『더 마인드』에서 만난 이 문장은 나를 설레게 했다. 무심코 지나치는 도토리 한 알에서 거대한 참나무를 바라보는 눈, 그 시선을 다시금 선물 받았다. 도토리가 가진 잠재력, 그 무궁무진한 가능성을 바라보는 눈이 바로 그것이다. 그 잠재력을 가시화할 수 있는 장치를 많이 마련하는 일. 그것이 엄마로서, 교사로서 나에게 주어진 강력한 미션이자 사명이다.

잠재력(潛在力): 잠길 잠, 있을 재, 힘 력.
겉으로 드러나지 않고 속에 숨어 있는 힘.

잠재력은 아직 눈에 보이지 않지만 분명히 가지고 있는 힘이다. 그래서 결국 본연의 모습으로 드러나게 되어 있는 힘이다. 누구나 가지고 있지만 스스로 발견하지 못한 나만이 가진 그 힘. 잠재력! 이 단어가 다시 설렘으로 다가왔다.

이 단어는 2006년, 첫 발령을 기다리며 설렘 가득했던 초임 교사 시절의 나를 만나게 해 주었다. 그 시절 나는 '우리 반 애칭을 어떻게 정할까? 어떤 교육철학으로 아이

* 저자가 공저로 참여한 『퓨처티처』에 실린 글을 활용하였다. ("잠재력을 보는 눈: 좋은 씨앗이 예쁜 튤립으로)

들을 만날까?' 고민하던 때였다. 요즘은 반 아이들과 함께 학급 이름을 정하며 교사와 학생이 함께 한 해 살이를 꾸려 나가는 반이 많다. 학급 경영에도 유행이 있는 것일까? 그 시절만해도 학급별 애칭을 만들어서 기수별로 운영하는 것이 일반적이었다. 그때 나에게 가장 중요한 가치는 우리 반 이름에서 찾을 수 있었다. 아직 눈에 보이지 않지만, 그 작은 씨앗 안에 처음부터 온전한 모습으로 가능성을 담고 있는 아이들. 그렇게 아이들을 바라보고 싶었다. 그렇게 우리 반의 애칭은 좋은 씨앗반이 되었다.

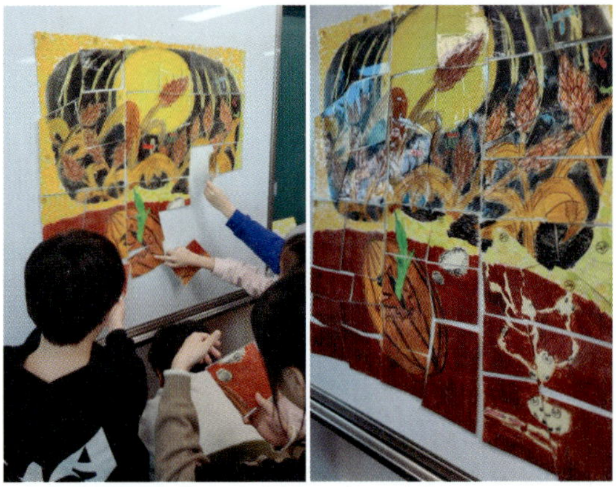

새 학기 첫날, 아이들의 책상에는 작은 퍼즐이 하나씩 놓여있다. 어색하고 낯선 분위기의 교실 공기를 바꾸어 줄 작은 장치가 한결같이 아이들을 맞이한다.

"선생님, 이 조각은 뭐예요?"
"이 퍼즐이 벌써 17년이 훌쩍 넘었어요. 선생님이 첫 제자들과 함께 만들었던 퍼즐이에요. 어떤 그림인지 맞춰 보세요."

퍼즐을 다 맞추는 동안 긴장하던 눈빛은 호기심 어린 눈빛으로 변한다. 눈치 빠른 친구들이 그림을 보며 우리 반의 이름이 무엇인지 스무고개를 시작한다.

"벼 이삭인데요?"
"달이 떴어요."
"여기는 너무 어려워요. 땅속인가요?"
"제가 해 볼게요."

볼멘소리 가득한 교실에서 나지막한 정답의 외침이 들린다.

"씨앗이 꿈꾸는 거예요?"

"네, 맞아요. 씨앗이 가을의 풍성한 수확을 꿈꾸는 모습이에요. 우리 반 이름은 무엇일까요?"

"가을반?"

"새싹반?"

"우리 반의 애칭은 좋은 씨앗반이에요. 우리 반 구호는 '서로 도와 좋은 열매를 맺자'인데…."

내친김에 급훈까지 일장 연설을 늘어놓는 나는 이제 아이들의 낯설음과 어색함을 보듬는 중견 교사가 되어 있었다. 올해 만난 '잠재력'이라는 키워드 앞에서 이토록 설렜던 이유는 어쩌면 초임 교사 시절의 그 설렘을 기억해 낸 전율이 아니었을까?

'작은 도토리 한 알을 보고, 거대한 참나무를 상상하기'

그렇게 아이들에게 잠재력과 가능성을 심어주고 싶었다. 그런데 내 교육철학이 아이들에게 스며들기까지 눈으로 보고 확인하는 장치가 필요했다.

'잠재력을 가시화할 수 있는 활동이 뭐가 있을까?'

강낭콩의 한살이는 4학년 교육과정에서 다루고 있지만, 2달이라는 시간 동안 아이들이 인내심을 가져야 했다. 결국 강낭콩이 뜻대로 자라지 않아서 관찰하지 못하는 경우도 많았다. 아이들은 식물을 너무 사랑해서 매일 물을 주기에 과습으로 죽기 일쑤였다. 물 주는 것을 좋아하는 아이들에게 딱 알맞은 활동이 바로 수경재배, 그리고 꽃을 선물할 수 있다면 더할 나위 없이 좋을 것 같았다. 교실에서 손쉽게 식물을 키우면서도 아이들이 가진 잠재력을 직접 경험해 볼 수 있는 최적의 아이템을 찾았다. 바로 튤립 수경재배였다. 그렇게 잠재력이라는 키워드는 교실에서 튤립 수경재배의 도전으로 이어졌다.

"선생님, 제 강낭콩은 죽었어요."

"선생님, 제 꽃은 왜 안 펴요? 저도 이렇게 안 자라는 거예요?"

초임 시절, 무수히 죽어 나가던 우리 반 식물들이 떠올랐다. 코로나 시절, 아들과 딸의 강낭콩 키우기에서 맛보았던 시행착오는 자연스레 식물에 대한 관심으로 옮겨졌다.

'한번 해 보는 거지. 잘 안 되면 또다시 하면 되지.'

딱 이 마음이었다. 작년 교실에서 나팔꽃을 키웠을 때, 햇빛이 적은 교실 창에서 꽃을 피운 것만으로도 감격이었던 그 순간이 떠올랐다. 흙을 옮겨 담고, 물을 주고, 낚싯줄을 달아주던 그 수고로움은 모두 잊은 채, 아름다운 추억으로 자리 잡았다. 올해는 튤립 수경재배를 통해 아이들의 삶에 '잠재력'이라는 키워드를 넣어주고 싶었다. 그리고 아이들이 이 경험을 통해 잠재력이라는 키워드를 체득하기를 바랐다.

"선생님은 식물을 키우기만 하면 모두 죽어요. 그런데도 혹시나 하는 마음에 또 키워요. 작년에 우리 교실에서 좋은 씨앗 선배님들과 나팔꽃을 키웠거든요. 근데 25개를 심었는데 꽃은 몇 송이 피었는지 알아요?"

"1개요?"

"다행히 하나보다는 많이 피었어요. 올해 튤립도 과연 몇 송이가 필지 정말 궁금해요. 근데 식물이 자라는 데 꼭 필요한 게 뭘까요?"

"햇빛이요."

"흙이요."

"좋은 씨앗이요."

"네, 꼭 필요한 것을 잘 이야기해 주었어요. 그런데 튤립 구근의 상태에 따라서, 교실에 햇빛이 들어오는 양에 따라서 자라는 속도가 다 다를 거예요. "

아니나 다를까, 배송된 튤립 구근은 곰팡이가 가득했다.

'과연 꽃 피울 수 있을까?'

걱정이 앞섰다. 폭풍 검색을 통해서 곰팡이 핀 구근을 어떻게 처리해야 할지 알아보았다. 곰팡이 핀 부분을 칼로 자르고 락스 소독을 해 주면 된다는 것이었다. 곰팡이 부분을 칼로 베어내고 상처 난 부분을 소독 티슈로 닦아주었다. 혹시나 모를 것을 대비해 다시 추가로 구근을 주문하고, 하염없이 꽃을 만나는 것이 기적임을 강조했다.

"교실에서는 햇빛이 충분하지 않아요. 구근의 상태도 이렇게 다 달라요. 튤립을 단 한 송이라도 피운다면 그것이 기적이에요."

매일 아침 아이들은 삼삼오오 교실 창가에서 이야기꽃을 피웠다.

"어, 이만큼 자랐어."
"처음에는 양파였는데, 이젠 파가 되었어."
"내가 늦게 받았는데, 내가 키가 더 자랐어."

매일 만나는 생명의 속삭임에 귀 기울이는 아이들의 모습을 바라보는 시간은 감사 그 자체였다. 숨 가쁘게 달려온 3월의 유일한 힐링 시간이었다.

'튤립 구근은 추운 겨울을 잘 이겨내고 4, 5월에 꽃을 피우잖아. 근데 햇빛이 부족한 교실에서 꽃을 피울 수 있을까?'

걱정 반 두려움 반, 시행착오의 가능성을 열어 둔 교실 속 실험. 그렇게 2주가 지났다. 우리 교실의 첫 튤립은 바로 그 곰팡이 구근에서 피어났다. 모양도 삐뚤빼뚤한 구근을 집었다며 속상해 했던 친구의 튤립이 가장 먼저 꽃을 피웠다.

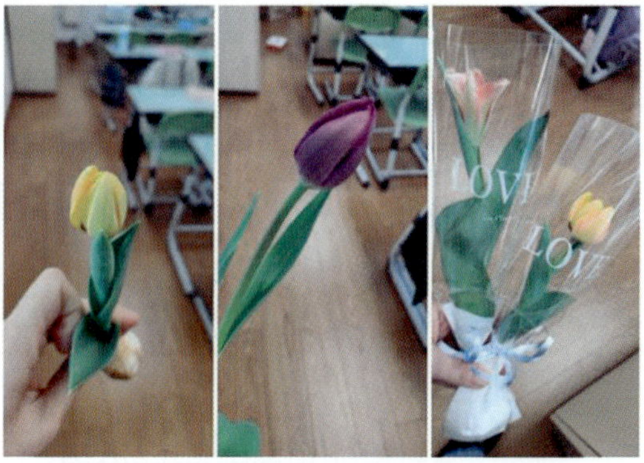

튤립에게서 인생을 배운다. 당장 눈앞에 보이는 곰팡이. 버려 버릴까? 어떻게 해야 좋을지 모르는 그때, 상처 난 부위를 잘라 내고, 소독 티슈로 닦아 내고 매일 정성을 쏟았더니 꽃을 보여 주었다. 나의 지나온 삶 어디쯤, 깊이 새겨진 그 상처도 조금만 관심을 기울이고 살펴 주었다면 이렇게 꽃 피울 수 있지 않았을까? 다른 이의 상처와 모난 부분을 발견했을 때조차, 오리고 자르는 것에만 날이 서 있었던 모습을 떠올린다. 그런데 튤립이 조용히 말을 건넨다.

'난 꽃 피우지 못하는 줄 알았어. 근데 내 상처를 드러냈을 때 잘 보살펴 줘서 고마웠어. 나는 가장 예쁜 꽃을 보여 주고 싶어서 이렇게 하얀 곰팡이로 너에게 다가갔는지 몰라. 외면하지 않고 고쳐줘서 고마워.'

오히려 오려 낸 그 부분이 환경에 맞게 적응해 가며 자기만의 색으로 꽃 피우는 그 모든 과정을 지켜볼 수 있었다.

잠재력을 알려주고 싶어서 시작한 튤립 수경재배였지만, 이 도전은 잠재력과 더불어 '견디어 냄, 살아내 보임'을 가르쳐 주었다. 튤립은 그 상처를 딛고 살아내 보여 주었다. 매일 정성을 쏟아서 관심을 기울여 주는 우리 반 친구들의 사랑을 먹고 견뎌 주었다. 나 역시 관심을 기울이는 것이 얼마나 큰 힘인지를 배웠다.

"네 안에는 이렇게 튤립을 꽃 피울 수 있는 무궁무진한 잠재력이 있어."

내가 전하고 싶은 것은 이 메시지였지만 아이들은 저마다의 메시지를 받았다.

"저는 구근을 늦게 받았어요. 내 구근은 늦게 심어서 꽃이 늦게 피는 줄 알았는데 오히려 제 꽃이 더 먼저 폈어요."

"제 튤립은 키가 너무 작아서 속상했어요. 그런데 꽃 핀 거 보니까 작은 게 더 예뻐요."

"도덕 시간에 성실을 배웠잖아요. 성실이 그냥 착한 건 줄 알았는데 이렇게 매일 꾸준히 물 갈아 주는 게 바로 성실이었어요."

"저는 가장 예쁜 구근으로 골랐거든요. 근데 제 튤립은 꽃을 못 피웠어요."

마지막까지 꽃을 피우지 못한 튤립이 있었다. 꽃을 피우지 못한 튤립이 실패한 것이 아니라, 꽃을 피운 튤립이 기적이라고 다시 되뇌어 주었다. 그래도 속상한 마음은 여전히 남아 있을 것이다. 이 시행착오를 실패가 아닌 좋은 추억으로 선물하고 싶었다. 퇴근길에 준비한 버터플라이 꽃을 선물했다. 한 구근에서 한 송이의 꽃을 피우는 튤립과 달리 버터플라이는 한 줄기에서 여러 송이의 꽃을 피운다.

"설마 실패라고 생각하는 거예요? 이 버터플라이 꽃을 꼭 기억해요. 실패가 아니라, 좋은 기억으로 남아 있기를 바라요."

"선생님, 제 튤립은 집에 가니까 시들어서 너무 아쉬웠어요."

"선생님, 제 버터플라이는 한 송이 지고 나니까 다시 옆에 작은 꽃이 피고 있어요."

'그래, 그렇게 각자의 기억으로 자리 잡은 이 경험이, 너희들이 흔들릴 때 작은 버팀목이 되었으면 좋겠어.'

지난 17년간 좋은 씨앗이라고 외치던 친구들에게 이제는 예쁜 꽃이라고 말할 수 있게 되었다.

"너희들이 바로 이 튤립처럼 자라날 거야."

이 아이들이 어른이 되어 각자의 자리에서 멋지게 주어진 일들을 해내고 있을 그 모습을 그려 보았다. 때때로 아무것도 할 수 없을 것 같은, 작아진 마음과 마주하고 있을 때, 가끔씩 초등학교 교실에서 키워 보았던 교실 속 튤립을 떠올리기를 바란다.

"너도 이렇게 자라고 있어. 하루가 다르게, 어제보다 오늘 더 자라고 있어."

교사는 교육과정에 맞춰 준비하고 가르치는 역할에 충실히 임한다. 하지만 아이들은 교사가 의도하지 않은 잠재적 교육과정을 통해서 배우고 성장한다. 나 역시 내가 가르치려던 것보다 아이들에게서 더 많이 배운다. 바쁘고 정신이 없어서 늘 피곤함을 달고 살았던 3월이 올해는 달랐다. 설레는 마음으로 등교하는 아이들을 보며, 덩달아 설레는 출근길이었다. 꽃을 피우기 시작한 2주 후부터는 어떤 색 튤립을 피울지 기대하는 마음이 가득했다. 다 핀 튤립을 꽃 한 송이 포장지에 포장할 때는 작은 선물을 나누는 기쁨을 선물 받았다. 온전한 힐링 시간이었다. 나에게도 아이들에게도 감사한 시간이었다.

햇빛이 충분히 들어오지 않는 교실 환경에서도 꽃을 피운 건 분명 아이들의 관심과 사랑 덕분이었다. 곰팡이 핀 구근에서 꽃이 핀 것도, 뒤늦게 배송된 구근에서 먼저 꽃이 핀 것도, 역시나 아이들의 관심과 사랑 덕분이었다. 꽃을 피우지 못한 튤립을 키운 아이들은 실패가 아니라, 또 하나의 경험을 선물받았다.

튤립 키우기는 남은 내 인생의 여정에도 동일한 메시지를 남겼다. 내 안에 아직 발현되지 못한 나만의 잠재력을 이렇게 매일 작은 도전으로 발현해 보고 싶다. 아이들과 같이 호흡하며 내가 가르쳐 주지 않은 것도 찰떡같이 알아듣는 청출어람의 교실에서 아이들을 만나고 싶다. 그 아이들에게서 나는 오늘도 배우며 함께 성장한다. 아이들의 목소리에 귀 기울이며, 아이들의 세계에 관심을 가지고 반응한다. 그렇게 대화가 살아 있는 교실을 꿈꾼다. 그 대화 속에서 감추어진 잠재력이 마음껏 발휘되는 그날을 오늘도 꿈꾸어 본다.

도전쌤의 비전 시크릿: 교실 튤립 수경재배 노하우

교실에서 식물을 키워 보세요. 작은 틈 사이로 자라는 초록이를 살펴보는 여유를 가지세요. 관심을 가지고 바라보면 초록이가 건네는 소리를 들을 수 있어요. 그리고 그 속삭임에 귀 기울이듯, 아이들에게 관심을 가지고 귀 기울여 보세요. 함께 자라는 시간이 될 거예요.

- 교실 튤립 수경재배는 아이들의 잠재력을 바라보는 눈을 선물합니다.
  "너희도 이렇게 자라고 있구나."
- 아이들에게 관찰의 눈을 선물합니다.
  "우와, 오늘 더 자랐어."
- 매일 정성을 쏟으며 성실을 배웁니다.
  "오늘도 깨끗한 물로 갈아줄게."
- 시행착오가 선물이 됩니다.
  "내 튤립은 곰팡이가 폈었는데 가장 먼저 꽃이 피었어."

☆ 준비물: 뚜껑이 있는 커피컵, 한 송이 포장지, 튤립 구근
☆ 교실 튤립 수경재배 시 튤립 구근 구입시기: 튤립 구근은 3월 초 통마늘 크기의 큰 사이즈로 구입 추천

1. 나만의 튤립 이름 지어 주기
2. 곰팡이 핀 구근은 칼로 오려내고 알콜 소독하기(소독 물티슈 가능)
3. 환기 자주하기
4. 물 자주 갈아 주기(매일 아침 물 갈아 주는 성실한 친구들을 만날 수 있어요.)
5. 사랑과 관심으로 키우기
6. 예쁜 튤립 감상하기, 꽃 한 송이 포장지에 담아서 선물하기
7. 꽃 피우지 못할 튤립을 대비해 선생님이 가장 좋아하는 꽃다발 미리 준비하기
8. 튤립 수경재배 마무리하는 날, 꽃을 피우지 못한 친구들에게 선물하기(시행착오의 과정 격려하기)
9. 튤립 수경재배 글쓰기와 연계 "튤립이 나를 기억할까?"

6

장점 100가지 찾기 챌린지 : 내면이 단단한 아이

내면이 단단한 아이로 성장하기 위해서 가장 중요한 것이 스스로를 긍정적으로 바라보는 시선이다. 스스로를 긍정적으로 바라보는 시선을 가시적으로 보여줄 수 있는 활동이 바로 〈장점 100가지 찾기 챌린지〉이다.

"100가지나 찾는다구요?"
"너무 많아요."
"10개만 찾아도 힘든데요."

역시나 아이들의 볼멘소리로 가득한 교실이다. 가정에서 아이들과 3개월에 걸쳐서 완성했던 장점 100가지 찾기의 시행착오를 반 친구들에게 늘어놓는다.

"선생님 아들이 3학년 때, 딸이 5학년 때 집에서 온가족이 함께 장점 100가지 찾기를 했었어요. 그때 얼마나 걸렸는지 알아요?"
"얼마나 걸렸어요?"
"3개월이 걸렸어요."
"3개월이요? 정말 너무 긴데요."
"그 경험을 가지고 이번에는 하루에 10개씩 찾아서 함께 완성해 보려고 해요."
"그래도 너무 많아요. 100가지는…"
"네, 그럼 오늘은 장점찾기 전에 〈나에게 들려주는 예쁜 말〉, 〈나를 기분 좋게 하는 말〉을 먼저 찾아볼게요."

"그건 많죠. '오늘 방학이야.'"

"개교기념일이야."

"학원 쉬는 날이야."

"빵 사왔어."

"라면 먹자."

"라면 먹자라는 말이 기분 좋게 하는 말이에요?"

"네, 라면 먹는 날은 기분이 좋거든요."

1 활동 1: 나에게 들려주는 예쁜 말, 나를 기분 좋게 하는 말

나에게 들려주는 예쁜 말

1. 매일 한 문장씩 뽑기
2. 매일 한 문장 읽기
3. 매일 한 문장 알림장에 쓰기(하루에 하나씩 긍정 글귀가 늘어나며 매주 월요일에 새롭게 리셋)
4. 한 달 동안 긍정 샤워

장점 찾기를 하기 전에 추천하는 활동은 〈나에게 들려주는 예쁜 말〉이다.

"잘했어. 대단해. 최고야. 사랑해. 자랑스러워. 멋지다."

아이들을 기분 좋게 하는 말을 모아서 매일 한 문장씩 들려주고, 알림장에 따라 쓰는 활동을 일주일간 함께 한다. 스스로 말하고, 스스로의 귓가에 들려주고, 바른 글씨로 필사하는 동안 긍정 샤워를 하며 아이들의 내면이 단단해지기를 바란다.

2 활동 2: 그림동화 『나는 빵점』

『나는 빵점』/한라경 글, 정인하 그림/토끼섬

"나는 어떤 빵일까요? 그림동화 속 빵들처럼 케이크에는 없는 맛있는 소보로, 달콤한 소라빵의 초코처럼 나는 빵점이 아니라 점수를 매길 수 없는 0점의 빵점이네요."

그림동화 『나는 빵점』을 함께 읽으며 나만이 가진 장점을 찾아 나간다. 화려한 케이크에 비해 한없이 초라해 보이는 식빵과 친구들이 자기만의 장점을 찾아 나가는 이 그림동화를 읽고나면 친구들의 눈빛과 생각이 달라진다.

"식빵말이에요. 식빵이 써브웨이에 있었으면 이런 걱정 안 했을 것 같아요."

"오호! 식빵이 써브웨이에 있었으면 왜 걱정을 안 했을까요?"

"써브웨이에서는 식빵 같은 호밀빵 종류가 다양하잖아요."

"정말 그래요. 써브웨이에 있었으면 아주 당당했을 것 같아요."

"네, 맞아요. 빵집에서는 케이크를 바라보느라 그 당당함을 잠시 잊었나 봐요. 식빵을 써브웨이로 보내면 되겠네요."

그림동화로 마음이 말랑말랑해진 친구들과 장점 찾기를 시작한다. 1일차에는 내가 잘하는 것 10가지 쓰기, 2일차에는 내가 좋아하는 것 10가지 쓰기를 이어간다.

"이제 더 이상 쓸 게 없어요."

라는 반응이 나올 즈음, 친구들에게 종이를 건네 서로의 장점을 적어준다. 3일차에는 친구들이 발견한 나의 장점으로 마무리한다. 친구들이 적어준 장점을 읽으며 입꼬리가 귀에 걸리는 아이들의 모습을 보게 된다. 아이들은 시키지 않아도 스스로 발표하려고 손을 든다. 4일차는 가정으로 보내서 가족이 함께 장점을 찾아보게 한다. 주어진 예시처럼 장점의 종류를 세분화해서 학교에서, 가정에서, 친구들과 있을 때 내 모습, 내 안의 미덕 등 다양하게 나의 장점을 바로 볼 수 있도록 안내하는 것이 중요하다.

"목소리가 큰 것도 장점이에요?"
"밥을 잘 먹는 것도 장점이에요?"

평소 장점이 아니라고 생각한 것도 장점이 될 수 있는지 물어본다.

"그럼요. 큰 목소리로 생각을 표현할 수 있으니 정말 장점이에요. 밥을 잘 먹으면 튼튼하고 건강하니 장점이지요."

스스로의 장점을 발견하는 매일 10분의 시간이 열흘간 차곡차곡 쌓여 간다. 특히, 친구들이 발견한 나의 장점과 가족이 발견한 나의 장점 찾기 시간에 아이들의 표정이 더욱 부드러워짐을 발견할 수 있다. 친구들이 적어 준 장점에는 저절로 입꼬리가 올라가며 서로 발표하겠다고 손을 높이 든다. 부모님께서 적어 주신 장점 숙제를 해 왔을 때는 이런 대답을 들었다.

"부모님이 적어주신 장점을 보니 기분이 어땠어요?"
"제가 말을 다정하고 예쁘게 한대요. 기분이 좋아요."
"저는 장점이라고 생각 안 했는데 적어주셔서 신기했어요."

3 활동 3: 나는 어떤 빵일까?

<나는 빵점> 생각바구니 글쓰기 도움질문

도움 질문1) 표지, 제목을 보고 든 생각은?
도움 질문2) 식빵은 왜 케이크가 부러웠을까?
도움 질문3) 식빵은 어떻게 스스로의 매력을 알게 되었을까?
도움 질문4) 나는 어떤 빵일까?(캔바 작품 설명하기)

캔바로 '나는 어떤 빵일까?'에 답해 보는 시간을 가졌다. 캔바는 주어진 이미지를 새롭게 재배치시켜서 나만의 생각을 표현할 수 있는 최고의 수업도구이다. 이미지의 재조합만으로도 생각을 구체화 할 수 있으며, 결과물이 완성도가 높아서 학생들의 성취감과 만족도를 높인다.

장점 100가지 찾기를 하고 난 후에 이 책을 만났기에 주인공 식빵을 바라보는 반 친구들의 시선이 따뜻했다. 따뜻한 시선을 글로 남기고 싶어서 질문의 도움을 받았다.

캔바 작품과 도움 질문 덕분에 한 편의 글이 완성되었다. 완성된 생각바구니 공책은 반 전체가 돌려 읽기를 한다. 반 친구의 글씨, 생각, 표현을 단시간에 배우는 시간이다.

"선생님, 친구들이 정말 잘했어요."
"어떻게 이런 빵을 생각했죠?"

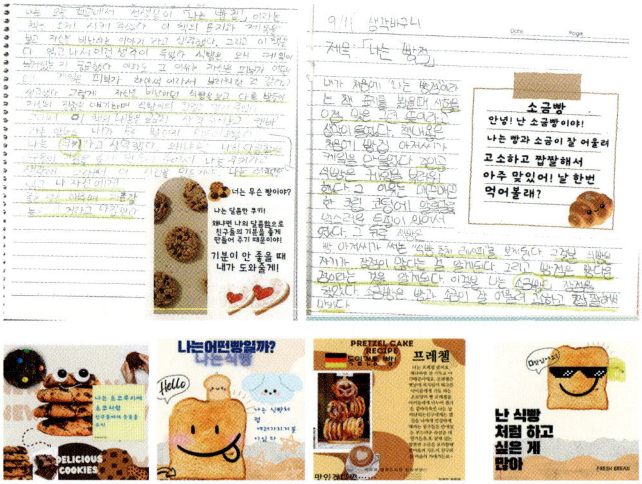

〈학생들 작품(캔바 활용)〉

4 활동 4: 장점 챌린지 성공 과자 파티

10일을 목표로 장점 챌린지를 시작했지만, 교과 활동 및 학교 행사를 제하고 나면 실제로 장점 챌린지에 참여하기 위한 날짜는 열흘을 훌쩍 넘겼다. 3주를 넘어서는 장점 챌린지를 마무리하며 과자 파티를 열었다. 스스로 먹고 싶은 과자를 준비하는 소소한 날임에도 불구하고 아이들은 이야기꽃을 피웠다.

"어떤 간식 가져올 거야?"

"난 젤리"

서로 조금만 노력하면 모두 도전하고 모두 성공할 수 있는 챌린지가 바로 장점 찾기 챌린지이다. 나의 장점을 이렇게 많이 찾아볼 수 있다니 스스로 뿌듯해지는 활동이다. 자신의 귓가에 스스로 들려주는 긍정의 언어이다. 스스로를 가장 아껴주는 긍정의 시간이다.

완성한 장점 챌린지를 부모님께 보여드리며 이야기를 나누는 숙제를 내주었다. 정성스럽게 글로 적어주신 부모님, 함께 다정하게 이야기를 나눈 부모님, 마음을 담은 스티커를 붙여주신 부모님 등 다양하게 아이들에게 마음을 표현해 주셨다.

"어떤 이야기 나누었어요?"

"네가 장점이 더 많은데 여기 다 못 적어서 아쉽다."

"여기 써 있는 말이 다 맞아."

"장점이 이렇게 많구나."

"정말 잘 썼어."

"장점이 많은 것처럼 네가 할 수 있는 것이 많단다."

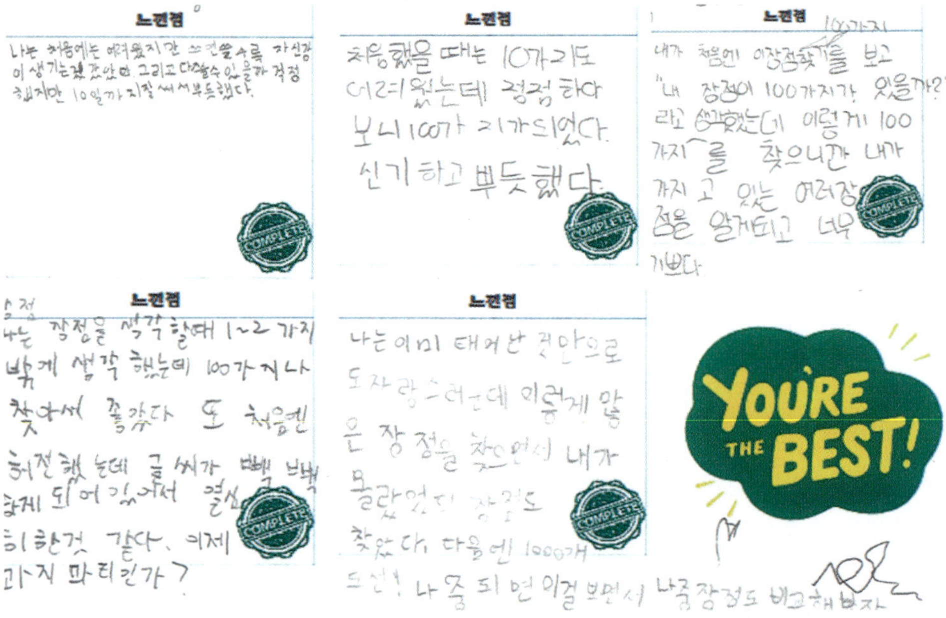

5 활동 5: 강점 마니또

학기 초에 많이 하는 마니또 활동을 2학기인 9월에 다시 배치해서 친구들의 강점을 발견하도록 한다. 나의 장점을 100가지 발견해 보는 활동에서 시선을 돌려 친구를 바라보게 하는 활동이다. 장점과 강점의 차이가 무엇인지 알아 볼 수 있다.

"우리가 함께 찾아보았던 100가지 장점 찾기에서 이제 그 친구만의 강점을 발견해 관찰해서 적어 주는 거예요. 아직 강점이 어렵다면, 친구의 칭찬 한 가지, 장점 한 가지를 관찰해서 적어 주세요."

"우리가 만든 칭찬 나무 아래에 칭찬을 듣고 싶은 다람쥐들이 가득하지요? 다람쥐에게 칭찬을 선물해 주세요. 마니또인 것이 들키지 않으려면, 내 마니또가 아닌 친구들도 칭찬하며 같이 넣어주세요."

이렇게 일주일간의 마니또가 시작되니 쉬는 시간에 아이들의 다툼이 현저히 줄었다. 모두 교실 뒤 게시판의 다람쥐 바구니에 편지를 보내기 위해 모였기 때문이다.

"선생님, 저 새로운 편지가 또 왔어요."

"선생님, 제 마니또 ○○이 같아요."

아주 작은 장치임에도 아이들이 좋아하는 마니또 활동은 학기 초에 많은 선생님께서 즐겨 하는 교실활동이다. 이 놀이를 강점과 연계해서 2학기에 함께 했더니, 서로에 대해서 좀 더 알게된 친구들은 학기 초보다 더 풍성하게 놀이의 참 묘미를 즐길 수 있었다.

6 활동 6: 강점 가게 놀이

마니또가 선물한 강점과 내가 생각하는 나의 강점 메뉴판을 만든다. 메뉴판의 가격은 스스로 재치 있는 몸동작으로 정한다. 친구의 강점을 살펴보며 구입하고 싶은 강점 가게에 찾아가서 미션을 완료하며 강점을 얻는 놀이이다.

"내 강점을 사면 어떤 점이 좋을까?"
"내 강점 맛보기 체험을 위한 동작이나 행동이 있을까?"

위 질문에 대답해 보며 스스로의 강점 미션을 정해 보았다. 계산을 잘한다는 강점을 적은 친구의 미션은 수학 문제 3문제 풀기, 글씨를 바르게 쓴다는 강점을 가진 친구는 이름을 바른 글씨로 쓰기. 미션을 통과하면 친구의 강점을 구입할 수 있었다. 내 강점을 생각해 보는 시간, 그 강점을 경험해 볼 수 있는 맛보기 미션을 정하는 것이 조금은 어려운 친구가 있다면, 같이 고민해 주면 된다. 그러면 친구들이 옆에서 기발한 아이디어를 함께 발산해 준다.

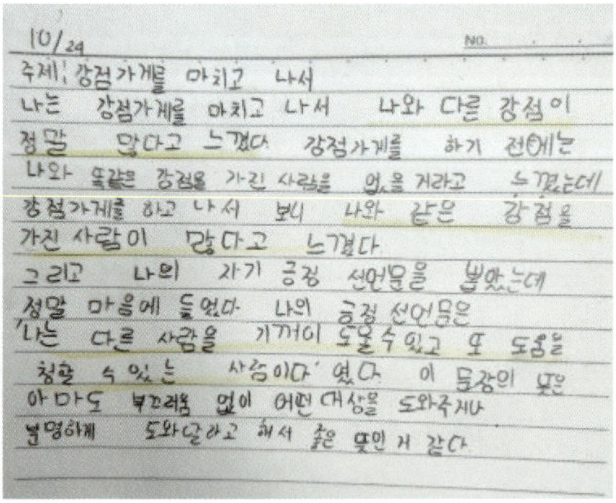

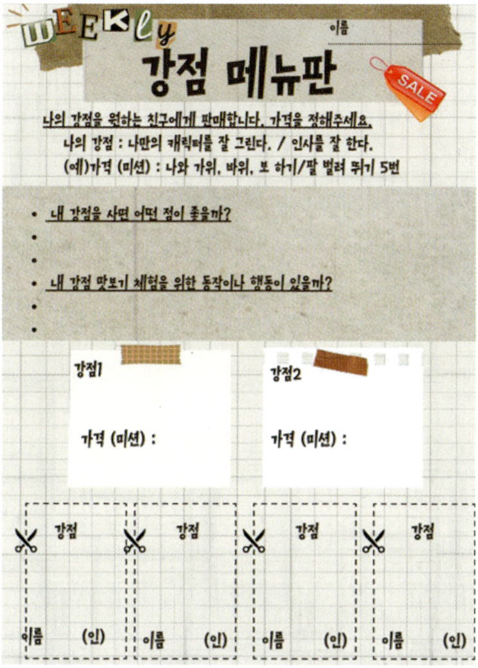

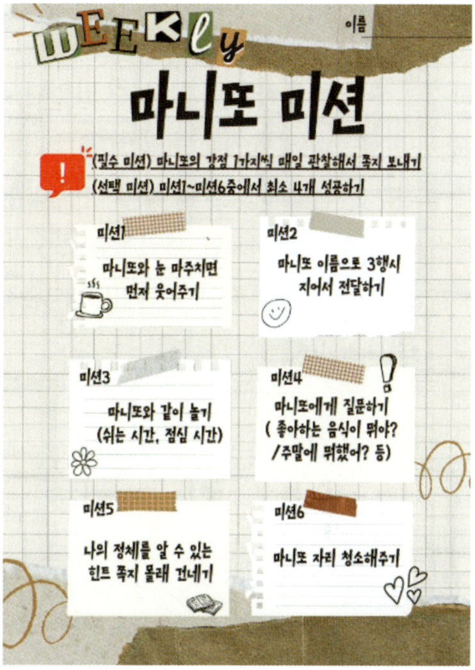

7 활동 7: 자기 긍정 선언문

장점 100가지 찾기 챌린지 연계활동으로 이어진 〈나는 어떤 빵일까?〉, 〈강점 마니또〉, 〈강점 가게〉 활동을 마무리 하며 자기 긍정 선언문(학토재) 뽑기 시간을 가졌다. 긍정적인 문장이 가득한 카드를 뽑았을 뿐인데, 그 문장 안에 담긴 의미를 생각하며 사뭇 진지해지는 모습을 발견했다. 뽑은 문장을 짝에게 소리내어 읽어주고, 새로운 짝을 만나서 다시 소리내어 읽어주는 시간을 가졌다. 그리고 생각바구니에 다시 그 문장을 필사했다.

"다음 컴퓨터 시간에는 이 자기 긍정 선언문을 캔바로 멋지게 꾸며 볼 거예요."

컴퓨터 수업과 연계해서 캔바로 멋지게 꾸며 보았다. 도화지로 인쇄해서 작은 명함 사이즈로 선물하고, 알림장 쓰는 시간에 이 문장 중 한 문장을 뽑아서 매일 필사를 했다. 교실에도 멋진 작품으로 전시할 수 있었다.

두 달 동안 이어진 '교실 속 하브루타 자존감 수업'은 어쩌면 4학년 친구들이 함께 하기에 다소 지루하게 느껴질 수 있었던 수업이다. 그럼에도 불구하고 즐겁게 참여해 준 우리 좋은 씨앗들에게 정말 고마웠다.

친구들과 함께 장점을 찾아보며 나를 조금 더 알아 가는 시간이었다. 마니또라는 작은 장치 하나로 서로를 바라보는 흐뭇한 시간이었다. 강점 가게를 열어 놀이처럼 서로의 강점을 격려해 주는 시간이었다. 긍정적인 나와 마주하는 자기 긍정 선언문을 마음에 새기는 시간이었다.

이 책을 읽는 모든 이들에게 작은 긍정 물결이 전해지기를 바란다. 그 긍정 물결이 교실에서, 아이들의 삶에서 울려 퍼지기를 바란다.

〈학생들 작품(캔바 활용)〉

장점 100가지 찾기 챌린지

이름 :

1일차 : 내가 잘 하는 것		2일차 : 내가 좋아하는 것		3일차 : 친구들이 찾은 나의 장점	
1		11		21	
2		12		22	
3		13		23	
4		14		24	
5		15		25	
6		16		26	
7		17		27	
8		18		28	
9		19		29	
10		20		30	

4일차 : 가족이 찾은 나의 장점		5일차 : 내 안의 미덕		6일차 : 학교에서 나의 장점	
31		41		51	
32		42		52	
33		43		53	
34		44		54	
35		45		55	
36		46		56	
37		47		57	
38		48		58	
39		49		59	
40		50		60	

장점 100가지 찾기 챌린지

7일차 : 집에서 나의 장점		8일차 : 친구와 있을 때 나의 장점		9일차 : 놀이할 때 나의 장점	
61		71		81	
62		72		82	
63		73		83	
64		74		84	
65		75		85	
66		76		86	
67		77		87	
68		78		88	
69		79		89	
70		80		90	

10일차 : 다시 생각해도 이건 나의 장점		느낀점
91		
92		
93		
94		
95		
96		
97		
98		
99		
100		

7

노키즈존 토론: 왜 아이들은 안 되는 거야? (엄마의 시선)

이번 여행은 아이들이 주도하게 해 보고 싶었다. 여행을 가기 전, 경주에 대해서 충분히 이야기를 나누고 2박 3일의 일정 중 하루에 한 코스씩 각자 가고 싶은 장소를 정해 보기로 했다. 옛날 사람인 나는 경주 여행 책을 빌려 왔고, '요즘 애들'인 아이들은 인스타와 유튜브 여행 브이로그를 검색했다. 각자의 방식으로 검색을 마치고, 여행코스를 하나씩 선정했다.

딸은 경주를 대표하는 첨성대 야경을 필수 코스로 담았다. 아들은 경주 야경 중에서도 월정교를 뽑았고, 불국사 가는 길에 있는 풍력발전소를 가고 싶어 했다. 나는 경주만의 특색이 있는 대릉원, 남편은 불국사를 뽑았다. 첨성대, 월정교, 대릉원, 불국사는 경주를 대표할 만한 장소였지만, 풍력발전소라니 조금 의아했다. 하지만, 아이들의 코스를 존중하기로 했다. 각자의 코스에서는 가이드가 되어 그 장소를 안내해 보기로 했다.

역시 스스로 하는 것만이 남는다. 여행 후 가장 기억에 남는 장소가 어디였는지 물었을 때, 각자 선택한 장소를 뽑았다. 휴대전화기에 담긴 사진의 개수를 보니 기존 여행지의 두 배가 넘었다. 스스로 선정한 여행지의 사진이 단연 압도적 1위였다.

"완전 엽서 사진이야."

월정교 야경에서는 돌다리 위에서 위험천만한 사진을 찍었기에 더 기억에 남았다. 야경을 기억 속에 담기 전, 또 기억에 오래 남을 순간이 기다리고 있었다. 바로 '노키즈존'이었다. 식사 역시 각자의 추천코스대로 움직이고 있었는데, 아들 추천코스였던 스파게티 집에서 땀을 식히며 메뉴판을 보다가 들려 온 첫마디가 다소 청천벽력이었다.

"몇 학년이지요?"

"초등학생이에요."

"죄송합니다. 저희 가게는 중학생부터 입장이 가능해요."

그때부터 아들의 씩씩거림이 시작되었다. 이런 곳이 어디 있느냐, 열심히 찾아왔는데 노키즈존이 말이 되느냐며 억울함을 말로 풀어내고 있었다. 그때 잠자코 있던 딸의 한마디.

"너 같은 아이들 때문에 노키즈존이 있는 거야."

"뭐라고?"

"다른 사람들은 조용히 밥 먹고 싶은 거잖아."

"내가 얼마나 떠든다고. 사장님은 학생을 받아야지 가족이 같이 식사하러 오지. 참나."

"그래, 근데 왜 노키즈존이 있는 걸까? 찾는 사람이 있으니까 운영되고 있는 거잖아."

"가족 단위도 있지만, 조용히 연인들과 함께 오고 싶을 수도 있고, 식사 시간에는 음악을 들으면서 차분하게 먹고 싶은 거지."

그렇게 이야기를 나누게 되었다. 다음 식당에 도착해서는 먼저 물었다.

"여기 노키즈존이에요?"

"아닙니다. 어서 오세요."

아들은 신나서 루프탑으로 올라갔다. 황리단길이 내려다보이는 식당에서 저녁노을을 바라보며 식사를 하게 되었다.

"노키즈존이라서 못 들어간 덕에 새로운 가게를 알게 됐어. 여기 경치 정말 좋다."

여행을 다녀와서 초등 4학년인 우리 반 아이들과도 노키즈존에 대해서 이야기를 나누었다. 비슷한 또래의 초등학생이라서 그런지 아들과 같은 격한 반응을 보이며 아들 편에서 이야기를 해 주었다. 하지만, 사장님의 입장에서 노키즈존으로 운영할 수밖에 없는 이유에 대해서도 아이들은 잘 알고 있었다. 여행지에서 만난 노키즈존은 수업시간으로 이어지며 공공장소에서 지켜야 할 에티켓에 대한 이야기로 옮겨졌다.

노키즈존은 노실버존으로 확장되었다. 우리 사회는 서로의 불편함을 감수하고 함께 어울려 사는 삶에서 각자의 고유 영역을 존중해 주는 분위기로 바뀌고 있다. 하지만 아이들과 어르신을 제외한 공간에서만 공유되는 문화가 있음에 조금 씁쓸하기도 했다. 아이들과 대화를 통해서 어떤 불편함 때문에 구역을 나누게 되었는지 이야기 나눌 수 있었다. 함께 생활하는 문화에서 서로에게 불편한 행동을 안 하도록 노력해야 하는 것도 알아가게 되었다. 하지만, 모든 것을 다 이해할 수 있는 나이는 아니기에 서로의 입장을 이야기해 보는 것으로 마무리 지었다.

왜 아이들은 안 되는 거야? 왜 어른들은 안 되는 거야? 예나 지금이나 각 세대를 나누는 구역이 존재한다. 서로 함께 어우르며 살아가다 보면 불편한 지점은 분명 있지만 그 불편한 지점에서 또 새로운 개선점이 나오기도 한다. 노키즈존이 그러하다.

"카페 갔을 때 생각해 봐. 카페 2층은 노키즈존이었잖아. 조용히 차 마시고 싶은 거야. 키즈카페가 아니라 카페니까."

중학생 누나의 말이야 어떻든 아들은 다시 반복한다.

"왜 아이들은 안 되는 거야?"

8

노키즈존 토론: 왜 아이들은 안 되는 거야?
(아이들의 시선)

노키즈존 찬반토론 과정

1. 노키즈존에 대한 생각 글쓰기(노키즈존의 뜻, 관련 내용, 내 생각 정리)
2. 반 친구들이 쓴 생각바구니 글 돌려 읽기
3. 반 친구들 글 읽고, 짧게 느낀점 쓰기
4. 하베르와 함께 이야기 나누기(짝 바꾸어서 3회 반복)
5. 전체 토론 후 찬성 반대 자리를 바꾸어서 다시 토론

1 노키즈존에 대한 생각 글쓰기 : 노키즈존의 뜻, 관련 내용, 내 생각 정리

"지난번에 얘기했던 식당에서 밥 못 먹었던 선생님의 아들 이야기 기억해요?"

"네, 노키즈존은 차별이에요."

"네, 이번 하브루타 시간에는 노키즈존에 대한 찬반 토론을 해 보려고 해요. 다음 주까지 생각바구니에 '노키즈존의 뜻과 내 생각 쓰기'가 숙제입니다."

그렇게 일주일의 시간을 주고, 토론 수업을 준비했다. 두세 줄로 의견을 마무리 한 친구부터 한페이지를 가득 채워 온 친구까지 토론 수업에 대한 온도차가 느껴졌다.

"저 이렇게 많이 쓴 거 처음이에요."

"언제 토론해요? 저희가 이길 거예요. 끝장토론!"

"학원 토론 수업에서 제가 이겼어요."
"3학년 때 토론 해 봤어요."
"전 안 해 봤어요. 토론하는 거 유튜브에서 봤어요."

이기고 지는 것에 익숙한 친구들이기에 토론 역시 승부를 내고야 말겠다는 결연한 의지를 보였다. 아이들의 승부욕을 잠시 잠재우며 토론의 의미를 다시 새겨 주었다.

"토론은 왜 하는 걸까요?"
"누가 맞았는지 틀렸는지 알려구요."

마침 책상 위에 놓인 『숙론』이라는 책의 표지를 실물화상기에 보여주며 말을 이어갔다.

"선생님이 요즘 읽고 있는 책인데요. 표지에 뭐라고 적혀 있나요?"
"'누가 옳은가가 아니라 무엇이 옳은가를 찾으려는 것이다.'라고 써 있어요."
"네, 맞아요. 토론은 이기거나 지려고 하는 게 아니에요. 서로 다른 생각을 들어 보고, '이렇게 생각하는구나! 난 다르게 생각했는데!'라고 내 생각의 틀을 깨는 거예요."

한 친구가 외치는 소리에 다 같이 한목소리로 외친다.

"세상은 재미있는 곳이란다. 이기거나 지려고 태어난 게 아니야. 내 몫만큼 즐겁게 살려고 온 것이지."

교실 뒤 게시판을 장식한 이 문구를 한목소리로 외치며 마음을 가다듬었다.

"이야기하다 보면, 지는 것 같기도 하고, 꼬리에 꼬리를 물면서 반박을 하게 될 거예요. 그 모든 과정이 서로의 생각을 넓히는 중이라는 걸 꼭 기억했으면 좋겠어요. 내 생각의 틀을 깨뜨리고 더 넓어지는 시간이요."

2 반 친구들이 쓴 생각바구니 글 돌려 읽고 느낀점 나누기

평소 글씨보다 더 정성스러움이 느껴지는 생각바구니를 읽으며 돌려 읽기를 했다.

"다른 친구들이 쓴 글을 모두 읽어볼 거예요. 다 읽은 생바(생각바구니)는 옆으로 넘기고 다시 내 공책이 돌아올 때까지 집중해서 읽는 시간을 가지겠습니다."

"오~! 이 생각 좋다."

"이게 무슨 글씨야?"

"이야~ 이렇게 길게 쓴 거야?"

"잘 정리되어 있어."

잠시도 조용할 틈 없는 초등교실은 아이들의 웅성웅성 소리로 빈틈이 없다. 하지만 이 웅성임은 기분 좋은 웅성임이었다. 열 번의 잔소리에도 변하지 않던 아이들이 서로의 글을 읽으며 스스로 깨닫는 순간이기 때문이다.

"친구들의 글을 읽으면서 혼자 읽기가 너무 아쉬울 정도로 멋진 글이 많았어요. 친구들 글을 읽고 어떤 느낌이 들었는지 생바에 적어 볼게요."

"글씨를 좀 잘 써야겠어요."

"노키즈존 말고도 다른 사람들이 들어가면 안 되는 곳도 조사해 온 친구가 정말 멋졌어요."

"글을 정말 잘 요약한 친구 걸 읽는데 나도 그 친구처럼 쓰고 싶어졌어요."

생각바구니에 글을 쓸 때, 도움 질문, 생각그물, 표로 정리하는 법을 보여준다. 이때 한 가지 방법을 고집하기보다 다양한 방법이 있음을 안내하는 편이다. 선생님이 가르쳐 주는 정리 방법도 좋지만, 아이들은 실물화상기를 통해서 보여주는 친구들의 글씨체, 그림체 등을 보면서 모방을 통해서 배워 나가는 순간이 훨씬 많다. 아이들의 스승은 아이들이다.

서로에게 배우는 최고의 시간이 바로 토론 수업이다. 이기고 지는 시간이 아니라 이렇게 다양한 생각이 있음을 알아가는 시간이다.

3 하베르와 함께 이야기 나누기(짝 바꾸어서 3회 반복)

흔히 생각하는 토론 수업은 책상을 둘로 나누어서 찬반의 대결 구도로 바로 시작하는 것이다. 하지만, 우리 반 토론 수업은 조금 다르다. 수업 전에 생각을 글로 써 보면서 정리한다. 수업 중에는 친구들의 글을 읽어 보며 나의 생각을 확장한다. 토론 중에 친구의 의견이 마치 나의 의견인 것처럼 더해져서 활발히 토론에 참여할 수 있다. 이렇게 생각의 영역을 확장하고 난후, 하베르와 1:1 대화를 3회 반복한다. 내짝과 1회, 새로운 짝을 만나서 2~3회 반복하며 내가 말할 핵심을 반복 연습한다. 찬성과 찬성의 만남, 찬성과 반대의 만남, 반대와 반대의 만남 등 다양한 우연을 통해서 공통점과 차이점을 알아가는 시간이다. 전체 토론에서는 발언권을 가지지 못하거나 수줍어서 말을 하지 못했던 친구들도 하베르와의 대화에서 의견을 표현할 기회를 주는 것이다.

4 전체 토론

찬성과 반대로 나뉘어 자리만 바꾸었을 뿐인데 긴장된 모습이 보인다. 손을 파르르 떠는 친구, 목소리가 떨리는 친구, 재치 있게 반론을 제기하는 친구 등 역동적인 모습이 펼쳐진다. 선생님은 사회자로서 양쪽에 균등하게 발언기회를 주며 토론을 자연스럽게 잇는 다리 역할을 한다. 타인에게 피해를 끼치는 행동에 대한 의견이 나왔을 때는 첨언을 하며 생각할 점을 이야기 나눈다.

"노키즈 존을 찬성한다면, 아이들은 어디에서 기다리나요?"

"친척이나 이웃에게 맡기면 되죠."

"친척이 멀리 있어서 맡길 수 없을 때는 어떻게 하나요?"

"옆집이 있잖아요. 그래도 초등학교 4학년이면 혼자 있을 수 있는 나이입니다."

"그럼, 신생아나 유치원생이 있을 때는 어떻게 하나요?"

"신생아나 유치원이 있는 가정의 부모님은 아이를 두고 밖에 나가지 않습니다. "

"네, 바로 그래서 부모님들도 부모님만 있는 조용한 휴식이 필요하기 때문에 노키즈존이 있어야 어른들도 편하게 쉴 수 있는 겁니다."

"그럼, 어른들이 편하게 쉴 때 아이들은 어떻게 합니까?"

노키즈존에 대한 불편함과 차별성, 평등에 대한 이야기에서 어린이를 집에 두고 나갈 경우에 대한 것으로 이야기가 잘못 흘러가고 있었다. 이럴때는 교사의 첨언이 필요하다. 이때 이야기가 어디까지 진행되었는지 찬성과 반대의견을 요약해준다.

"찬성 측은 어른들만의 공간에서 편하게 쉴 수 있도록 노키즈존이 있어야 한다는 의견이었어요. 반대 측은 어른들의 휴식을 위해서 아이들을 집에 홀로 두는 것은 옳지 않기에 가족이 함께 갈 수 있도록 노키즈존을 없애야 한다고 했어요. 노키즈존 찬성과 반대 입장의 새로운 의견을 제시해 주세요."

5 전체 토론 후 찬성 반대 자리를 바꾸어서 다시 토론

토론의 열기를 살짝 식힐 수 있도록 교사의 적절한 개입이 필요한 순간이다. 이 토론의 묘미는 결론이 없는 토론이 절정에 이르렀을 때, 찬성과 반대 입장을 바꾸어서 다시 토론하는 것이다.

"네? 저는 찬성만 생각했는데요?"
"저두요."

이렇게 예상치 못한 상황을 마주하게 하는 것이다.

"네, 맞아요. 서로 찬성쪽 의견만, 반대쪽 의견만 생각했을 거예요. 아까 친구들의 다양한 글을 미리 읽어 보았으니, 이번에는 찬성쪽은 반대를, 반대쪽은 찬성을 토론해 보겠습니다. 생각을 정리할 시간을 줄게요."

동공이 흔들리며 무슨 말을 할지 몰라 하는 친구들이 조용해졌다. 이렇게 두 번째 대토론이 이어진다. 첫 번째 토론보다 주고받는 의견이 다소 줄어들었지만, 상대방의 입장이 되어 다시 반론을 제기하는 친구들의 모습이 사뭇 진지하다. 토론을 다 마치고 오늘 수업이 어땠는지 생각바구니에 적는 시간을 가졌다.

"오늘 토론 수업 어땠어요? 수업 후 소감을 들어 볼게요."

"노키즈존을 없애야 하나 있어야 하나는 우리가 정할 수 없는 것 같아요. 이유는 없애야 한다고 생각하면 또 있어야 될 것 같고, 있어야 한다고 하면 또 없애야 할 것 같아서요."

"맞아요."

"친구의 글을 읽고 나니 반대였는데, 토론 하고 나니까 뭔가 웅장한 기분이었어요."

"전 여전히 노키즈존이 있어야 한다고 생각해요. 근데 반대하는 친구들 의견도 들어보니 조금 이해가 가요. 그리고 전체 토론을 할때는 반대하는 친구가 반박을 너무 잘해서 조금 놀랐어요."

이렇게 2차시에 토론 수업이 마무리되었다. 처음에는 찬성 7, 반대 11, 중간 1이었는데, 중간에는 찬성 12, 반대 7, 중간 0으로 토론이 진행되었다. 마무리에는 찬성 13, 반대 6, 중간 0이었다.

"이렇게 여러분의 생각을 글로 쓰고 친구들의 생각을 들어 보니 어떤가요? 오늘 수업을 하고 난 후 생각이 바뀐 친구도 있었어요. 누가 옳으냐가 아니라 무엇이 옳은가를 찾는 시간이었어요. 노키즈존이 필요한 이유는 무엇이었나요?"

"아이들이 시끄럽게 떠들고 매너를 지키지 않아서요."

"네, 맞아요. 노키즈존을 만들 경우, 어떤 점이 불편했나요?"

"가족이 같이 가고 싶은 곳인데 노키즈라고 적혀 있으면 함께 할 수가 없어요. 잘하는 친구들도 많은데 모두 안 지키는 것처럼 하니까 차별이라고 생각이 들었어요."

"네, 맞아요. 오늘 친구들의 이야기를 들어 보면서 여전히 노키즈존인 곳도 있고, 노실버존, 노줌마존으로 범위가 넓어진 것도 알 수 있었어요."

"근데요. 제가 간 곳은 건물인데 1층은 같이 사용할 수 있고, 2층만 노키즈존인 데도 있었어요."

"네, 바로 그렇게 서로의 의견을 절충해 나가는 거예요."

"절충이 뭐예요?"

"서로 다른 생각이 잘 어울리게 알맞은 방법을 생각해 내는 거예요."

아이들과 함께 한 토론 수업이 참 의미있었다. 다음 토론 수업 주제는 뭔지 물어보는 아이들 앞에서 어깨가 으쓱해진 나를 만난다. 한편으로 또 흥미로운 주제를 무엇으로 삼을지 고민이다. 다음에는 국어 교과서에서 찾아볼 생각이었는데 흥미를 잃으면 어쩌나 하는 걱정이 앞선다. 항상 재미있고 흥미로운 주제로 토론을 할 수는 없다. 딱딱하고 의견이 맞지 않는 주제를 가지고 첨예하게 대치하는 것이 현실이기 때문이다. 아직은 말랑말랑한 것을 먹으며 재미를 찾아가는 초등 시기. 이 시기의 신나는 토론 수업은 성인이 되어 마주할 첨예한 대립 순간의 맛보기이다. 이 재미를 통해 서로의 생각을 넓혀가는 과정으로 여기는 작은 밑거름이 되기를 바란다.

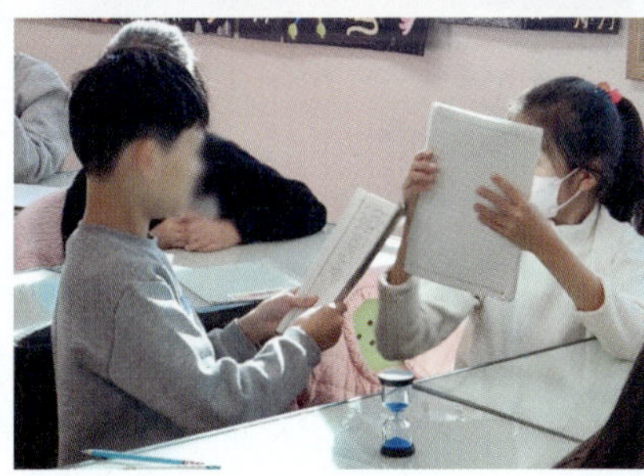

9

제돌이의 행복 토론

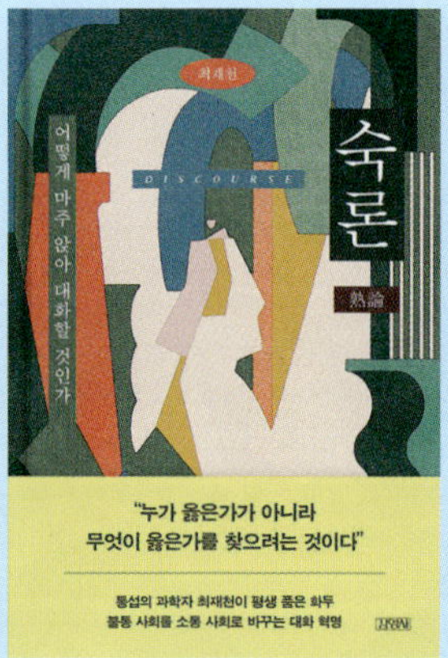

『숙론』/최재천 지음/김영사

"우리가 지난번 노키즈존에 대한 토론을 했을 때, 어느 팀이 이기고 졌는지에 대해서 중요하게 생각했었죠. 이 책에서는 이렇게 적혀 있어요. '누가 옳은가가 아니라 무엇이 옳은가를 찾으려는 것이다.'"

이기고 지는 것에 익숙한 친구들에게 무엇이 옳은가를 찾도록 안내해 준 책이 바로 『숙론』이었다. 생물학 박사인 최재천 교수가 2012년 제돌이 야생 방류 위원회의 위원장을 맡았던 이야기가 흥미로워서 이번 토론 주제는 '제돌이의 행복'으로 정했다. 그리고 찬반 대립구도의 토론이 아니라 패널토의로 방향을 바꾸었다. 패널은 동물원의 제돌이, 동물보호단체, 사육사, 야생 돌고래로 다양한 입장에서 이야기를 진행해 보았다.

『숙론』에 적힌 제돌이의 이야기를 연도별로 간단히 요약해서 전해주었다. ppt도 그림 자료도 준비되지 않은 판서 수업이었지만 아이들은 집중했다. 신문기사를 시작으로 일사천리로 진행된 〈제돌이 야생 방류 시민 위원회〉 결성과 대법원 판결을 통해서 급물살을 타게 된 이야기를 전했다. 하지만 제돌이를 바다로 돌려보내기 위해 과학자, 환경단체, 동물보호학자 등 다양한 분야에서 함께 힘을 모아야 했다. 『숙론』의 현장을 교실에서 미니 사이즈로 경험하기 위해 제돌이를 바로 바다로 보낼 수밖에 없었던 이유에 대해서 충분히 이야기를 나누었다. 실제로 같이 잡혔던 다른 돌고래는 다시 동물원으로 돌아갔다는 이야기도 함께 전했다. 안전한 울타리에서 살았던 제돌이를 거친 바다로 다시 돌려보내기 위한 노력과 그에 따른 경제적 문제까지 함께 전했다. 그리고 모둠별로 패널 중 한 사람이 되어서 그 입장에서 간단히 글을 써 오는 생각바구니 숙제가 주어졌다.

제돌이 이야기

- 1995. 제주 앞바다에서 제돌이 잡힘
- 2012. 3. 3. 「제돌이의 운명」 신문기사
- 2012. 4. 17. <제돌이 야생 방류 시민 위원회>
- 2012. 3. 28. 대법원 판결
- 2013. 7.18 제돌이, 춘삼이는 가두리에서 돌보다가 제주 바다로 보냄
- 2016. 3. 28 아기돌고래와 함께 있는 모습 발견
- 2017. 7. 18 제돌이 야생 방류 성공

"다음 창의 하브루타 시간에는 제돌이의 행복에 대해서 함께 토론을 할 거예요. 동물원의 제돌이, 동물보호단체, 사육사, 야생 돌고래 중 한 패널이 되어서 글을 적어 오

는 숙제입니다. 혹시 제돌이에 대해서 더 궁금한 것이 있는 친구는 조사해서 알려주세요. 추가 조사는 선택입니다."

창의 하브루타 토론 수업이 있던 날, 쉬는 시간에 한 친구가 다가와서 공책을 내밀었다.

"선생님, 여기 중에서 누가 제돌이인지 맞춰 보세요."

"어? 모두 제돌이 같은데 어떻게 맞추죠?"

"제돌이는 등지느러미에 1이라고 적혀 있대요. 여기 1이라고 적혀 있는 게 제돌이에요."

등지느러미에 작게 적혀 있는 1이라는 숫자를 보여주며 제돌이를 설명하는 친구의 눈이 초롱초롱 빛나고 있었다.

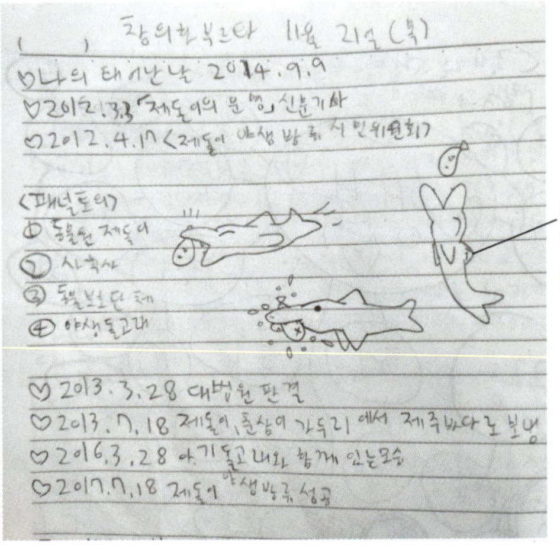

등 지느러미에 적힌 '1'이라는 숫자

"선생님, 제돌이가 2024년 1월에 제주도에서 보였대요. 아직 잘 살아있나 봐요."

선택 활동으로 제돌이에 대해서 궁금한 것을 조사해 보라는 숙제에 적극적으로 참여해 주었다. 제돌이의 등지느러미에 1이 써 있다는 사실과 2024년 1월에도 잘 살아

있다는 사실이 교실 속 수업이 삶으로 연결되는 고리를 마련해 준 것 같아서 참 감사한 순간이었다.

수업을 마치고 간단히 느낀점을 적는데 한 친구가 이렇게 적었다.

“오늘 수업이 참 신박했다. 지난번에 둘로 나누어서 토론한 것도 재미있었는데 오늘처럼 하는 것도 신선했다.”

신박했다는 친구의 표현에 웃음지으며 다음에는 또 어떤 신박한 수업을 해야 할지 고민이 되었다. 마지못해서 하는 숙제가 아니라 흥미로워서 스스로 찾아보는 숙제. 모든 수업이 이렇게 흥미로우면 참 좋을테지만 현실은 지루하고 재미없는 곳에서 재미를 발견해야 하는 수업이 대다수이다.

지루함 속에서도 재미를 발견해 나갈 너희들을 믿어.

너만의 재미를 발견해 나가기를 응원할게.

재돌이 추가 이야기

재돌이의 요즘 근황이 공개 되었다. 해양 환경 단체 핫핑크돌핀스는 '2024 년 처음 발견된 제돌이' 라는 영상과 함께 남방큰돌고래 제돌이 소식을 지난 5일을 전했다. 사진속에는 다른 친구들과 함께 유영 하는 모습이 있었다. 정말 반갑고 고마운 소식이다♡

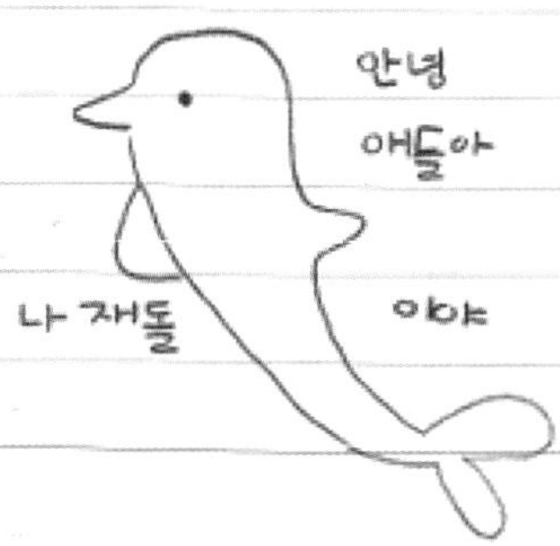

10

탈무드 〈거울과 유리창의 차이〉

"오늘은 마지막 창의 하브루타 시간이에요."

"벌써요? 아쉬워요."

"네, 그동안 그림동화, 온책읽기, 동영상 등 다양한 자료들로 하브루타를 했었는데요. 오늘은 탈무드로 이야기를 나누어 보려고 해요."

"탈무드가 뭐예요?"

"탈무드는 지혜가 담겨 있는 책이에요. 짧은 이야기인데 그 속에 생각거리가 가득 담겨 있는 책이에요."

하베르를 시작으로 하브루타가 무엇인지 간략히 설명하고 주 1회 동아리 시간에 짝(하베르)과 함께 이야기 나누는 창의 하브루타 시간을 가졌다. 마무리 활동으로 유대인의 지혜가 담긴 탈무드를 가지고 질문 사냥을 떠나 보기로 했다.

"그럼, 〈거울과 유리창의 차이〉라는 제목의 탈무드를 들려 드릴게요. 듣기평가 같지요? 귀 기울여서 잘 들어 보세요."

그 어떤 영상매체도, 시각 자료도 없이 오로지 선생님의 목소리로만 전달되는 이야기 경청의 시간이다. 다른 시청각 매체를 활용하는 것보다 집중력이 더 높은 시간이기도 하다. 잘 귀담아들은 친구들이 손을 든다.

질문 사냥 <거울과 유리창의 차이>

1. 제목만 보고 어떤 내용일지 상상하며 질문 만들기
2. 이야기를 두 번 들려주고, 이야기 속에서 질문 만들기
3. 사실 질문, 상상 질문, 적용 질문, 종합 질문으로 생각의 깊이가 깊어지는 질문으로 다양한 예시를 먼저 보여주기

질문 예시

(1) 부자는 외로웠을까?
(2) 혼자여서 외로웠던 적이 있었는가? 그때 어떤 마음이었는가?
(3) 부자가 되고 싶은가?
(4) 사람들은 왜 부자를 피했을까?
(5) 부자는 어떤 마음으로 현자를 찾아갔을까?
(6) 누군가에게 도움을 청한 적이 있는가? 무슨 일이었는가?
(7) 현자가 창밖을 가리킨 이유는 무엇이었을까?
(8) 불우한 이웃을 위해 돈을 쓰면 외롭지 않은 이유가 무엇일까?

4. 10개 이상의 질문을 스스로 만들어 보기
5. 짝과 질문을 서로 나누며 비슷한 질문은 사냥당하며 삭제하기
6. 새로운 짝을 세 번 더 만나며 같은 질문 사냥 반복하기
7. 최종 살아남은 질문을 전체 공유하며 질문의 깊이와 창의성에 대해서 격려하기
8. 최고의 질문 뽑기
9. 탈무드를 읽고 느낀 점과 최고의 질문에 대한 답을 스스로 쓰기

※ 질문 사냥에서 살아남은 1인에게는 맛있는 간식을 나눌 수 있는 기회가 주어진다. 미리 준비한 달콤한 간식을 나누어 먹는 즐거움과 동시에 나만의 기발한 질문 덕분에 간식을 나누는 기회를 갖는 경험은 소중하다. 함께 질문 사냥에 참여한 친구들도 달콤한 간식을 먹으며 그날 수업이 달콤한 기억으로 남게 된다. 질문을 하는 일은 달콤한 일이며, 생각하는 일은 기발하고 창의적인 일이라는 것을 연결해 주는 중요한 포인트이다.

"선생님, 다시 들려 주세요."

"네, 다시 한번 더 들려 줄게요. 잘 귀 기울여 들으면서 나만의 질문을 만들어 보세요."

돈이 많은 부자가 있었다. 그런데 그 부자는 늘 외로웠지만, 자기 곁에는 왜 아무도 없는지 알 수 없었다. 부자는 답답한 마음에 온 마을 사람들의 존경을 받는 현자를 찾아갔다.

"선생님, 저는 외롭습니다. 사람들이 왜 저를 피하는지 전혀 모르겠어요. 저는 선생님이 참 부럽습니다. 선생님 곁에는 언제나 사람들로 넘쳐나지 않습니까. 저도 선생님처럼 되고 싶습니다. "

현자는 창가로 부자를 데려가서 손가락으로 창밖을 가리켰다.

"뭐가 보이십니까?"

부자는 창밖을 이리저리 살피더니 말했다.

"지나가는 사람이 보입니다."

이번에는 현자가 부자를 거울 앞으로 데려갔다.

"뭐가 보이십니까?"
"제가 보입니다."

현자는 나지막한 목소리로 말했다.

"한번 생각해 보세요. 같은 유리로 만들었는데 어째서 유리창에는 다른 사람이 보이고, 거울에는 당신만 보일까요? 이제부터는 돈을 쌓아두지만 말고 불우한 이웃을 위해 써 보시기를 바랍니다. 어느새 당신의 거울은 유리창으로 바뀔 거예요. 그러면 당연히 외롭지도 않겠지요."

『초등 메타인지 공부력』(김금선)

새로운 하베르를 만나면서 서로의 질문을 이야기 나누는 중 여기저기서 탄식이 들려온다.

"아! 베스트 질문인데 잡혔어."

"부자는 왜 현자를 찾아갔을까? 나도 이 질문 만들었어."

"아웃"

"아~ 이제 목숨이 3개밖에 안 남았어."

"선생님, 추가 질문 더 만들어도 돼요?"

학기 초에 5개의 질문을 만드는 것도 어려워하던 친구들이 이제 10개의 질문을 순식간에 만든다. 사냥당한 질문에 아쉬워하며 좀 더 깊이 있는 질문을 만들고자 쉼 없이 뇌가 움직이는 현장이다.

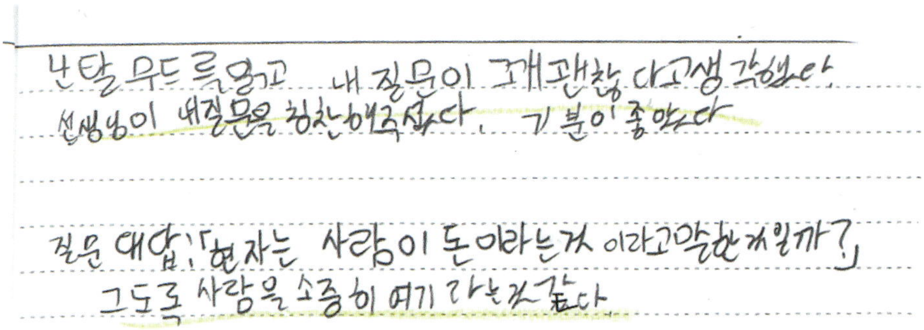
난 탈무드를 듣고 내 질문이 꽤 괜찮다고 생각했다. 선생님이 내 질문을 칭찬해주셨다. 기분이 좋았다

질문 대답: 「현자는 사람이 돈이라는것 이라고 말한 것일까?」 그도록 사람을 소중히 여기라는것 같다.

'현자는 사람이 돈이라는 것을 표현한 것일까?'라는 질문이 기억에 남았다.

"이 질문을 만든 이유가 있어요?"

"네, 부자가 아무리 돈이 많아도 주변에 사람이 없어서 외로웠잖아요. 현자는 사람이 바로 돈이라고 얘기해 준 것 같아서요."

"짧은 탈무드를 듣고 깊이 생각한 질문이에요. 사람이 돈이라는 것을 알려주고 싶었다는 생각이 들었군요."

돈을 많이 소유한 부자에게 사람을 소중히 여기라는 현자의 가르침을 이해하며 질문을 만든 친구에게 칭찬을 해 주었다. 남과 다른 나만의 기발한 생각으로 칭찬을 받을 수 있다니 으쓱해진 친구의 표정에 같이 기분이 좋아진다.

'거울과 유리창의 차이는 무엇일까?'를 최고의 질문으로 뽑은 친구는 거울이 자기만 볼 수 있고, 유리창은 창밖을 보며 다른 사람을 볼 수 있다는 그 차이를 발견한 것이 새로웠다고 이야기했다. 둘다 유리로 되어 있고, 사람을 비추는 것은 똑같지만, 나만을 비추는지 다른 사람을 함께 비출 수 있는지를 생각해 볼 수 있는 시간이었다.

한발 더 나아가 이웃을 향해 두 손을 내미는 기부를 삶으로 연결시키는 수업으로 이어졌다. 유대인은 어린 아이가 손으로 음식을 집어 입으로 가져갈 나이가 되면 째다카 통에 이웃을 위한 나눔을 실천하도록 가르친다. 나만을 위한 삶이 아니라, 이웃을 위해 나눔을 실천하는 삶을 아주 어린 나이부터 가르치는 것이다.

이 탈무드 역시 주변에 사람이 없이 외로운 부자의 모습에서 현자는 거울과 유리창의 차이를 통해 스스로 깨달을 수 있는 질문과 대화를 이어간다.

짧은 글 속에서 많은 생각거리를 남긴 탈무드를 처음 접한 친구들은 흥미로운 반응을 보였다. 이 흥미를 교실 속 쿠폰 기부로 이어나갔다. 머리로 아는 것을 삶으로 연결해 보는 시도였다.

우리 반 학급 규칙 중에는 도전 피자와 쿠폰이 있다. 서로 도와서 하나의 일을 이루어 내거나, 주어진 과제를 완료했을 때 주어지는 작은 보상시스템이다. 협동을 위한 전체 보상과 그중에서도 성실히 주어진 일을 성실히 수행하는 친구들을 위한 개인 보상이다. 학기 말이 되면 새로운 학년에 대한 기대와 1년의 활동을 마무리하며 성실히 모아 온 쿠폰 기부 은행을 다시 이야기한다. 학기 초에 기부은행 잔고는 0원이다. 쿠폰의 유효기간은 해당학년이 종료됨과 동시에 사라지기에 짝쿠폰, 숙제면제권, 급식짝선택권 등 귀하디 귀한 쿠폰 역시 사라지고 만다. 이렇게 사라지는 쿠폰을 기부함으로써 학급 온도계를 올리고, 도전 피자를 모아서 반 전체 보상이 주어질 수 있는 제도이다.

"오늘 우리가 거울과 유리창의 차이에 대해서 생각해 보았어요. 예전에 이야기 했었던 쿠폰 기부은행 생각나요?"

"네, 쿠폰 기부해서 온도 올리는 거요?"

"네, 여러분의 소중한 쿠폰이 모이면 피자 한 조각이 모이는 거예요."

"우리 반 24명이 모두 기부해야 하는 거예요?"

"24개 모으는 것 말고 제가 가진 쿠폰 모두 기부해서 온도 올리는 것도 돼요?"

"네, 작년 선배님들은 이렇게 사용했어요. 회의를 통해서 우리 반의 쿠폰 기부은행 규칙을 정해 봐요."

이렇게 일주일 정도 대대적인 쿠폰 기부은행이 개업을 한다. 실제 돈이 아님에도 이 소중한 쿠폰 기부는 강제할 수 없다. 때때로 쿠폰 기부를 고민하고 있는 친구에게 찾아가서 왜 기부를 하지 않냐며 다그치는 경우도 생긴다. 그래서 다시 한번 더 기부는 강제할 수 없고, 스스로 결정해서 이름을 쓰도록 지도한다. 대부분의 경우, 학기 말에 더 이상 쓸모가 없어진 쿠폰들로 인해 쿠폰 기부은행은 기부자들로 금세 가득차게 된다. 기부를 고민하는 친구, 스스럼없이 쿠폰 전체를 기부하는 친구, 하나는 기부하고 남은 하나는 사용하는 친구 등 다양한 모습을 보게 된다. 각 가정에서 경제교육을 하고, 사회시간에 경제를 배우지만, 실제 쿠폰을 기부하는 이 순간만은 살아있는 교육의 현장이 된다. 나의 작은 것을 나누는 그 한 걸음이, 우리 반 전체의 놀이시간으로 돌아온다. 이 경험이 바로 기부의 뿌듯함을 경험하는 순간이다.

일주일이 걸릴 때도 있고, 단 하루 만에 기부 은행이 마감될 때도 있다.

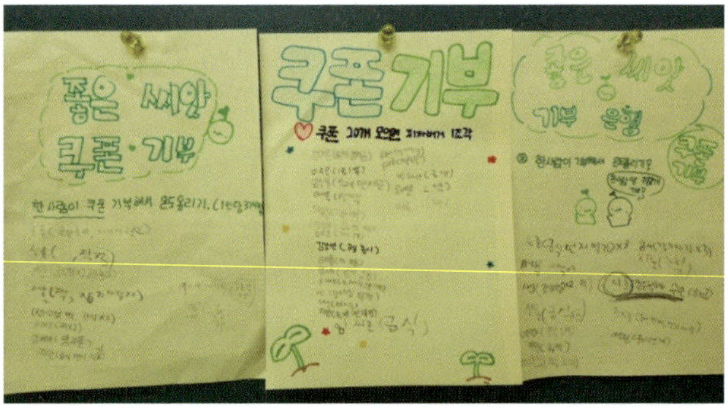

차곡 차곡 성실함으로 나의 하루를 쌓아가며, 주변을 돌아보고 함께 기뻐할 수 있는 자리를 마련하는 것. 교실에서 작은 사회를 미리 경험하는 시간이다.

11

주말 지낸 이야기 (패들렛에 사진 공유)

"주말 지낸 이야기해요."

매주 월요일 1교시는 주말 지낸 이야기로 시작한다. 주말에 놀이터에서 친구와 놀았던 이야기부터 마트에서 우연히 반 친구를 만난 이야기까지 이야기 소재가 무궁무진하다. 모두 저마다의 이야기 보따리를 풀어 내는 시간이라 1인당 소요시간은 모래시계 1분으로 정해두었다. 말하는 이도 간결하게 핵심을 전하고, 듣는 이도 집중할 수 있는 시간 1분.

"금, 토, 일 중에서 어떤 이야기를 하지? 1분밖에 없는데..."

주말 동안 가장 기억에 남는 일 한 가지를 골라서 신나게 이야기를 한다.

듣는 이의 호기심을 자극하고, 집중력을 높일 수 있는 도구로 패들렛이 제격이다. 페들렛에 주말 사진 한 컷을 올리는 미션은 그 어떤 숙제보다도 참여율이 높다. 주말에도 어김없이 알림이 울린다. 패들렛에 새 사진이 올라왔음을 알리는 소리이다. 집에서 키우는 앵무새가 새끼를 낳은 이야기부터, 막내 동생이랑 싸워서 엄마께 혼난 이야기까지 소재는 무궁무진하다. 친구들을 웃기고자 하는 개그 본능을 가진 우리 반 친구들은 경험한 일에 MSG를 조금씩 추가하며 몸개그까지 총출동한다. 웃음의 향연이 이어지는 시간이 바로 주말 지낸 이야기 시간이다.

주말에 특별한 일이 없었던 친구들도 길거리에서 만난 유리 조각을 사진에 담아서 패들렛에 올린다.

"선생님, 유물을 발견했어요."

걷다가 발견한 유리 조각을 보고 멈춘 친구, 그것을 사진으로 남겨서 친구들에게 보여주는 시간. 방청객 수준의 호응과 반응을 보여주는 우리 반 친구들 덕분에 말하는 이도 신난다.

"오, 정말 그렇네. 유물 같아. 조선 시대 것 아니야?"

베란다에 날아온 새, 가족들과 운동하다가 만난 두꺼비까지 24명의 이야기가 한데 모여, 다양한 주말을 대리로 경험하는 시간이기도 하다. 생생한 사진까지 함께 하니 말하는 이도, 듣는 이도 모두 귀를 쫑긋 세우는 시간이다.

공부가 하기 싫어 그저 시간을 끌기 위한 아이들의 귀여운 반항일지라도 각자의 이야기 주머니를 열어 없는 이야기도 만들어 내는 우리 반 친구들의 능력에서 무한한 잠재력을 발견한다.

주말 지낸 이야기를 매주 한다는 것이 가정에서는 매주 새로운 체험을 하러 가야 하나 하는 의문을 가지고 있다면, 아니라고 이야기하고 싶다. 우리 반 발표에서도 알 수 있듯이, 주말 지낸 이야기는 좋은 곳을 여행하고, 체험한 것을 자랑하는 시간이 아니다. 산책길에서 만난 유리 조각, 우연히 만난 두꺼비까지 모두 주말 이야기이다. 어떤 아이들은 주말 지낸 이야기 발표를 하기 위해 친구와 그림자 사진을 찍으며 맞추기 문제를 내기도 한다. 박수 챌린지 영상을 재미있게 만들어서 반 친구들에게 웃음을 주기도 한다.

주말 지낸 이야기를 하기 위한 4학년 친구들의 생각바구니가 펼쳐지는 순간이다.

"벌써 끝났어요? 그럼, '월요일 지낸 이야기' 해요."

2024 좋은씨앗반
미션1. 방정리사진
미션2. 강낭콩의 한살이(떡잎과 본잎)
미션3. 강낭콩의 한살이(꽃과 꼬투리)
미션4. (사회) 함께 만드는 문화유산 온라인 지도
미션5. 사물함정리
미션6. 봄날 하늘 사진
미션7. 친구들에게 소개해요
생각바구니 숙제
방정리한 사진을 이곳에 올려주세요.
침대 정리
와 싹이다!(이수민)
백로의 이야기(정연후)
용주사(임선율)
사물함과 서랍을 깨끗하게 정리해요
우왕 이거 빨리 하고싶당^^
우와

PART 05

감사

삶으로 연결하는 하브루타

1

내 안의 나를 만나는 시간, 하브루타

엄마의 자리는 무엇일까?

두 아이의 엄마로, 초등교사로 지나온 시간은 엄마의 자리가 무엇인지 찾기 위한 몸부림의 시간이었다. 불안을 극복하기 위한 아들의 시행착오를 지켜보며 버팀목이 무엇인지 알아가던 시간을 지나왔다. 이 시간은 나를 하브루타로 안내했다. 그동안 익히 알고 있는 하브루타는 독서토론의 하나였다. 하지만, 두 아이의 엄마가 되어 만난 하브루타는 역경의 시간을 견뎌 온 유대인들의 삶의 현장이었다. 공부와 삶이 분리되어 있는 것이 아니라, 일치된 삶을 보여 주었다. 하브루타는 자녀를 향한 부모의 사랑이었다. 아직 표현되지 못한 아이의 생각에 관심을 가지고 그 생각을 이끌어주는 기다림의 시간이었다.

하브루타 덕분에 엄마의 메타인지가 발휘되었다. 그 어떤 커리큘럼도 없었지만, 엄마의 자리를 향한 몸부림은 책에서 책으로, 질문에서 질문으로, 하베르와의 대화를 통해서 나만의 해답을 찾아 나가는 여정을 선물했다.

이 여정이 즐겁기만 할까? 때때로 지칠때면 나는 아래의 유대 격언을 떠올렸다.

"0과 1사이의 거리가 1과 100사이의 거리보다 멀다."

그리고 스스로에게 수없이 되물었다.

'나는 지금 0에 머물러 있는가? 1을 향해 나아가고 있는가?'

이 질문은 나의 방향성을 재점검하게 해 주었다. 어디를 향해 나아가고자 하는지 중심을 살피게 했다.

'방향이 정해졌다면, 지금 내가 할 수 있는 한 가지부터 시작하면 돼.'

그렇게 0은 1로, 1은 2로 향하고 있다. 우리 아이만의 대답을 이끌어주기 위해 오늘도 한 발 뒤에서 물어본다.

"네 생각은 어때?"

'관심, 경청, 반영'이라는 단어가 내 삶에 들어왔다. 아이의 생각을 듣기 위한 질문을 던지기 이전에 먼저 아이의 관심사에 관심을 기울이게 되었다. '관심'이라는 단어가 내 삶을 통과했다. 삶을 통과한 단어의 힘은 실로 놀랍다. 아이 스스로 감정의 결을 찾아 나가며 회복을 지켜보는 특권을 누렸다. 다양한 시행착오 앞에서 든든한 버팀목으로 곁을 지켜주었을 때, 아이는 자기만의 색으로 피어나고 있었다. 가정에서의 회복은 『하브루타 자존감 수업』의 저자로 서게 했다. 우리 아이에 대한 관심이 교실 학생들과 학부모님께로, 동료 교사를 향한 관심으로 자연스레 옮겨졌다. 현재 나는 하브루타를 통한 자존감 회복의 메시지를 가정, 학교, 강연의 자리를 통해서 전하고 있다.

"엄마, '지나고 보니 행복이었지.' 라고 말하는 건 정말 행복일까 아닐까?"

"음... 참 생각거리가 많은 주제야. 네 생각은 어때?"

한 걸음 뒤에서 아이의 생각을 물어보는 여유 역시 하브루타를 통해서 배웠다. 아이돌 그룹 세븐틴 팬인 딸이 '고잉세븐틴' 채널에서 보았던 이 질문은 여행길에 오른 우리 가족의 대화 주제가 되었다. 사춘기 딸의 생각을 마음껏 들을 수 있는 시간이었다. 대화가 아이들에게서 시작될 수 있도록 대화의 장을 마련해 주는 곳, 그 자리가 엄마의 자리였다. 아이 안에서 아직 표현되지 못한 그 생각의 실타래를 풀어 주는 시간이 바로 하브루타이다.

"난 행복이 아니라고 생각해."

"나도. 그때 당시에는 힘들었다는 거잖아."

"그래도 지나고 보니 행복했다는 건 예전에 발견 못한 걸 지금 발견했다는 뜻이니까 행복한 거 아니야?"

"아니지. 이건 과거인지, 현재인지 기준이 중요한 거야."

"맞아. 내가 처한 상황에 따라 다른 것 같아. 초등학교 때를 생각해 봐. 지금 중학생이 되어 보니 그때가 행복하다고 하는 거지. 그때 난 행복인지 몰랐잖아."

지나온 시간이 행복이었는지 아니었는지 결론을 내릴 수 없는 토론은 엄마인 나에게 현재의 행복을 만끽하게 했다.

지나고 보니 행복했노라고 고백한다는 것은 행복의 크기를 가늠할 수 있는 나이가 되었다는 의미이기도 하다. 현재의 상황이 힘들어서 과거의 한순간이 행복으로 기억되는 것이 아니다. 다만, 지난 시간의 참 행복을 그 당시에는 미처 깨닫지 못하고 놓쳤다는 것을 알아차리는 순간이다. 그 알아차림은 지나온 시간의 행복을 다시 누리는 기회를 준다. 행복에 대한 엄마의 썰을 장황하게 늘어놓고 싶은 마음을 잠시 내려놓는다. 그리고 각자의 생각을 신나게 풀어놓는 아이들의 대화 열차에 몸을 싣는다.

"음.. 너희들은 그렇게 생각하는구나."

먼 훗날 지금 이 순간을 "그때 참 행복했지!" 하고 떠올릴 나를 미리 만난다. 지나온 과거의 행복을 추억하기보다 현재에 그 행복을 만끽하는 나를.

2

행복의 ㅎ을 모으는 도전

『좋아하는 걸 좋아하는 게 취미』/ 김신지 지음/위즈덤하우스

『좋아하는 걸 좋아하는 게 취미』 김신지 작가의 책을 읽으며 무질서하게 늘어진 내 휴대폰 속 사진에 의미를 부여하게 되었다. 순간의 감성을 담아서 찍었던 구름, 노을, 달, 풍경 사진이 어느 폴더에 저장되어 있는지 잊은 지 오래였다. 이 에세이는 '내가 좋아하는 게 뭐였지? 나는 어떤 순간을 모으고 있었지?' 하며 앨범을 다시 살피게 했다.

'Collect moments not things'

물건이 아닌 순간을 수집하라는 작가의 말을 가슴속 깊이 새기는 시간이었다. 놓치고 싶지 않았던 순간을 사진 한 컷에 담았던 그 감성이 되살아났다. 내가 좋아서 멈추었던 순간들이 휴대폰에 저장되었던 것처럼 우리 반 아이들에게도 그 순간을 오래도록 담을 수 있는 장치를 만들어 줄 궁리에 신났다. 사진처럼 그 순간을 담은 것이 뭐가 있을까 고민하던 끝에 초등학교 4학년의 추억이 담긴 나의 초등학교 시절 일기장을 펼쳐 보았다. 딱지치기, 고무줄 놀이, 올림픽 등 그 시절 추억이 가득한 선생님 행복의 ㅎ을 먼저 보여 주었다.

"이게 뭘까요?"
"우리 반 ○○이 글씨와 비슷한데요."

"이건 선생님 초등학교 시절 일기장이에요. 4학년부터 6학년까지 글씨의 변천사를 살펴볼까요?"

친구와 다투었던 일기부터 금을 밟지 않았는데 밟았다고 해서 억울하게 죽었다는 이야기 등 지금 4학년 아이들과 똑 닮아있는 나의 일기장을 보여 주었다. 물론 아이들은 일기장의 날짜를 확인하며,

"선생님, 이때가 1997년이니까 올해 나이가…."

대뜸 나의 나이를 추리하기도 했다.

"선생님이 갑자기 일기장을 보여 준 이유는 이 일기장에 선생님의 추억이 담겨 있듯이, 오늘 함께 만들 미니북에 여러분의 초등학교 4학년 시절 행복을 가득 담고 싶어서예요."

"여러분, 이 노을 사진 어때요? 고양이 사진도 있어요. 요즘 선생님이 이 책을 읽고 있는데, 우리 반 친구들과 [행복의 ㅎ을 모으는 도전] 책을 만들어 보려고 해요."

"그게 뭐예요?"

"김신지 작가님은 좋아하는 순간을 사진으로 찍어서 담았어요. 그리고 그때의 기

분을 글로 같이 담아서 이렇게 멋진 책이 만들어졌거든요. 여러분만의 이런 책을 만들어 보고 싶어요.”

“네, 좋아요.”

“선생님의 초등학교 시절 모멘트(순간)가 담긴 일기장을 보여 주었죠. 이제 여러분을 행복하게 하는 것을 먼저 생각 그물로 만들어 봐요.”

“행복의 ㅎ을 모으면 ㅎ으로 시작하는 단어만 쓰는 거예요?”

“아니요. 운동, 게임, 음식 등 다양한 여러분만의 행복을 가득 가득 생각 그물로 만들어 봐요.”

진지하게 생각에 잠긴 아이들. 신나게 먹는 이야기부터 시작해서 게임 캐릭터 모으는 이야기, 가족 이야기, 친구들과 놀이터에서 놀았던 이야기부터 쉴 새 없이 이야기가 펼쳐진다.

“기분 좋아요.”

“음식 생각하니까 행복해져요.”

“점심시간 언제예요?”

아주 작은 틈이라도 생기면 샛길로 빠지기 마련이니 정신 바짝 차리고 행복을 모으는 생각 그물을 완성한다.

“이번에는 나를 행복하게 하는 생각 그물 중에서 5가지만 뽑아서 문장을 만들어 볼게요.”

“문장 만들기는 어려워요.”

“네, 그 어려운 걸 도전해 봐요.”

“어떻게 만들어요?”

“네, 나를 행복하게 하는 것이 치킨이라면 ‘치킨은 행복이다. 바삭한 치킨이 입 안에 살살 녹으며 기분이 행복해지기 때문이다.’ 이렇게 여러분의 행복한 순간을 기록으로 남기는 거예요.”

"마지막으로 책 표지를 어떻게 만들지 표지 디자인도 해 봅시다."

나를 행복하게 하는 것을 가득 적어 보고, 그것이 왜 나를 행복하게 하는지 글로 남겨 보게 했다. 수학 문제를 풀거나 조사학습 숙제였다면 볼멘소리가 나왔을 것이다. 하지만 나의 행복이 가득 담긴 행복 모음집의 표지를 꾸며 보게 했더니 몽글 몽글 설렘이 가득한 모습을 보였다. 나 역시 김신지 작가의 책을 읽으며 나만의 행복을 모으고, 취미를 모으고, 순간을 모으는 재미에 행복했다. 우리 반 아이들에게도 그 마음이 전해진 것 같아서 감사한 순간이었다.

Collect moments not things.
물건이 아닌 순간을 수집하라.

마흔이 넘어서 펼친 나의 어린 시절 일기장이 열한 살의 우리 반 친구들에게 닿았듯이, 우리 반 친구들이 마흔이 훌쩍 넘었을 때 이 행복 노트를 펼치며 다시 웃음 지을 수 있기를 바란다.

<행복의 ㅎ을 모으는 도전> 미니북 만들기

1. 『좋아하는 걸 좋아하는 게 취미』 김신지 책 살펴보기
2. 담임 선생님의 초등학교 시절 일기장 보여주기
3. 생각 그물로 행복 발견하기
4. 문장 만들기
5. 책 표지 디자인하기

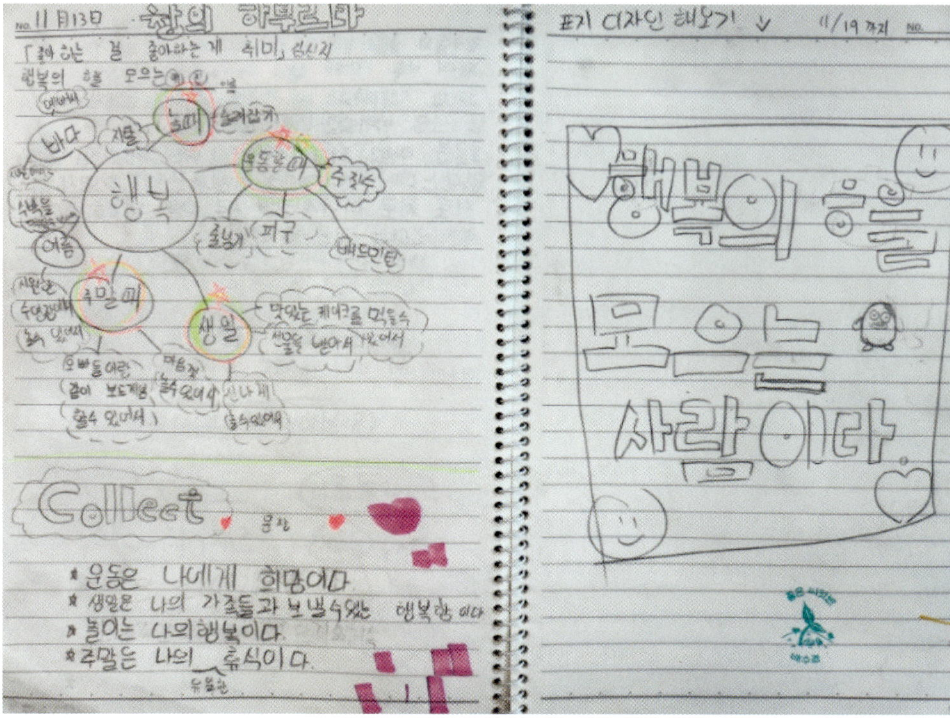
11月13日
행복의 흥을 모으는
Collect
운동은 나에게 희망이다.
생일은 나의 가족들과 보낼수있는 행복한 날이다
놀이는 나의행복이다.
주말은 나의 휴식이다.
표지 디자인 해오기
11/19 까지
행복의 흥을 모으는 사람이다.

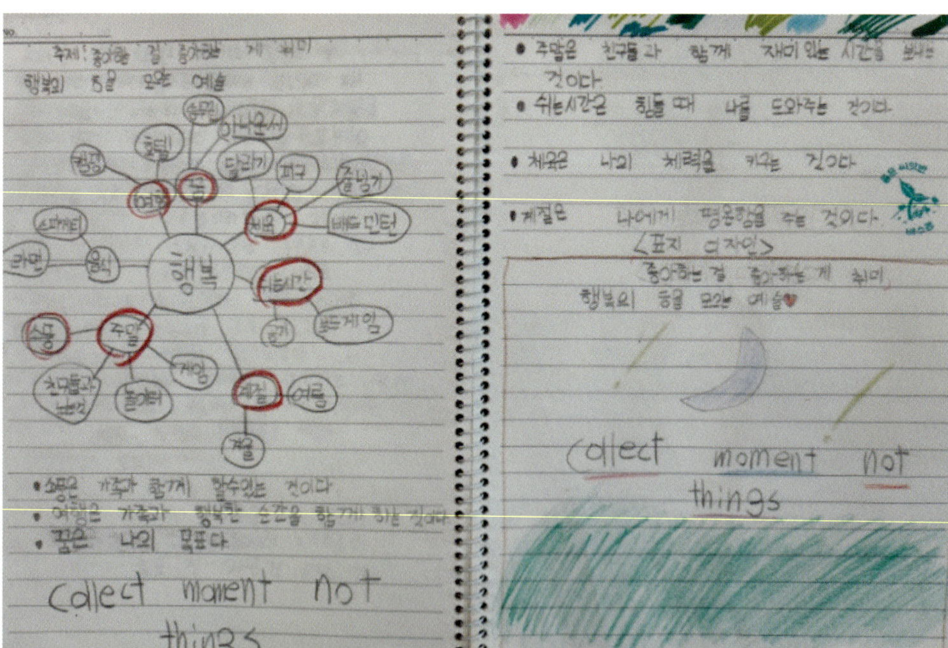
행복
주말은 친구들과 함께 재미있는 시간을 보내는 것이다
체육은 나의 체력을 키우는 것이다
<표지 디자인>
collect moment not things

행복의 ㅎ을 모으는
행복이란
무엇일까?
행복의 ㅎ를 모으는
좋아하는 걸 좋아하는게 취미
행복의 ㅎ을 모으는
행복

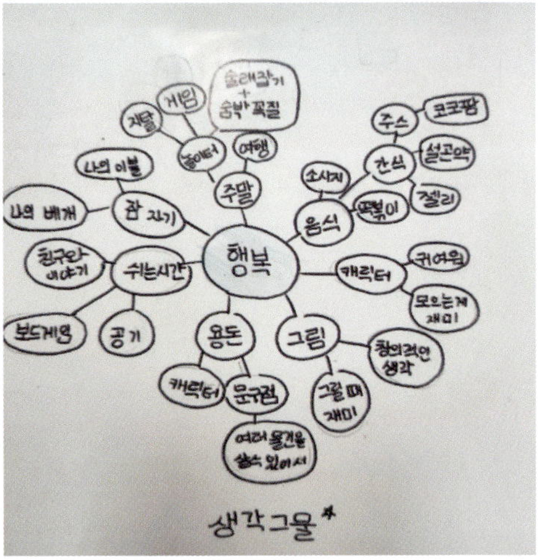
행복
주말
놀이터
여행
게임
술래잡기 + 숨바꼭질
음식
간식
주스
코코팜
소시지
떡볶이
젤리
캐릭터
귀여워
모으는게 재미!
그림
창의적인 생각
그릴 때 재미
용돈
문구점
캐릭터
여러물건을 살수 있어서
쉬는시간
친구랑 이야기
보드게임
공기
잠자기
나의 이불
나의 베개
생각그물

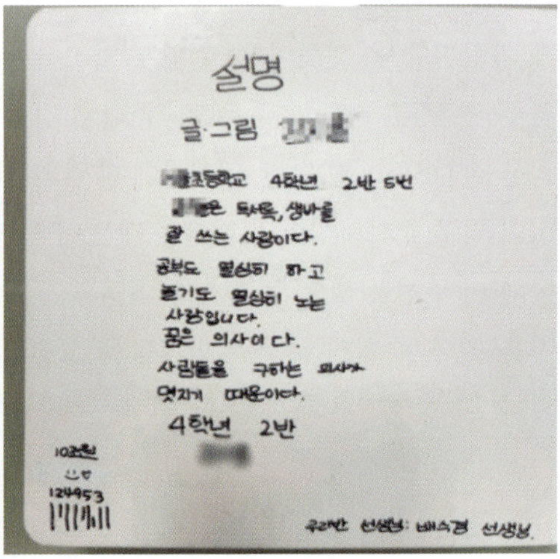
설명
글·그림
초등학교 4학년 2반 5번
은 독서,생각을 잘 쓰는 사람이다.
공부도 열심히 하고 놀기도 열심히 노는 사람입니다.
꿈은 의사이다.
사람들을 구하는 의사가 멋지기 때문이다.
4학년 2반

행복의 ㅎ을 모으는
Collect moments not things
Collect moments not things!
행복의 ㅎ을 모으는

행복의 ㅎ을 모으는
Collect moments not things
행복의 ㅎ을 모으는
행복의 ㅎ을 찾는

3

감사 챌린지와 인성 독서

내가 한 해 동안 가장 공들이는 시간은 알림장 쓰는 시간이다. 아마도 이 시간의 소중함을 깨닫게 된 것은 나의 고등학교 선생님 덕분인 것 같다. 고3 수험생인 우리들에게 가랑비에 옷 젖듯이 매일 잊지 않고 실천해 주신 것이 사자성어를 익히는 일이었다. 하루 5~10분 정도의 짧은 조·종례 시간에 우리 담임 선생님께서는 아이들의 얼굴 표정을 살피시고, 칠판 한 모서리에 매일의 사자성어를 적으셨다. 아마도 그때 익힌 사자성어 덕분에 사자성어의 기본을 다졌던 것 같다. 그렇게 수능일까지 변함없이 사자성어를 심어 주신 선생님 덕분에, 언어영역에 대한 사면초가의 두려움은 사자성어로 배수의 진을 쳤다. 수험생 시절의 힘겨움을 고진감래로 여기며, 절치부심의 마음으로 잘 지나왔다. 그 한결같음과 매일 한 뼘 자란다는 마음을 1년을 통해 체득한 것이다.

알림장 필수 목록

1. 용기를 주는 영어 한마디: 일주일 동안 새로운 한 문장 익히기, 하교 시간에 하이 파이브 인사
2. 미덕 쓰기: 매주 월요일 미덕 뽑기, 한 주간 한 가지 미덕 문장 필사하기
3. 나에게 들려주는 예쁜 말: 내가 듣고 싶은 말 한마디 쓰기, 문장 꾸미기, 문장 뽑기, 하교 시간에 하이파이브 인사
4. 자기 긍정 선언문: 자아 선언문 뽑기, 캔바로 만들기, 문장 뽑기, 하교 시간에 하이파이브 인사
5. 감사 챌린지와 책 속 미덕 발견하기: 한달 동안 '감사' 미덕에 집중하기, 독서를 하며 미덕 발견하기

1 용기를 주는 영어 한마디

매일 5~10분의 짧은 알림장 쓰기 시간이지만 이 시간의 소중함을 알기에 공을 들인다. 1학기에는 영어 한마디를 꼭 남긴다. 긍정적인 한문장 영어 표현으로 아이들의 자존감을 높이며 나 역시 그 긍정의 문장이 마법의 문장으로 새겨지기를 바라는 마음으로 반복한다.

"I am proud of you."

신규 시절, 선배님께서 보내주신 이 긍정의 영어 문장은 여전히 나의 교실에서 빛을 발하고 있다. '좋은 영어 문장을 아이들에게 매일 들려주면 참 좋겠다.' 라고 생각할 즈음, 선배님께서 좋은 자료를 보내 주시며 교실에서 활용하라고 알려 주셨다. 어떻게 활용하면 좋을까 하다가 이 문장을 교탁 책상에 끼워두고 매일 알림장에 쓰기 시작했다. 한주에 한 문장을 필사하며 하교 인사를 할 때 이 문장과 함께 하이파이브를 나눈다.

24명의 친구와 하교 인사를 하면 나의 귓가에 스물네 번, 친구들의 귓가에 스물 네 번 긍정의 언어가 울려퍼진다.

"난 네가 자랑스러워."

우리말로 들려주기에 조금 낯간지러운 문장이 영어로 바뀌면 아이들도 큰 목소리로 따라하며 인사한다. 학기 초에는 영어 쓰기가 서툴지만, 학기 마무리가 되면 곧잘 따라쓴다.

가랑비에 옷 젖는 이 시간을 혹시나 아이들이 힘들어하는 것은 아닐까 생각하기도 한다. 하지만 우리 반 부반장 알림장 마지막 장에 그동안 알려주었던 영어 한마디가 빼곡이 적혀 있는 것을 보고 이 활동을 멈추지 않고 계속 하게 되었다. 누군가 단 한 사람이라도 이 작은 활동에 영향을 받고 그 문장을 가슴 깊이 새길 수 있다면 계속 해야 한다는 확신이 들었다.

용기를 주는 영어 한마디

너는 할 수 있어.

- You can do it.

나는 너를 믿어.

- I trust you.

너는 정말 특별해.

- You are special.

나는 네가 소중해.

- You are precious.

나는 네가 참 자랑스럽구나.

- I am proud of you.

너는 중요한 인물이야.

- You're important.

넌 좋은 친구야.

- You are a good friend.

어떻게 그렇게 잘할 수 있니?

- How did you do that?

정말 잘하고 있구나.

- You are doing good.
- You ar doing well.
- You are fantastic.
- You're improving.

너 정말 열심히 했구나.

- You tried hard.

어쩜 그렇게 잘 듣고 있니?

- You are a good listener.

정말 믿을 수 없게 잘하는구나.

- You are incredible.

보렴, 얼마나 네가 잘했는지.

- Look how far you've come.

정말 좋아 보인다.

- Looking good.

대단한 발견이야.

- Great discovery.

잘한다, 잘한다, 어서 계속 하렴.

- Hip Hip Hurray.

도와주어서 고마워.

- Thank for helping

나는 너의 방법이 참 좋다고 생각해.

- I like the way you handled that.

너 벌써 알았구나.

- You figured it out.

정말 창의적이구나.

- That is a creative job.

상상력이 대단한 !

- What an imagination!

책임감이 강하구나.

- You are responsible.

너는 정말 바르게 배웠구나.

- You learned it right.

맞았어. 바로 그거야

- That's correct

우리 다시 한번 해 볼까?

- Let's try again.

너는 나를 기쁘게 해 주었단다.

- You make me laugh.
- You made my day.

최고로 잘했어.

- That's the best.

2 미덕 쓰기

권영애 선생님의 『자존감, 효능감을 만드는 버츄프로젝트』를 교실로 가져오는 방법에 대한 고민을 했다. 미덕을 삶으로 가져올 수 있는 시간이 알림장 쓰는 시간이 되기를 바랐다. 역시나 내가 넣어주고자 하는 미덕보다 아이들은 미덕 뽑기에 더 관심이 많았다. 일주일에 한 번 미덕 카드를 뽑는 시간이 흥미로운 시간이 되었다. 참 신기하게도 친구들과 다툼이 많은 주에는 '인내의 미덕'이 뽑혔다. 책상 정리 정돈이 안 되어 있어서 잔소리를 한껏 한 날은 '정리의 미덕'이 뽑혔다. 한 주간의 미덕을 뽑고, 그 미덕의 의미를 알림장에 적어나가는 시간을 꾸준히 이어 왔다. 그 주의 미덕은 칠판 모서리를 장식하며 그 미덕을 한 번이라도 더 적용해 볼 수 있도록 이야기했다.

우리 반 암행어사(한 주간 우리 반 칭찬할 친구를 찾는 미션)에서도 그 주의 미덕을 잘 실천한 친구를 관찰해서 칭찬하는 것으로 연결했다. 사회(우리 지역의 위인), 국어(본받고 싶은 위인) 시간에는 위인의 미덕을 발견하는 것과 연결할 수 있었다. 이미 내 안에 있는 원석의 모습인 미덕을 발견해 나간다는 의미에서 미덕의 보석을 하나씩 알아가는 이 시간은 꼭 필요하다.

3 나에게 들려주는 예쁜 말

김종원 작가님의 『나에게 들려주는 예쁜 말』 그림동화를 보며 우리 반 친구들의 들으면 기분 좋은 말을 조사해 보았다. 나를 기분 좋게 하는 말이 무엇인지 적어보며 그 문장을 나만의 글씨로 꾸몄다.

"잘했어. 최고야. 괜찮아. 멋지다."

친구들을 기분좋게 하는 문장들이 제법 닮아 있었다. 영어 한마디의 힘, 미덕의 힘을 나에게 들려주는 예쁜 말로 이어갔다. 역시나 매주 한 문장을 뽑아서 알림장에 쓴다. 하교 시간에 하이파이브를 하며 인사를 한다. 친한 친구의 문장이 뽑혀서 좋아하고, 내가 직접 쓴 문장이 뽑혀서 좋아하고, 모두를 기분 좋게 만드는 문장을 함께 읽으니 함께 기분 좋아진다.

나에게 들려주는 예쁜 말이 너에게 들려주는 예쁜 말로, 우리에게 들려주는 예쁜 말로, 교실에 울려 퍼진다.

4 자기 긍정 선언문

9월에 했던 〈장점 찾기 100가지 찾기 챌린지〉, 〈나는 어떤 빵일까?〉, 10월의 〈강점 마니또〉, 〈강점 가게〉의 마무리 활동으로 자기 긍정 선언문 뽑기를 했다. 학토재에서 나온 자아 선언문에는 좋은 문장이 가득하다. 제비뽑기라는 가장 단순한 방법이지만 아이들에게는 각자의 의미가 담긴 문장으로 뽑힌다는 것이 신기하다. 뽑힌 문장을 생각 바구니에 옮겨 적으며 그 문장의 의미를 되새긴다. 혹여 어려운 문장이 뽑혔거나, 이해되지 않는 문장을 뽑은 친구는 다시 뽑을 수 있게 했다. 한 번에 딱 와닿는 문장을 발견하는 것이 포인트다. 뽑힌 문장의 의미를 나의 말로 다시 풀어 써 본다. 그리고 캔바로 자기 긍정 선언문을 근사하게 꾸민다. 꾸민 캔바 작품을 교실에 전시한다. 이렇게 명함 크기로 만들어진 우리 반 자기 긍정 선언문은 알림장 쓰기의 재료가 된다. 역시나 같은 방식으로 문장 뽑기를 한다. 매일 한 문장씩 뽑고, 하교 시간에 직접 만든 캔바 작품을 보며 큰소리로 함께 외치고 하이파이브를 하며 하교한다.

5 감사 챌린지와 책 속 미덕 발견하기

매주 새로운 미덕을 소개한다. 하지만 그중에서도 꼭 가슴 깊이 새겨지기를 바라는 미덕은 단연코 '감사'이다. 알림장에 한 달 동안 매일 감사를 발견하게 한다. 올해는 미덕 통장이 있어서 통장을 활용했다. 미덕 통장의 구역을 나누어서 한 달 동안 매일 감사 발견하기와 책 속 미덕 발견하기 챌린지를 시작했다. 처음에는 감사할 것이 없다던 친구들이 미리 감사를 써서 검사를 맡기도 했다. 아침 독서와 국어 독서 단원을 연계해서 1학기에는 온책읽기로 같은 책을 읽고 이야기를 나누었지만 2학기에는 각자 도서관에서 책을 빌려와서 한 주씩 친구들이 빌려 온 책을 돌려 읽으며 그 속에서 미덕을 발견하는 시간을 가졌다. 같은 책을 읽어도 다른 미덕을 발견할 수 있는 시간이었다.

"저는 이 책에서 성실을 찾았는데, 제 짝은 열정을 찾았어요."

"네. 맞아요. 같은 책에서 서로 다른 미덕을 발견할 수 있어요."

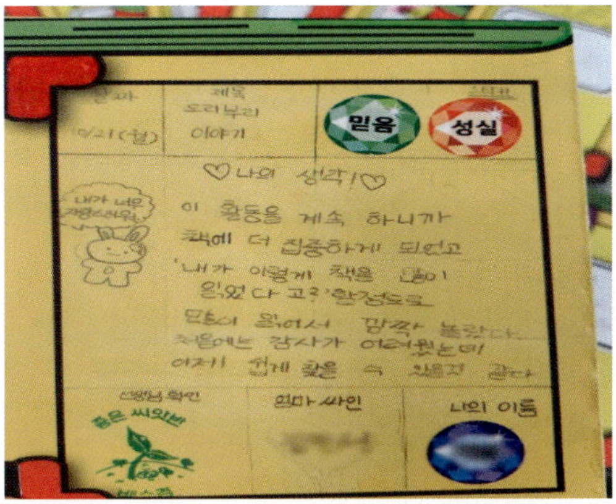

학기 중에는 미덕으로, 2학기에는 나에게 들려주는 예쁜 말로, 학년 마무리에는 자기 긍정 선언문으로 매일 긍정의 문장을 들려주고 외치는 시간을 보냈다. 이 5분의 시간이 아이들에게 남아 있을지, 사라질지 알 수 없다. 내가 가끔 고등학교 은사님을 기억하며 사자성어를 추억하듯, 미덕을 발견했을 때, 좋은 영어 문장을 만났을 때, 긍정의 문장을 만났을 때 매일 같이 하이파이브를 외치던 초등교실 현장이 따스하게 남아 있기를 바란다.

4

달, 내가 즐기면 함께 즐거워지는 마법

달을 이토록 오랫동안 관찰한 적이 있을까? 요즘은 휴대전화의 줌 기능으로도 멀리 있는 달의 운석구덩이까지 자세히 찍을 수 있다. 시작은 이러했다. 퇴근 후 만난 아들은 눈이 퀭하다. 유튜브에 사로잡힌 아들을 구하기 위해 야간 라이딩을 했다. 투덜투덜 입이 한 발은 나왔다. 자전거를 타고 달리며 생각도 전환할 수 있기를 바랐다. 공원을 한 바퀴 달릴 동안에도 여전히 함께였던 투덜이는 달을 발견하고는 자취를 감췄다.

동그란 보름달을 마주했다. 어쩜 그렇게 밝고 동그란지 저절로 카메라에 손이 갔다. 아무리 좋은 휴대전화도 그 기능을 제대로 활용할 줄 모르는 주인을 만나서 오로지 전화 송수신과 카톡, 검색용으로만 사용하고 있었는데 먼 거리의 달을 연신 찍어대는 아들 모습에 나도 덩달아 신이 났다. 사진에 심취한 그 모습만 보면 마치 전문 사진사 같았다. 엄마의 풍부한 리액션에 아들은 신이 났다. 그 후로 한동안 내 휴대전화 사진 폴더에는 달 사진으로 가득했다.

달은 매일 모습을 달리한다. 우리를 향해 바라보는 모습은 1년 내내 변함없을지라도 매일매일 우리에게 보여주는 모양은 달라진다. 초승달부터 보름달까지 다양하게 변신하는 달 덕분에 밤 산책이 수월해졌다.

"오늘 보름달이래. 나가야지. 또 찍어 줘야지."
"오! 오늘 초승달이야. 좀 일찍 나가야 잘 볼 수 있을 것 같아."

때로는 구름에 가려져서 안 보일 때도 있다. 높은 아파트 건물에 가려지기도 한다. 달리는 차 안에서도 달 촬영은 멈추지 않는다. 휴대전화 가득 담긴 달 사진을 보고 있노라면, 내 눈에는 수십 장의 사진이 모두 똑같아 보인다. 달은 언제나 같은 방향으로 우리를 향하고 있으니까 말이다. 어린 시절부터 성인이 된 지금까지 수백 번 아니 수천 번을 보아 온 달이기에 새로울 것이 없지 않은가? 사진 정리를 하며 지우려고 하면 아들은 손사래를 친다.

"그건 절대 안 되지."

사진사가 된 아들은 아주 미묘한 초점의 차이를 잡아낸다. 그리고 스스로 만족한다. 내가 줄 수 있는 성취감이 아니라, 스스로 쟁취한 성취감이다. 역시 누군가 시켜서 하는 것이 아니라, 스스로 신이 나야 한다.

하고 싶은 것이 많은 아이를 바라보고 있노라면 신기하다. 늘 익숙한 틀에서 벗어나지 못하는 답답한 엄마 밑에서 이토록 자유롭고 호기심이 많은 아이가 태어난 것이 신기할 뿐이다. 나의 아들이 아니었다면 어땠을까? 좀 더 자유분방한 부모를 만났다면 날개를 펼치며 잘 살았을까? 꽉 막힌 엄마를 만나서 언제나 꾸중 가득 먹고 자라는 아들을 보며 새삼스레 미안하다. 또 엄마와 반대인 아들을 만난 것이 교사인 나에게는 정말 고마운 순간이기도 하다. 자유로운 영혼인 아들 덕에 교실에서 만나는 또 다른 자유로운 영혼들을 이해하게 되었기 때문이다.

'아들아, 고맙고 미안하구나.'

달밤 산책에서 배운 팁으로 이제 고집불통쟁이가 활개를 치면 적당히 자연으로 환기를 시킨다.

아들과 병원에 갔다가 돌아오는 길이었다. 병원 진료가 늦어지는 바람에 쉬는 시간이 줄어들었고, 집에 도착하자마자 학원을 가야 하는 아들의 입이 또 댓발 나왔다.

"쉴 시간도 없고 이게 뭐야."

잔뜩 화가 난 아들이 심통을 부리기 시작했다. 같이 요동치고 화를 내면 끝이 없는 나락으로 떨어지는 순간이기에 마음을 다잡았다. 환기, 적당한 환기가 필요하다. 때마침 구름이 정말 예뻤다. 차가 신호등에 걸린 사이 말했다.

"그지? 쉬지도 못하고 바로 학원이라니 정말 가기 싫겠다. 그래도 가야지. 어 근데 저기 봐. 저 구름 보여? 엄마는 시골에서 자라서 어릴 때 보이는 건 초록뿐이었고, 전부 멈춰있는데 유일하게 변하는 게 있었어. 뭔지 알아?"

"몰라. 몰라."

"구름이었어. 구름 모양 보고 상상하며 놀았어."

아이가 듣든지 말든지 엄마 혼자서 추억 여행을 떠났다. 친구와 같이 구름을 잡아 보겠다며 세숫대야에 물을 가득 담고 물에 비친 구름을 잡으며 우리는 구름을 잡아 본 아이들이라고 우쭐대던 그 어린 시절이 떠올랐다. 평상에 누워서 하늘을 올려다보며 양떼구름, 코끼리 구름 등 이름을 지어 가며 놀았던 그 어린 시절의 나로 잠시 잠깐 돌아갔다.

엄마의 진심이 전해진 걸까? 아들의 시선도 구름에 머물렀다.

"오 정말이네. 구름이 움직이네. 어? 두 구름이 이제 만났어. 합체~!!"

혼자서 또 새로운 놀이가 시작됐다.

"저기 봐. 하트 보여? 천사가 두 팔 벌리고 있고 그 천사 안에 하트가 있어."

"오 정말? 지금 운전 중이라서 잘 안 보이네."

"그럼 내가 찍어줄게."

유튜브에 익숙한 아들은 동영상만 켜면 유튜버 모드로 돌변한다.

"자, 지금 구름을 보고 있는데요. 저기 저 구름 보이시나요? 하트모양입니다. 천사가 하트를 들고 있는 것 같지요. 우리에게 사랑을 보여 주는 것 같습니다."

다시 신호에 걸려서 확인해 보니 정말 하트가 보였다.

"오 정말 그렇다. 보인다 보여, 하트."
"우리한테 뜻을 주려나 봅니다. 오늘 뜻깊게 살도록 하겠습니다. 끝."

이렇게 영상 촬영을 마친 아들은 주차장에서 먼저 내려 달란다. 얼른 집에 가서 학원 가방을 챙겨 나오겠다는 것이다. 불과 2분 전에는 학원 가기 싫어서 툴툴거리는 아이였는데, 구름이 아이의 생각을 바꾸어 놓았다. 정말 감사한 순간이었다.

아이에게 고집불통쟁이가 들어왔을 때는 스스로 외친다.

"환기! 환기!"

같이 빠져들지 않고 새로운 관점을 선물하기 위해 새로운 재미에 빠져 본다. 내가 먼저 재밌어 하면 아이도 재미있어 하니까.

"내가 즐기면 함께 즐거워져."

5

떠나 보자!
어린 시절로의 시간 여행

기나긴 겨울방학, 무엇을 하며 보낼지 아이들보다 엄마의 고민이 더 크던 때가 있었다. 하지만 이제 걱정하지 않게 되었다. 내가 시도하는 그 '무엇'보다, 아이들이 시도하는 '그것'에 반응하면 늘 새로운 배움이 일어나기 때문이다. 물론, 방학 중 규칙적인 생활 습관에 대한 부분은 끊임없이 잔소리 중이다. 누구나 한 번쯤 무한 자유 앞에 놓인 시간을 경험해 보았을 것이다. 그 자유 속에서 우리는 해방감을 느낀다. 하지만 그 해방감은 철길이 아닌 곳을 달리는 기차처럼 불안감으로 다가오기도 한다. 길이 아닌 곳으로 달리고 있는 그 마음처럼 말이다. 기차에게는 철길 위에서 누리는 자유가 참 자유이다. 당당히 하루 과제를 마친 후 주어지는 자유시간 역시, 누구나 한 번쯤 겪어 보았을 달콤함이다. 그 달콤함을 알려주기 위해 엄마는 오늘도 잔소리 중이다.

이날도 한창 잔소리 파티를 마치고 겨우 숙제를 완료했다. 아들은 당당히 주어진 자유시간에 영상 하나를 들고 나타났다.

"라이스 페이퍼로 꼬북칩을 만들 수 있대. 이거 봐봐."

글에서 동영상으로 옮겨진 검색창은 Shorts라는 더 짧은 영상으로 대체되었다. 1분도 길게 느껴지는 요즘 아이들을 만나며 또다시 한숨이 나온다. 선입견으로 보기 시작하면 대화가 이어지지 않는다. 당당히 할 일을 마친 후 주어진 자유시간, 아이가 스스로 찾은 라이스 페이퍼로 꼬북칩 만들기에 반응해 보기로 했다.

"오, 그래? 어떻게 하는 건데?"

36초의 짧은 영상에서는 손쉽게 라이스 페이퍼를 식용유에 튀기고 초콜릿에 버무려서 초간단 꼬북칩을 완성했다. 아주 쉬워 보였다.

"한번 해 보자."

간단해 보였던 영상과 달리 실제로는 라이스 페이퍼를 동그랗게 마는 것부터 난관이었다. 계속 부서지고, 동그랗게 말아놓은 것이 풀렸다.

"에이, 이 영상도 주작이네."

생각대로 되지 않자, 뾰족한 말이 먼저 나오기 시작했다.

"그러니까 이런 영상들 다 믿지 말라니까"

서로서로 날 선 대화가 이어졌다. 분명히 배움이 일어난다면서도 '이게 뭐 하는 건가?' 싶은 마음은 끊임없이 싸움 중이기 때문이다. 한발 뒤에 서 본다.

그 뾰족한 순간, 나의 어린 시절로 떠나 본다. 나의 어린 시절에는 Shorts는 없었지만, TV가 있었다. TV는 바보상자라며 멍하니 앉아서 깔깔거리고 웃는 모습에 부모님의 잔소리가 이어지던 시기였다. 부모님이 유일하게 온화해지는 시간은 EBS 시청 시간이었다. 방학 생활 그 채널만큼은 무한대로 허용이 되었다. 그마저도 정해진 방송편성시간에만 볼 수 있었으니 예전에는 기다림의 미학이 있었다. 다시 보기도 없었으니 온전히 그 시간을 기대하며 기다렸고, 온전히 집중했다.

김영만 아저씨의 종이 나라는 매일 기다려지는 시간이었다. 색종이, 가위, 풀로 뚝딱 손쉽게 만드시는데 따라 하면 영락없이 실패하는 순간이었다.

"흥, 잘 안 되잖아."

그러다가도 다음 날이 되면 또 보고 있었다. 또다시 색종이를 가져와서 접고 있었다. 지금처럼 일시 정지 버튼이라도 있었다면 멈추고 따라 할 수 있었을 텐데 말이다. 무수히 많은 시행착오의 시간은 미리 종이를 준비하고, 가로세로 대각선으로 미리 접어 두게 했다. 잘하지는 못했지만, 그래도 재미있었다.

'그래, 재미를 발견하게 해 주자. 과정 자체를 보는 눈을 선물하자.'

짧은 시간 여행은 '초등색 안경'을 끼고, 아이의 눈으로 보게 했다. 그리고 다시 '과정'을 보는 질문을 던지게 하는 여유를 선물했다.

"이 짧은 영상을 만들기 위해 얼마나 많은 시간이 걸렸을까?"
"아마 아주 많이 찍었을 거야."
"36초를 위해 하루 종일 찍었을지도 몰라."
"맞아, 우리 비행기 영상도 엄청나게 오래 걸렸잖아."

학예회 준비를 위해 4분짜리 종이비행기 영상을 만들었던 추억이 소환되었다. 한 달 내내 영상을 찍고, 편집하고, 음악을 입혔던 지난 추억은 잠시 멈춤을 선물했다. 그리고 다시 평정심을 찾아 라이스 페이퍼 꼬북칩 만들기를 시도했다. 시행착오는 나만의 또 다른 방법 하나를 만들어 내는 시간이다.

"그럼, 이렇게 하는 건 어때?"

자꾸 부서지는 라이스 페이퍼 덕에 돌돌 마는 것을 잘게 자르는 것으로 대체했다. 라이스 페이퍼를 잘게 잘라서 식용유에 넣었더니 꼬북칩이 아니라 콘칩이 완성되었다. 초콜릿 꼬북칩으로 시작했지만, 초콜릿 퐁듀 콘칩으로 바뀌었다. 스스로 제안하고 만들어서인지 더욱 맛있어했다. 맛은 살짝 기름졌는데 초콜릿의 단맛이 기름진 느끼함을 달래주었다.

"잘 안 된 게 오히려 더 잘된 거네!"

꼬북칩이 콘칩으로 변화된 재미있는 요리 시간이었다. 아이들이 이해되지 않을 때, 끊임없이 시도해 본다.

"떠나 보자, 나의 어린 시절로의 시간 여행"

6

삶의 모든 순간이 감사

도로를 달리다 보면 노란색 빗금 친 구역을 만난다. 이곳은 도로를 건너는 보행자의 안전과 차량 간의 충돌을 막기 위한 공간이다. 이 구역을 도로 위의 안전지대라고 한다. 보행자를 위한 안전지대는 횡단보도 주변에, 운전자를 위한 안전지대는 교차로 주변에 설치되어 있다. '어떤 재해에 대하여 위험이 없는 지대'라는 사전적 의미처럼 보행자와 운전자의 안전을 위해 예비 된 공간이다. 모든 차량은 이 안전지대 내에 진입해서는 안 된다. 이곳은 자동차의 진입을 막고, 보행자와 자동차의 원활한 진·출입을 가능하게 해 주는 완충지대 역할을 하기 때문이다.

운전 중에 만난 노란색 빗금에서 정신이 번쩍 들었다. '안전지대'라는 그 단어에 머무르게 되었다. 나만의 안전지대는 무엇인가? 매일 비슷한 일상에서도 내가 안정감을 누릴 수 있는 안전지대 말이다. 나만의 안전지대는 식물이었고, 고양이였고, 걷기였다. 이렇게 나만의 안전지대를 하나둘 늘려 가는 것은 나에게도 가족에게도 좋은 일이다.

요즘 나의 안전지대는 감사이다. 일주일에 한 번 온 가족이 둘러앉아 한 주간의 감사를 적어 본다. 그리고 그 감사를 입술로 고백해 본다. 나 혼자서는 꾸준히 이어 나갈 수 있어도 가족과 함께 감사를 나눈다는 것이 좀 낯간지러운 일이기도 하다. 사춘기를 지나는 아이들이 언제까지 이 감사 찾기를 함께 할 수 있을지 의문이기도 하다. 하지만 그 감사의 힘을 알기에 이번 주도 용기를 내어 감사를 나누어 본다.

아이들에게 감사를 쓰자고 하기 전에 내가 먼저 감사를 적는다. 감사를 적는 순간 그 한 주가 달리 보인다. 그냥 휙 지나쳤던 순간이 감사를 적는 순간 내 안에서 오래도록 머무른다. 갓 내린 커피 향이 코끝을 스치며 방안 가득 머무르는 것과 같다. 서로의 감사에 귀 기울이며 잊고 있던 감사 제목을 추가해 본다.

"아, 맞다."
"나도, 그거. 나도 추가"

내가 기억하는 어린 시절은 무수한 기억의 지극히 작은 일부분이다. 그 일부분이 마치 나의 어린 시절 전부인 것처럼 기억된다. 그 기억이 긍정적이라면 난 긍정적인 어린 시절로 기억하며 살아가고 있을 것이다. 내가 물려줄 수 있는 무형의 유산 중에서 가장 값진 것이 있다면, 바로 감사를 기억하는 삶이다.

아들이 초등학교 1학년 때, 담임선생님께서 감사일기를 매일 검사하셨다. 1학년 꼬마 아들에게 작은 수첩에 적는 감사일기가 버겁기도 했다. 하지만, 집에서 함께 적어나가는 매일의 감사일기는 버거우면서도 감사를 적어나가는 그 순간만큼은 감사가 회복되는 시간이기도 했다.
초1 아들의 감사는 매일 반복되었다.

"숨 쉴 수 있어서 감사, 급식 맛있어서 감사, 학교가 재미있어서 감사"

그렇게 시간이 지나 잊고 있던 감사를, 지금은 주 1회 감사로 지켜오고 있다. 이제 아들만의 숙제가 아니라, 온 가족이 함께 모여 수첩을 펼친다. 일주일 중 하루는 함께 멈추어 한 주를 기억하는 날로 자리 잡은 것이다.

역시나 쉽지 않다. 하지만, 주 1회의 감사가 아이들 기억 속에 오래도록 남아서 성인이 되어서도 이어지기를 바라는 마음으로 오늘도 수첩을 꺼낸다.

"그냥 말로 하면 안 될까?"
"아…. 빨리 끝내자."

이런 말이 들려오면 잠시 의기소침해진다. 내가 옳다고 생각하는 것을 아이들에게 강요해서 오히려 반감이 생기는 것 아닐까? 혹여나 그럴지라도 감사를 찾자고 하는 엄마의 노력이 아이들에게 닿기를 바라는 마음으로 오늘도 꿋꿋이 도전해 본다.

장성한 아이들에게 더는 엄마의 손길이 닿지 않는 순간이 왔을 때, 삶의 무게를 느끼며 힘들어 지치는 순간이 왔을 때, 어떤 기억을 꺼내어 볼까? 아마도 그 기억이 자신을 붙들어 준 소중한 기억 중 하나이기를 바란다. 함께 감사를 발견하던 시간이었기를 소망한다. 그 감사의 마음이 안전지대로 자리 잡아서 견고해지기를 바란다.

주 1회의 감사가 매일의 삶이 되기를 꿈꿔 본다. 이 감사는 미래의 감사를 미리 끌어오는 시간이다. 내일 마주할 감사를 미리 마주하는 시간이다. 그 비결은 바로 오늘의 감사를 발견하는 것에서 시작한다.

"감사는 안전지대, 주 1회가 매일의 삶이 되기를!"

7

해를 가려주는 양산

신호등에서 뜨거운 햇살을 맞으며 신호가 바뀌기를 기다리고 있는데 어느 순간 해가 가려졌다.

'어? 뭐지?'
"이게 만 원이에요. 근데 정말 야무지죠?"

같이 신호등을 기다리시던 연세 지긋한 할머님이 그 짧은 시간에 양산을 씌워주신 것이다. 일면식도 없는 나에게 해를 가려주는 호의를 베풀어주신 할머님께 감사함을 표했다.

"아, 감사해요. 양산으로 가리니 정말 시원해요. 이렇게 같이 씌워 주셔서 감사해요."
"이게 작은데, 아주 실해요. 우리 남편도 사 줬는데 잘 쓰고 다닌다니까요."

신호등이 바뀌고 서로 다른 길을 가게 되었다. 짧게 나눈 인사와 감사의 말은 공기 중으로 흩어졌다. 그럼에도 불구하고 그 짧은 순간의 시원함은 내 기억 속에 오래도록 남아있다. 나도 누군가에게 양산을 씌워줄 수 있을까? 가까이 다가가서 그늘이 되어줄 수 있을까? 작은 양산 하나만으로도 마음이 시원해지는 풍경에 마음이 따듯해진다. 자극적이고 말도 안 되는 무서운 일들이 펼쳐지는 세상 속에서 양산을 건넬 수 있는 할머님은 뜨거운 햇볕 아래에서 만난 시원함이다. 차가워진 세상 속에서 만난 훈훈함이다.

양광모 시인의 시 한 편이 떠올랐다. 우산이라는 제목을 양산으로만 바꾸니 바로 그 할머님을 위한 시가 되었다.

우산

– 양광모

비를 맞으며 혼자 걸어갈 줄 알면
인생의 멋을 아는 사람이요
비를 맞으며 혼자 걸어가는 사람에게
우산을 내밀 줄 알면
인생의 의미를 아는 사람이다

세상을 아름답게 만드는 건 비요
사람을 아름답게 만드는 건 우산이다

한 사람이 또 한 사람의
우산이 되어줄 때
한 사람은 또 한 사람의
마른 가슴에 단비가 된다

뜨거운 햇살 아래 홀로 서 있는 나에게 양산을 내밀어 주신 할머님은 인생의 의미를 아는 분이시다. 세상을 아름답게 만드는 건 햇살이요, 사람을 아름답게 만드는 건 양산이었다. 유난히도 더웠던 여름을 지나며 나에게 시원한 그늘을 선물해 주신 할머님을 떠올린다. 이제 나도 외출할 때 양산을 준비한다. 신호등을 기다리며 나도 그 양산의 그늘을 내어줄 수 있을까? 아직은 어색하기만 하다. 작은 친절을 베푸는 것조차 쉽게 허락되지 않는 사회 분위기가 한몫한다. 하지만, 검은 머리보다 흰머리가 많아질 즈음, 나 역시 그 할머님처럼 양산의 작은 그늘을 내어주는 할머니가 되고 싶어졌다. 작은 그늘에서 쉬는 단 30초의 시원함을 맛보았기에 또 다른 누군가에게 그 여름을 선물해 주고 싶다.

나는 홀로 걸어가는 인생길의 신호등 앞에 서 있다. 기다림의 시간을 지난다. 햇살은 뜨겁다. 그냥 그렇게 시간이 지나기를 바라는 그 짧은 순간, 뜨거운 햇빛이 시원한 그늘로 바뀐다. 그 일은 몹시 어려운 일이 아니다. 그저 내가 가진 작은 양산의 그늘 한 조각을 내어 주는 일이다.

"나도 그렇게 그늘을 내어 주는 하얀 머리 할머니이고 싶다."

8

실선과 점선은 어떤 의미야?

"엄마, 도로에 있는 실선과 점선은 무슨 뜻이야?"
"응, 그게 궁금했구나. 어떤 뜻 같아?"
"차들을 보니까, 점선은 지나가고, 실선은 못 지나가는 것 같아."
"응, 맞아. 차선을 바꿀 때는 점선을 지나가. 실선은 지나가지 않기로 모두 약속한 거야."

도로 위에서의 약속처럼 서로에게 다가갈 때 점선과 실선이 있다면 얼마나 좋을까?

'여기까지는 넘어와도 좋아. 그 이상은 안 될 것 같아.'

내 마음의 점선과 실선은 무엇인지 아이와의 대화에서 생각에 잠긴다.

대관령을 지나는 길이었다. 신혼 시절 이곳을 지날 때도 한 치 앞을 볼 수 없는 안개 탓에 손에 땀을 쥐었던 기억이 난다. 네 식구가 만난 대관령 역시 그 위엄을 자랑하며 희뿌연 안개로 눈앞이 보이지 않았다. 누가 먼저랄 것도 없이 일제히 모든 차량이 깜빡이를 켜고 서로 앞길의 안내자가 되었다.

"우와, 감동적이다."
"뭐가 감동적이야?"

아들과 딸의 반응에 온도 차가 느껴졌다. 걱정이 먼저 앞선 딸은 손에 땀을 쥐며 안갯길을 지켜보고 있었다. 이 모든 상황을 흥미롭게 지켜보던 아들은 누가 시키지 않아도 서로를 위해 깜빡이를 켜 주는 그 장면에서 감동을 발견했다.

"근데, 저 차는 왜 안 켜는 거지?"

"응, 서로를 배려해서 켜 주는 건데, 반드시 켜야 하는 건 아니야. 그냥 에티켓이지."

"그래도 깜빡이 켜 줘야지. 아무것도 안 보이는데…."

쌩쌩 달리던 차들도 긴장하며 속도를 줄이는 곳이 바로 대관령이었다. 희뿌연 안갯길을 지나고 나면 언제 그랬냐는 듯이 안개는 사라지고 만다. 방금 눈앞을 가렸던 희뿌연 안개는 자취를 감추고 만다.

대관령 고갯길에서 '배려'를 만났다. 혼자서 빠르게 지나갈 수 있지만, 나 혼자만 빨라서는 갈 수 없는 곳이 대관령이다. 내 뒤를 따라올 누군가를 위해, 내 앞에 가는 누군가를 위해 보이지 않는 차선이 되어주는 배려이다. 아무리 말로 설명해도 알지 못하는 '배려와 상생'의 의미를 도로 위에서 배운다. 머리로 아는 것과 삶으로 실천하는 것 사이에는 무수히 많은 시간의 검증이 필요하다. 앞으로 만나게 될 배려의 순간이 오늘의 찰나로 오래도록 기억되기를 바란다.

대관령 고갯길에서 '찰나'를 만났다. 조금 전까지만 해도 보였던 차선이 보이지 않는다. 온통 하얀 세상이다. 두려움이 몰려온다. 어디로 나아갈지 모르지만, 앞차의 방향등을 믿고 같은 곳을 향한다. 나의 방향등이 뒤 차의 두려움을 밀어내고 앞으로 향하게 만든다. 때로는 나도 방향등을 켜지 않고 앞서고자 한다. 하지만 이내 다시 주변을 살피며 같이 보조를 맞춘다. 같이 깜빡이를 켜며 찰나의 순간을 함께 헤쳐 나온다. 안개가 사라졌다. 깜빡이도 사라졌다. 다시 나만의 속도대로 달리기 시작한다.

인생의 고갯길에서 때로는 모두가 함께 멈춰서 천천히 헤쳐 나와야 할 시간을 마주하게 된다. 희뿌연 안개 앞에서 한없이 겸손해진다. 나 혼자 앞서는 것은 아무 의미가 없다. 함께 이 안개를 헤쳐 나와야 하는 순간이 필요하다. 함께 안개의 대관령을 지나고 나면 언제 그랬냐는 듯이 안개 걷힌 세상을 마주하게 된다. 그때 역시 나만의 속

도로 그 길을 달려나가야 한다.

터널 안에서 사이렌 소리가 들린다.

"우와, 백미러 보여? 차가 홍해가 갈라지듯이 쫘악 갈라졌어."
"무슨 일이 있는 걸까?"
"그러게, 누가 다쳤나?"

지금 내가 할 수 있는 건 구급차가 빨리 지나갈 수 있도록 길을 만드는 것이다. 터널에서 보여준 차들의 일사불란한 행동에서 나 역시 감동이 밀려온다. 도로 위에서 만나는 감동의 순간이다.

요즘도 도로에서 구급차를 종종 만난다. 바쁜 출근길에도 한가한 여행길에도 쉼없이 구급차는 달린다. 구급차가 달려오면 달리던 차들은 가던 길을 잠시 멈추고 도로의 끝으로 핸들을 옮긴다. 또 다른 누군가의 생명을 위해 나의 핸들을 옮겨 본다. 그리고 잠시 기도한다. 그 생명이 좋은 의료진을 만나서 회복되기를 기도한다. 도로 위의 또 다른 길을 만들어 준 운전자들의 염원을 담아서….

"실선이 점선으로, 분명해진 길을 만들어 나가자."

9

안갯속을 걸어간다는 건

가정을 살리고자 시작된 대화의 시작이 하브루타였다. 아이의 말에 귀 기울이고, 아이의 관심사에 함께 관심을 가져보고자 노력했다. 아이들의 세계란 난해하고 어려웠다. 부단히 나의 어린 시절로의 여행을 떠나지 않으면 아이들을 이해하기란 점점 어려워졌다. 미지의 세계를 만나며 이해할 수 없을 때는 아이의 말을 그대로 되뇌며 반영해 주었다. 무조건적인 수용이 아니라, 분명한 경계를 그어주며 아닌 것은 아니라고 이야기해 줄 수 있는 단호함을 연습하는 시간이기도 했다.

하브루타를 통해서 유대인의 삶을 엿보았다. 독서토론의 한 부분으로 여겼던 하브루타는 삶의 현장이었고, 대화의 현장이었다. 변함없이 지켜온 그들의 견고함은 아이들 스스로 해답을 찾을 수 있도록 대화의 장을 여는 것이었다. 아이의 생각을 존중하며 스스로 생각하는 힘을 키워주는 대화였다. 눈에 보이지 않는 하.브.루.타를 가정에서 실천해 보고자 부단히 노력했던 시간을 보냈다. 관심, 경청, 반영을 실천하기 위해 여전히 오늘도 수련중이다.

'교실에서 다시 아이들을 만날 수 있을까?'

다시 교직으로 돌아오는 것에 대해 깊이 고민하던 시간이 있었다. 나의 길은 두 아이를 온전히 성장하도록 돕는 엄마의 자리라고 생각했다. 여전히 차갑고 경직되어 있는 교직에 다시 돌아갈 엄두가 나지 않았다. 그때, 우리 아이들을 가르쳐 주신 초등 6년의 선생님들이 스쳐지나갔다. 묵묵히 교실에서 선생님만의 빛깔로 아이들을 만나주신 선생님덕분에 다시 교직에 돌아왔다. 속닥속닥 이야기 공책을 써 주셨던 선생님, 다양한 감정을 살피며 표현할 수 있도록 도와주신 선생님, 오랜 시간 인내하며 기다려주신 선생님, 토론 수업을 가정으로 연결해 주신 선생님, 자율성을 통해서 성장을 이끌어주신 선생님 덕분에 나는 오늘도 좋은 씨앗 친구들을 만나고 있다.

'100명이 있으면 100개의 대답이 있다.'

라는 유대 격언을 참 좋아한다. 우리 아이들을 가르쳐주신 여러 선생님의 빛깔에 우리 아이만의 고유한 색이 덧입혀져 영롱하게 빛나고 있다. 가정에서, 학교에서, 사회에서 삶의 지경을 넓혀가는 아이들에게 가장 안전한 공간은 가정이다. 두 번째 만나는 세계가 바로 학교 현장이다. 아이들이 겪게 되는 크고 작은 실수, 실패의 경험들은 안전한 공간에서 연습하며 성장한다. 이 아이들이 성장해서 나아갈 사회라는 곳에서 절대 흔들리지 않는 고유한 빛은 바로 이 시기에 형성된다.

눈에 보이지 않는 가치, 감정, 미덕, 행복, 감사를 눈에 보이지 않는 하.브.루.타를 통해서 전하고자 노력했다. 스스로 생각하고, 하베르와 이야기하며 나만의 해답을 찾아가기를 바라는 마음으로 준비하며 함께 만들어간 수업이었다. 우리 아이들을 만나주신 많은 선생님처럼, 나 역시 그렇게 하나의 퍼즐로 아이들을 만나고 있다. 단단한 경험의 한 조각으로 남아 있기를 바라는 마음이다. 성장기에 만나는 빈 퍼즐 조각이 하나라도 채워지길 바라는 마음이다.

온가족이 정말 재미있게 봤던 영화가 있다. 바로 인사이드 아웃2이다. 부정적인 경험은 멀리 보냈던 기쁨이와 잘 해보려고 모든 경우의 수를 생각했던 불안이가 떠올랐다. 어찌할 줄 몰랐지만 슬픔이를 도와준 당황이의 모습도 오버랩되었다. 버려진 신념(넌 좋은 아이야)과 새로운 신념(넌 부족해)사이에서 괴로워하던 기쁨이의 모습은 사춘기를 지나는 아이들의 모습을 대변한다. 양극단의 신념이 한데 어우러지며 부정적 긍정적 모든 경험의 총합으로 다시 13살의 라일리만의 신념으로 성장하는 이야기가 바로 인사이드 아웃2였다.

불안이와 기쁨이의 자아가 부숴지고 라일리만의 자아로 만들어지는 장면이 기억에 남았다. 초등 시기에 주된 감정은 아마도 기쁨이 일 것이다. 사춘기를 지나며 불안이와 당황이가 등장하며 다양한 감정의 스펙트럼을 마주하게 된다. 결국은 라일리 스스로가 여러 경험을 끌어안으며 성장하듯 우리 아이들도 그렇게 성장할 것이다.

아이들과 함께 걸어가는 그 길에, 때로는 안갯속을 걷는 것처럼 희미한 순간이 찾아온다. 이 길이 맞는 길인지 어디로 가야 할지 방향을 알 수 없는 막막함과 마주하는 것이다. 그 안갯속이 오히려 배움의 순간이 된다는 금빛 문장을 명심보감에서 만났다.

家語云(가어운)
與好學人同行(여호학인동행)이면
如霧露中行(여무로중행)하여
雖不濕衣(수불습의)라도
時時有潤(시시유윤)하고
與無識人同行(여무식인동행)이면
如厠中座(여측중좌)하여
雖不汚衣(수불오의)라도
時時聞臭(시시문취)니라.

『명심보감』19편 交友

명심보감 |

19편 친구를 잘 사귀어라(交友).
2장 배우기를 좋아하는 사람과 함께 가면 안개 속을 걸어가는 것과 같다.
옷이 흠뻑 젖지는 않지만, 점점 물기가 배어든다.

아이들과 나누었던 명심보감의 한 구절을 기억하며, 함께 안갯속을 거닐어 보고자 한다. 안갯속을 걷는 것은 한 치 앞을 알 수 없는 걸음이다. 대관령에서 만난 안갯길이 그러했다. 희뿌연 안개로 뒤덮혀 아무것도 보이지 않는 그곳에서 갈 길을 잃었다. 그때 누가 먼저 할 것 없이 깜빡 깜빡 비상등이 켜졌다. 서로를 위한 작은 배려의 불빛이었다.

'이 길이야. 이 길로 곧장 가면 돼. 내 빛을 따라와.'

먼저 터널을 통과한 차가 비춰주는 비상등 불빛은 뒤따르는 차량의 등대이다. 내가 나아가야 할 길은 앞서가는 차들이 비춰주는 비상등 불빛을 따르는 것이었다. 터널 속에서 '깜빡 깜빡' 비상등이 앞길을 밝힌다. 내 옷이 젖는지도 모르는 채, 서서히 스며든다. 바로 이 순간을 떠올리며, 다시 문장을 읽어 본다.

> 『공자가어』에서 말하였다.
> "배우는 것을 좋아하는 사람과 함께 가면 마치 안갯속을 걸어가는 것과 같아서 비록 옷이 흠뻑 젖지는 않지만, 점점 물기가 배어든다. 아는 것이 없는 사람과 함께 가면 마치 변소 안에 앉아 있는 것과 같아서 비록 옷은 더러워지지 않지만, 서서히 더러운 냄새가 배어든다."
>
> 『명심보감』19편 交友

명심보감 19편(交友)은 친구와의 사귐에 대해 전하는 내용이다. 어려운 말로 장황하게 늘어놓지 않았다. 그저 앞선 차를 따르라는 막연한 글이 아니다. 안갯속을 거닐며 옷깃에 찾아든 물방울을 떠올리는 지혜. 머리카락에 방울방울 달린 물방울을 떠올리는 지혜. 배우기를 좋아하는 사람과의 사귐은 안갯속을 거니는 것처럼 언제 스며들었는지도 알지 못하게 젖어 드는 깨달음을 표현한 것이리라. 명심보감에서 말하는 배움은 단순히 학문에 정진하는 것만을 의미하지 않는다. 배우기를 좋아하는 사람은 들에 핀 꽃에서도 지혜를 얻으며, 삶의 작은 순간에서도 지혜를 얻는 사람이다.

好學人과 無識人을 안개와 변소로 대조적으로 빗대어 서서히 스며드는 안갯속 옷깃과 화장실에서 배어든 냄새를 나타냈다. 배움을 좋아하는 사람과 앎이 없는 사람에 대한 비유는 무엇을 보며 나아가야 할지를 안내한다.

'삶의 작은 자리에서도 배우기를 즐기는 사람과 함께 하라.'

이는 한발 더 나아가 어떤 친구로 남을 것인가를 남긴다.

‘나는 깨끗한 옷에 배어든 냄새인가? 젖은 옷깃에 스며든 배움의 열기인가?’

식물의 메시지에, 구름의 메시지에, 교실 속 메시지에 반응하며 배우기를 좋아하는 한 사람으로 서고 싶다. 배우기를 즐기는 한 사람과 함께 안갯속을 거닐며 서서히 서로에게 물들어 가고 싶다.

자욱한 안개 앞에 선다. 희미한 그 길에서 삶이 전하는 메시지를 즐길 줄 아는 이와 함께 한 걸음 내딛는다. 이내 안개가 걷힌다. 밝은 빛은 온몸을 적신 물방울을 걷어낸다. 스며든 물기를 툭툭 털어내며, 선명해진 그 길에서 그대와 나를 마주한다. 우리 아이의 잠재력을 믿으며, 그 길을 함께 걸어 보자.

안갯속을 걷는다는 건

자욱한 안개
희미한 길
너와 내딛는 한 걸음

함께 즐기는 걸음
안개를 삼키는 밝음

선명한 우리

10

우리 아이 잠재력을 믿어요

눈에 보이지 않는 잠재력을 가시화하기 위한 장치들을 궁리하는 시간을 보냈다. 머릿속에 가득 담긴 생각을 풀어내기 위해 짝과 대화를 나누고, 질문 사냥을 떠났다. 때로는 그림으로, 글로, 디지털 기기를 활용해서 다양하게 생각을 표현하도록 도왔다. 그 사이 아이들은 자랐고, 중학년에서 고학년이 되었다.

한 학교에서 5년간 근무하면서 누리는 특권은 우리 반 친구들의 성장기를 간접적으로 지켜보는 것이다. 운 좋게 형제를 모두 담임하던 해에는 각 형제의 서로 다른 특징을 가장 가까이에서 지켜볼 수 있었다. 저마다의 고유 빛깔로, 각자의 향기를 전한다. 담임교사인 나는 첫째의 이름을 연신 둘째에게 부르는 실수를 반복했지만, 너그럽게 이해해 주는 둘째를 만나기도 했다.

풋풋한 싱그러움을 가지고 있던 중학년의 모습은 사라지고 어느덧 최고 학년으로 교정을 거니는 우리 반 친구들을 만나는 날은 혼자만의 설렘으로 인사한다. 시크한 고학년의 위엄을 풍기는 제자들에게서 어린 시절 귀여운 모습이 여전히 보이기 때문이다. 얼굴에는 여드름이 울긋불긋하고, 껑충 커버린 키와 거뭇해진 콧잔등, 긴 생머리를 휘날리며 다가오는 친구들에게서 앳된 4학년의 얼굴을 발견한다. 어느날, 점심시간에 복도를 지나던 친구가 교실로 찾아왔다.

"선생님, 하브루타 아직도 해요?"
"그럼, 하고 있지."

“하브루타 할 때 재미있었어요.”

“오! 정말?”

나를 하브루타 선생님으로 기억해 주니, 그저 고마울 따름이다. 우리 반 똘똘이였던 친구가 어느새 껑충 커버린 모습이 낯설기만 한데, 앳된 미소는 그대로이다.

“언제 이렇게 컸어요? 못 알아보겠어요.”

씨익 미소 지으며 다시 교실을 떠나는 그 친구의 뒷모습에서 교실 속 후배들의 미래가 보인다. 다시 한발 뒤에서 아이들을 보게 한다.

“우와, 선배님이에요? 엄청 커요. 선생님 제자였어요?”

“네네, 여러분도 금방 이렇게 클 거예요.”

“저도 나중에 다시 와서 볼래요. 후배들이 잘하고 있는지. ”

매일 교실에서 아이들을 마주할 때는 자라고 있는지 발견하지 못할 때가 많다. 한발 뒤에서 바라보아야 아이들의 성장이 보인다. 교실 튤립이 그러했다. 교실 글쓰기, 생각바구니가 그러했다. 도전 피자를 모아서 놀이를 궁리하던 시간이 그러했다. 매일매일은 쉽게 발견하지 못했지만, 지나고 보니 자라있었고, 성장해 있었다. 다툼 속에서 배려를 배웠고, 속상함 속에서 이해를 배웠다. 겉으로 보이는 것이 아닌, 꽁꽁 감추어진 진짜를 보는 눈을 함께 찾아가고 있다. 아이들은 더 많은 시간을 통해 서서히 스스로의 잠재력을 발견해 나갈 것이다.

하얀 백지 위에 적어 내려가는 나의 생각들은 아직 펼쳐지지 않은 잠재력이다. 묵묵한 기다림의 시간으로 꽃대를 피워올린 나팔꽃과 강낭콩, 튤립은 씨앗이 품은 잠재력이다. 수업 시간에 재치 있는 입담으로 온 교실을 폭소하게 하는 그 웃음이 잠재력이다. 쉬는 시간 미니 학원을 열어 친구들에게 나의 장기를 전하는 그 시간이 잠재력이다. 신나게 놀 궁리를 하는 그 시간이 바로, 잠재력이 꿈틀거리는 시간임에 틀림 없다.

2학년 친구들과 함께 했던 도서관 이용 수업의 모습이 생생하게 기억에 남아 있다. 책을 검색하고, 번호에 맞게 책의 위치를 찾아보고, 읽고 싶은 책을 골라서 도서관 자리에 앉았다. 저마다 한참을 고민하며 어렵사리 고른 책에 깊이 빠져들었다. 한발 뒤에서 아이들의 모습을 지켜보았다. 다리를 실룩실룩, 손가락을 꼬물꼬물, 머리를 긁적긁적하는 아이들을 보고 있자니 입가에 웃음이 번졌다. 점잖게 앉아서 책에 집중하는 중학년, 지루하게 두꺼운 책을 골라서 턱을 괴던 고학년의 모습과 달리, 역동적인 저학년 모습은 감히 소리 없는 아우성에 견줄 만했다.

2학년은 도서관에서 지켜야 할 에티켓을 장착한 나이이기에 입은 앙다문 야무진 모습이었다. 눈은 각자 열심히 고른 책에 집중하며 책에 깊이 빠져들었다. 머리로는 다 알고 있는 도서관 예절이지만, 몸은 아직도 꿈틀꿈틀 역동적인 2학년의 모습에 저절로 웃음이 번진다. 이 장면을 만화로 표현한다면, 각자 생각 말풍선이 하나씩 머리 위로 퐁퐁 솟아 있을 법한 모습이었다. 그 말풍선에는 어떤 내용이 담겨 있을까? 맛있는 급식을 생각하는지, 쉬는 시간 뭐하고 놀지를 생각하는지, 책 속 주인공이 되어 책 속을 거닐고 있는지 그 머릿속이 궁금해진다. 열심히 집중하며 덩달아 열심히 움직이는 아이들을 보며 나 역시 생각에 잠긴다.

'살아있구나! 움직이고 있구나! 네 생각들이 말이야. 꿈틀꿈틀 솟아오르는 그 생각들을 우리 같이 꺼내어 보자.'

선생님의 눈으로 아이들을 바라본다. 엄마의 눈으로 아이들을 바라본다. 선생님과 엄마라는 두 가지 옷을 함께 입은 나는 매일 두 역할 사이에서 혼돈이다. 선생님 옷을 입어야 할 때, 엄마 옷을 입은 날은 한없이 여유로워진다. 때때로 엄마 옷을 입어야 할 때, 선생님 옷을 입은 날은 한없이 매서워진다. 평소 패션 감각이 뛰어나지 않은 탓일까? 나에게 꼭 알맞은 옷을 찾아 입는 일은 여전히 어렵다. 하지만 꾸민 듯 꾸미지 않은 꾸안꾸 패션을 배워나가는 중이라며 스스로 토닥여 본다. 하루아침에 패션 리더가 될 순 없지 않은가?

우리 아이들의 잠재력을 믿으며 오늘도 인내의 시간을 보낸다.

“우리 아이 잠재력을 믿어요.”라고 쓰고, “엄마의 잠재력을 믿어요.”라고 읽는다.

숨겨진 것을 밝게 보기 위한 인고의 시간. 그 시간을 통해서 우리 아이만의 잠재력이 아니라, 엄마의 잠재력도 함께 자라남을 믿는다. 그 시간을 통해 발견한 나만의 한 가지로 아이들 앞에 견고히 서기를 바란다.

“우리 엄마들의 잠재력을 믿어요!”

분명히 가지고 있는 우리 아이만의 잠재력

우리 아이들의 잠재력을 믿어요.

내 인생 키워드

“우리는 단어를 읽지만, 그 단어를 살아 낸다.”

보르헤스의 문장이 삶의 문장이 되기를 바라며 이 책을 썼다. 하브루타를 통해 유대인의 삶을 엿보았다. 하브루타는 단순한 독서토론이 아니었다. 온갖 핍박과 어려움 속에서도 변함없이 자녀와 대화하며, 자녀를 존중하는 그들의 삶의 태도가 담겨 있었다.

눈에 보이는 특별한 교수법이 있는 것이 아님에도 수천 년을 전해 내려온 하브루타에서 자녀를 향한 ‘관심, 경청, 반영’ 키워드를 발견했다. 그 키워드를 가정 안에서 실천하려고 노력했다. 그 노력은 교실로 이어졌다. 여전히 부족하고 실수투성이지만, 아이들의 작은 속삭임에 귀 기울이며 반영하는 삶을 살고자 오늘도 ‘도전’ 중이다.

무엇을 도전하는가?
매일 마주하는 일상이 배움의 시작
물 한 잔, 풀꽃 하나, 작은 손짓 하나
그 배움에 대한 도전
잊고 있던 감사를 찾기 위한 도전
아이들의 속삭임에 귀 기울이는 도전
자연의 손짓을 발견하는 도전
무심코 지나치는 순간이 건네는 말에 반응하는 도전

삶의 많은 순간, 가만히 바라보고 귀 기울이면, 조용히 말 걸어 온다. 그 소리에 귀 기울여 본다. 그 모습을 눈여겨 본다. 그 말에 반응하는 삶을 오늘도 도전해 본다.

"오늘도 도전할 수 있음에 감사합니다."
"일상의 작은 도전을 응원합니다."

"나는 하브루타를 읽지만, 하브루타를 살아 낸다."
보르헤스의 문장은 나에게 이렇게도 읽혔다.

이 책을 덮는 이들에게도 동일하게 이 문장이 살아 있기를 소망한다.

"나는 ________을 읽지만, 그 ________을 살아 낸다."

여러분만의 인생 키워드를 찾아나가는 시간이 되기를 기대한다.

감사의 글

『우리 아이 잠재력을 믿어요』를 출간하기까지 아낌없는 격려를 보내주신 분들께 감사의 마음을 전합니다.

교실 속에서 매 순간 '금빛 문장'을 만나게 해 준 좋은 씨앗 친구들, 감사합니다.

견고한 '믿음의 성'을 세워나가도록 귀한 말씀 전해 주신 박춘광 목사님, 감사합니다.

'주도성'이라는 단어를 교실로 넣어 주신 이종헌 교장선생님, 감사합니다.

'삶'으로 보여주는 하브루타를 만나게 하신 김금선 협회장님, 감사합니다.

하브루타의 힘으로 '행복'을 전하시는 임성실 부회장님, 감사합니다.

'함께' 하는 연대의 힘을 알게 해 주신 밀알샘, 감사합니다.

오늘도 '교사'로 함께 걸을 수 있도록 힘이 되어 주신 미미쌤, 감사합니다.

긍정에너지로 삶과 교육에 대한 고민을 나누고 '실천'하는 자기경영노트, 감사합니다.

오늘도 교실에서 '선생님만의 향기'를 피우는 모든 선생님, 감사합니다.

우리 아이 잠재력을 믿으며 한 걸음 내딛는 전국의 '엄마, 아빠', 감사합니다.

교실 속 아이들의 모습을 엮어서 책으로 만들어 주신 박영사 이선경 부장님, 감사합니다.

세심하게 피드백을 주시며 멋진 책으로 탈바꿈 시켜 주신 박영사 소다인 편집자님, 감사합니다.

'잠재력'이라는 단어를 몇 번이고 다시 생각할 수 있는 기회를 선물한 우리 가족, 감사합니다.

이 모든 것에 합력하여 선을 이루시는 주님, 감사합니다.

부 록

- 창의 하브루타 동아리 활동 운영 계획
- 참고 도서 목록
- 활동지

(창의 하브루타) 동아리 활동 운영 계획

<table>
<tr><th>차시</th><th>핵심주제</th><th>활동 내용</th></tr>
<tr><td>1</td><td>실수</td><td>『아름다운 실수』
- 실수로 만든 발명품은?
- 실수가 아름다울 수 있을까?</td></tr>
<tr><td>2</td><td>하베르</td><td>하브루타의 이해
- 짝대화
- 하베르와 나의 공통점 찾기</td></tr>
<tr><td>3</td><td>설렘</td><td>나를 설레게 하는 것은?</td></tr>
<tr><td>4</td><td>성장
잠재력</td><td>3월 튤립 수경재배
- 식물이 나를 기억할까? 글쓰기
- 팅커벨 활용 수업(도토리의 잠재력)</td></tr>
<tr><td>5</td><td>상상력</td><td>『튤립호텔』
- 표지 보고 내용 추측하기
- 질문 사냥
- 궁금한 내용 조사하기(연구)
- 튤립 호텔 책 만들기</td></tr>
<tr><td>6</td><td>부모님의 소중함</td><td>『사람 빌려주는 도서관』
- 질문 사냥</td></tr>
<tr><td>7</td><td rowspan="2">도전
기다림
믿음</td><td rowspan="2">『날고 싶지 않은 독수리』
- 질문 사냥
- 미덕 찾기
- 기억에 남는 대사와 그 이유
- SWOT 질문법</td></tr>
<tr><td>8</td></tr>
<tr><td>9</td><td>학교생활</td><td>『최기봉을 찾아라!』
- 뒷이야기 만들기</td></tr>
<tr><td>10</td><td>성장
우정</td><td>『긴긴밤』
- 나만의 명대사
- 뒷이야기 만들기</td></tr>
<tr><td>11</td><td>우정</td><td>『양파의 왕따 일기』
- 질문 사냥</td></tr>
<tr><td>12</td><td>미래</td><td>사회 수업 연계 피라미드 토의
- 미래의 공공기관</td></tr>
</table>

차시	핵심주제	활동 내용
1	우정	**영화 『우리들』** - 영화 감상 문쓰기 - SWOT 질문법
2	재미	**한상복『재미』** - 세상은 재미있는 곳이란다 - 이기거나 지려고 태어난 게 아니야 - 내 몫만큼 즐겁게 살려고 온 것이지 - 내가 추천하는 놀이 글쓰기
3	자존감	**그림동화 『나는빵점』** - 나는 어떤 빵일까? - 캔바 작품 만들기
4		**장점 100개 찾기 챌린지** - 하루에 10가지씩 장점 찾기 도전 - 완료 후 과자파티
5		**강점 마니또** - 장점과 강점의 차이 - 장점과 강점의 반대말 찾기
6		**강점 가게** - 나의 강점을 미션완수로 판매하며 나도 너도 우리 모두 신나는 시간
7	존중	**노키즈존에 대한 나의 생각** - 글쓰기 및 토론
8	행복	**『좋아하는 걸 좋아하는 게 취미』** - 행복 미니북 만들기
9	자유 안전	**패널 토의** - 제돌이 야생 방류 위원회 - 『숙론』
10	나눔	**탈무드 『거울과 유리의 차이』** - 질문 사냥 - 생각 글쓰기 - 쿠폰 기부
11	정의	**『10대를 위한 정의란 무엇인가?』** - 전차기관사의 딜레마 - 누구를 살려야 할까요?

참고 도서 목록

책표지	도서명	참고 페이지	주제	활동
	『재미』 한상복 지음 / 위즈덤하우스	39	재미	- 내가 추천하는 놀이 - 나에게 재미란?
	『날고 싶지 않은 독수리』 제임스 애그레이 지음, 볼프 에를부르흐 그림, 김경연 옮김 / 풀빛	74	도전 기다림 믿음	- 질문 사냥 - SWOT 질문법 - 미덕 찾기 - 명대사 찾기
	『긴긴밤』 루리 지음 / 문학동네	90	사랑과 연대	- 질문 사냥 후 최고 질문으로 뒷이야기 만들기 - 나만의 명대사 찾기
	『최기봉을 찾아라!』 김선정 지음, 이영림 그림 / 푸른책들	88	교실이야기	나도 작가 뒷이야기 만들기 (교실 게시판과 포스트잇 활용)
	『튤립 호텔』 김지안 지음 / 창비	95	상상력	- 튤립 호텔에서의 1박2일 - 멧밭쥐 조사하기
	『아름다운 아이』 R. J. 팔라시오 지음, 천미나 옮김 / 책과콩나무	103	친절과 옳음	친절과 옳음 토론

	『악플 전쟁』 이규희 글, 한수진 그림 / 별숲	110	교실이야기	주인공에게 한마디
	『아름다운 실수』 코리나 루켄 지음, 김세실 역 / 나는별	113	실수의 힘	- 아름다운 실수란? - 실수로 만들어진 발명품과 요리
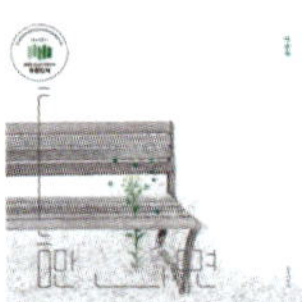	『틈만 나면』 이순옥 지음 / 길벗어린이	119	생명과 취미	- 나만의 작은 틈은? - 나만의 취미소개
	『나는 빵점』 한라경 글, 정인하 그림 / 토끼섬	158	자존감	- 나는 어떤 빵일까? - 장점100개 찾기 챌린지 - 강점 마니또 - 강점 가게
	『숙론』 최재천 지음 / 김영사	178	자유 안전	제돌이의 행복 토론
	『좋아하는 걸 좋아하는 게 취미』 김신지 지음 / 위즈덤하우스	198	행복	- 행복의 ㅎ을 모으는 책 - 나에게 행복이란?

공통점 발견

나의 생각을 일깨워 주는 고마운 내 짝, 하베르와 나의 공통점을 찾아봅시다.

- 질문에 답하기 + 나만의 질문 만들기
- 나와 짝의 공통점을 찾을 때마다 '하이파이브'
- 내 짝과의 공통점 찾기가 끝나면 새로운 짝과 공통점 찾기로 다시 출발

? 하브루타란(Havruta)?
: 둘씩 짝(하베르)을 지어 질문하고 토론하며 서로의 생각을 일깨워 주는 대화
? 하베르(Haver)란?
: '친구'를 의미하는 히브리어

질 문		나	하베르	
			1차: 내 짝	2차: 새 짝
난 첫째? 둘째? 셋째? 외동?				
혈액형은?				
내 이름의 성은?				
생일은 몇 월?				
내 취미는?				
가장 좋아하는 과목은?				
가장 싫어하는 과목은?				
가장 즐겨보는 TV(유튜브) 프로그램은?				
가장 좋아하는 색은?				
가장 좋아하는 음식은?				
오늘 입은 티 색은?				
가방 색은?				
가장 좋아하는 가수(연예인)는?				
핸드폰 번호 맨 끝자리는?				
내 버릇은?				
가장 좋아하는 라면은?				
내가 만든 질문				

설렘 발견

나를 설레게 하는 것을 떠올리며 하베르와 이야기 나누어 봅시다.

- 나를 설레게 하는 것 적기
- 하베르와 하브루타 + 새로운 하베르 만나기
- 들은 이야기 중에서 기억에 남는 것 발표하기

? 하베르와 이야기 나눌 때 이것만은 꼭 기억하세요.
경청: 눈 맞춤, 고개 끄덕끄덕
반영: 고양이를 좋아하는구나.
꼬리 질문: 고양이 이름이 뭐야?

질 문	나	하베르	
		1차: 내 짝	2차: 새 짝
'설렘'이라는 단어를 들으면 어떤 기분이 드나요?			
나를 설레게 하는 것은 무엇인가요?			
이것만 생각하면 가슴 뛰는 것은 무엇인가요?			
친구들의 이야기 중에서 기억에 남는 것은 무엇인가요?			

〈나를 설레게 하는 것〉 이야기를 나눈 후, 내 생각이나 느낌을 적어 보세요.

재미 발견

두려워할 필요가 없어.
남들은 남들대로, 나는 나대로 살아가면 되는 거야.
이 세상은 원래 재미있는 곳이란다.
우리는 남들한테 이기거나 지려고 태어난 게 아니야.
내 몫만큼 즐겁게 살려고 온 것이지.

『재미』/ 한상복 지음 / 위즈덤하우스

**1. 나에게 '재미'를 주는 활동은 무엇인가요?
(장난감, 음식, 잠, 운동, 놀기, 보드게임 등)**

2. 1번 문항에서 선택한 활동이 재미를 주는 이유는 무엇인가요?

3. 내가 추천하는 재미있는 놀이를 소개해 주세요.

놀이 제목 :
놀이 방법 :

4. 친구들의 재미있는 활동과 놀이를 듣고 난 후, 나의 생각을 적어 주세요.

도전 발견

너는 독수리야.
너는 날아야 해.
너는 날 수 있어.

『날고 싶지 않은 독수리』/
제임스 애그레이 지음, 볼프 에를부르흐 그림,
김경연 옮김/풀빛

1. 책 내용을 떠올리며 질문 사냥을 해 봅시다. (사실질문, 상상질문, 적용질문, 개념질문)

질 문	질문 사냥 (O X)

2. 마지막까지 살아남은 질문은 무엇인가요? 그 질문에 스스로 답해 봅시다.

질문 사냥에서 살아 남은 질문

질문에 스스로 답하기

3. 친구들의 질문 중 기억에 남는 질문은 무엇인가요? 그 질문에 스스로 답해 봅시다.

기억에 남는 질문

질문에 스스로 답하기

도약 발견

너는 독수리야.
너는 날아야 해.
너는 날 수 있어.

『날고 싶지 않은 독수리』 제임스 에그레이

『날고 싶지 않은 독수리』/제임스 애그레이 지음, 볼프 에를부르흐 그림, 김경연 옮김/풀빛

1. SWOT 질문법으로 책 내용을 살피며 질문사냥을 해 봅시다.

S(강점, Strengths)	W(약점, Weakness)
O(기회, Opportunities)	**T(위기, Threats)**

2. 마지막까지 살아남은 질문은 무엇인가요? 그 질문에 스스로 답해 봅시다.

질문 사냥에서 살아 남은 질문

질문에 스스로 답하기

3. 이 책에서 발견할 수 있는 미덕과 그 이유를 적어 보세요.

이 책에서 발견한 미덕

이 미덕을 선택한 이유

상상력 발견

튤립 수경재배 후 독후 활동

도움 질문 1. 새롭게 알게 된 내용은?
도움 질문 2. 더 알고 싶은 내용은?
도움 질문 3. 내가 튤립 호텔에서 1박2일을 보낸다면?
도움 질문 4. 나에게 튤립이란?

『튤립 호텔』/ 김지안 지음 / 창비

1. 책 표지를 살펴보니 어떤 내용일 것 같나요?

2. 이 그림동화를 읽고, 새롭게 알게 된 내용은 무엇인가요?

3. 더 알고 싶은 내용은 무엇인가요?

4. 내가 튤립 호텔에서 1박 2일을 보낸다면 무엇을 하고 있을지 그림으로 표현해 봅시다.

나에게 튤립이란____________________________이다.

____________________________________(이)기 때문이다.

친절과 옳음 발견

브라운 선생님의 9월 금언:
만약 옳음과 친절 중에 하나를 선택해야 한다면,
친절을 택하라

『아름다운 아이』/R. J. 팔라시오 지음,
천미나 옮김/책과콩나무

1. 나는 친절과 옳음 중에서 무엇을 선택하나요? 그 이유도 같이 적어 주세요.

나는 친절과 옳음 사이에서 ________________을 선택합니다.

그 이유는 ____

____

2. 우리 반 친구들의 의견 수를 적어 주세요.

친절을 택한다.	옳음을 택한다.
____________________명	____________________명

3. 친구들의 의견 들은 후, 나의 생각이 달라졌나요? 그 이유를 적어 주세요.

(1) 네

(2) 아니요

4. 토론을 마친 후, 우리 반 친구들의 의견 수를 적어 주세요.

친절을 택한다.	옳음을 택한다.
____________________명	____________________명

실수의 힘 발견

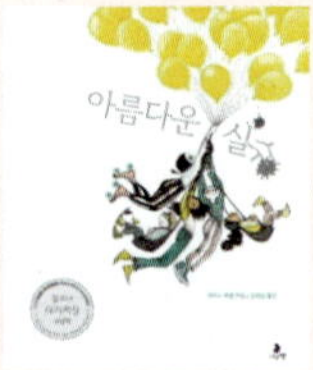

실수는 시작이기도 해요.

『아름다운 실수』/ 코리나 루켄 지음,
김세실 역 / 나는별

1. 실수로 발명된 발명품이나 요리를 조사합시다.

실수로 발명된 발명품(요리) : ____________________

발명품(요리)를 발견하게 된 과정 :

2. 우리 반 친구들이 조사한 아름다운 실수를 적어 주세요.

3. 내가 경험한 아름다운 실수를 적어 주세요.

나만의 작은 틈 발견

주인공이 아니면 어때?
한번은 넘어 볼거야.
괜찮아.
나는 나로 살아갈 수 있으니까

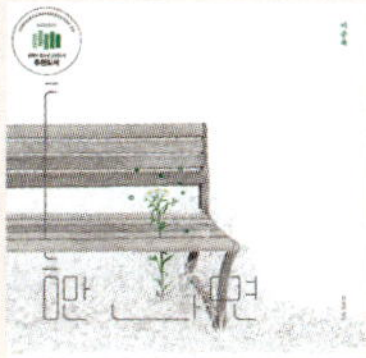

『틈만 나면』/ 이순옥 지음 / 길벗어린이

1. 기억에 남는 나만의 문장은 무엇인가요?

2. 학교 운동장에서 발견한 『틈만 나면』을 사진으로 남겨서 패들렛에 올려주세요. 그림동화 속 작은 틈을 직접 관찰하니 어떠했는지 생각이나 느낌을 적어 주세요.

3. 내가 자라는 나만의 작은 틈은 무엇인가요?
("OO을 하면 나는 자라는 것 같아요." 나를 숨 쉬게 하는, 나를 자라게 하는 작은 틈을 생각해 보세요.)

나를 자라게 하는 나만의 작은 틈은

4. 친구들의 작은 틈을 듣고 난 후, 나의 생각이나 느낌을 적어 주세요.

21일 습관 발견

도움 질문 1. 내가 버려야 할 습관은?
도움 질문 2. 내가 기르고 싶은 습관은?
도움 질문 3. 내 꿈을 이루기 위해서 실천할 습관은?
도움 질문 4. 21일 동안 실천할 한 가지 습관은

구글 총괄 개발자 '멧 커츠' TED 강연

1. 내가 버려야 할 습관은 무엇인가요?

2. 내가 기르고 싶은 습관은 무엇인가요?

3. 내 꿈을 이루기 위해서 실천할 습관은 무엇인가요?

내 꿈 :

내 꿈을 이루는 데 방해가 되는 습관:

내 꿈을 이루기 위해 실천해야 할 습관:

4. 21일 동안 실천할 한 가지 습관은 무엇인가요?

습관 만들기 챌린지

21일 습관 도전

@도전

실천 습관

성공합계 :
성공/실패의 이유 :

느낀점:

부모님 말씀:

넌 역시 최고야

이름:

습관 만들기 챌린지

21일 습관 도전

@도전

실천 습관

1일차	2일차	3일차	4일차	5일차
6일차	7일차	8일차	9일차	10일차
11일차	12일차	13일차	14일차	15일차
16일차	17일차	18일차	19일차	20일차

21일차 성공

넌 역시 최고야

이름:

자존감 발견

도움 질문1) 표지와 제목을 보고 든 생각은?
도움 질문2) 식빵은 왜 케이크가 부러웠을까?
도움 질문3) 식빵은 어떻게 스스로의 매력을 알게 되었을까?
도움 질문4) 나는 어떤 빵일까?(캔바 작품 설명하기)

『나는 빵점』/한라경 글, 정인하 그림/토끼섬

1. 표지와 제목을 보고 든 생각은 무엇인가요?

2. 식빵은 왜 케이크가 부러웠을까요?

3. 식빵은 어떻게 스스로의 매력을 알게 되었을까요?

4. 나는 어떤 빵일까요?

나는 ______________________________ 빵이다

왜냐하면 ______________________________

____

캔바로 표현할 모습 스케치하기

5. 친구들의 발표를 듣고 난 후, 내 생각이나 느낌을 적어 주세요.

WEEKly

이름

마니또 미션

(필수 미션) 마니또의 강점 1가지씩 매일 관찰해서 쪽지 보내기

(선택 미션) 미션1~미션6중에서 최소 4개 성공하기

미션1

마니또와 눈 마주치면
먼저 웃어주기

미션2

마니또 이름으로 3행시
지어서 전달하기

미션3

마니또와 같이 놀기
(쉬는 시간, 점심 시간)

미션4

마니또에게 질문하기
(좋아하는 음식이 뭐야?
/주말에 뭐했어? 등)

미션5

나의 정체를 알 수 있는
힌트 쪽지 몰래 건네기

미션6

마니또 자리 청소해주기

WEEKly

이름

강점 메뉴판

SALE

나의 강점을 원하는 친구에게 판매합니다. 가격을 정해주세요.

나의 강점 : 나만의 캐릭터를 잘 그린다. / 인사를 잘 한다.

(예)가격 (미션) : 나와 가위, 바위, 보 하기/팔 벌려 뛰기 5번

- 내 강점을 사면 어떤 점이 좋을까?
-
-
- 내 강점 맛보기 체험을 위한 동작이나 행동이 있을까?
-
-

강점1

가격 (미션) :

강점2

가격 (미션) :

강점

이름 (인)

강점

이름 (인)

강점

이름 (인)

강점

이름 (인)

장점 100가지 찾기 챌린지

이름 :

1일차 : 내가 잘 하는 것	
1	
2	
3	
4	
5	
6	
7	
8	
9	
10	

2일차 : 내가 좋아하는 것	
11	
12	
13	
14	
15	
16	
17	
18	
19	
20	

3일차 : 친구들이 찾은 나의 장점	
21	
22	
23	
24	
25	
26	
27	
28	
29	
30	

4일차 : 가족이 찾은 나의 장점	
31	
32	
33	
34	
35	
36	
37	
38	
39	
40	

5일차 : 내 안의 미덕	
41	
42	
43	
44	
45	
46	
47	
48	
49	
50	

6일차 : 내가 스스로 하는 것	
51	
52	
53	
54	
55	
56	
57	
58	
59	
60	

장점 100가지 찾기 챌린지

7일차 : MBTI에서 발견한 장점	
61	
62	
63	
64	
65	
66	
67	
68	
69	
70	

8일차 : 친구와 있을 때 나의 장점	
71	
72	
73	
74	
75	
76	
77	
78	
79	
80	

9일차 : 놀이할 때 나의 장점	
81	
82	
83	
84	
85	
86	
87	
88	
89	
90	

10일차 : 다시 생각해도 이건 나의 장점	
91	
92	
93	
94	
95	
96	
97	
98	
99	
100	

느낀점

존중 발견

노키즈존 찬반 토론 과정

1. 노키즈존에 대한 생각 글쓰기(노키즈존의 뜻, 관련 내용, 내 생각 정리)
2. 반 친구들이 쓴 생각바구니 글 돌려 읽기
3. 반 친구들 글 읽고, 짧게 느낀점 쓰기
4. 하베르와 함께 이야기 나누기(짝 바꾸어서 3회 반복)
5. 전체 토론 후 찬성 반대 자리를 바꾸어서 다시 토론

1. 노키즈존(No Kids Zone)의 뜻은 무엇인가요?

노키즈존의 뜻 :

관련 내용(조사 내용) :

내 생각 :

2. 친구들의 이야기를 읽고, 내 생각이나 느낌을 적어 주세요.

하베르 1 이름	
하베르 2 이름	
하베르 3 이름	

3. 찬성과 반대를 나누어서 다시 토론 후, 내 생각이나 느낌을 적어 주세요.

자유와 안전 발견

패널 토론

“누가 옳은가가 아니라 무엇이 옳은가를 찾으려는 것이다.”

『숙론』/최재천 지음/김영사

〈제돌이 이야기〉
1995. 제주 앞바다에서 제돌이 잡힘
2012. 3. 3.「제돌이의 운명」신문기사
2012. 4. 17. 〈제돌이 야생 방류 시민 위원회〉
2012. 3. 28. 대법원 판결
2013. 7.18 제돌이, 춘삼이는 가두리에서 돌보다가 제주 바다로 보냄
2016. 3. 28 아기돌고래와 함께 있는 모습 발견
2017. 7. 18 제돌이 야생 방류 성공

1. 〈제돌이의 행복〉 토론은 패널 토론로 진행합니다. 패널 토론을 하기 위해 나의 역할을 정합니다. 선택한 역할에 동그라미 해 주세요.

사육사, 동물보호단체, 동물원 제돌이, 야생 돌고래

2. 나의 역할에 맞는 의견을 적어 주세요.

저는 (   )입니다. 제돌이의 행복을 위해

행복 발견

Collect moments not things.
물건이 아닌 순간을 수집하라.
행복의 ㅎ을 모으는 사람

『좋아하는 걸 좋아하는 게 취미』/
김신지 지음/위즈덤하우스

1. 나를 미소 짓게 하는 행복은 무엇인가요? 생각 그물로 나만의 행복을 모아보세요.

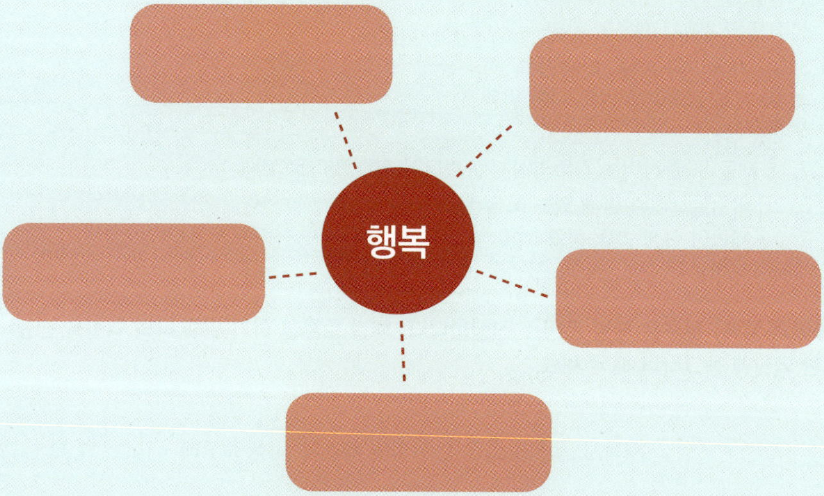

행복의 ㅎ을 모으는 도전

2. 나만의 행복을 가득 담은 책표지를 디자인해 보세요.

우리 아이 잠재력을 믿어요

초판발행 2025년 6월 30일

지은이 배수경
펴낸이 노 현

편 집 소다인
기획/마케팅 이선경
표지디자인 이은지
제 작 고철민·김원표

펴낸곳 ㈜ 피와이메이트
서울특별시 금천구 가산디지털2로 53, 210호(가산동, 한라시그마밸리)
등록 2014. 2. 12. 제2018-000080호
전 화 02)733-6771
f a x 02)736-4818
e-mail pys@pybook.co.kr
homepage www.pybook.co.kr
ISBN 979-11-7279-099-8 93370

정 가 18,500원

박영스토리는 박영사와 함께하는 브랜드입니다.